Dr. Karl Hans Ertl

Gebiets- und Bevölkerungsverluste des Deutschen Reiches und Deutsch-Österreichs nach dem Jahre 1918

Dr. Karl Hans Ertl

Gebiets- und Bevölkerungs-verluste

des Deutschen Reiches
und Deutsch-Österreichs
nach dem Jahre 1918

DEUTSCHE VERLAGSGESELLSCHAFT – ROSENHEIM

Printed in Germany

Gesamtherstellung: Kölle-Druck, Preußisch Oldendorf
ISBN 3-920722-35-3

Inhalt

Vorwort 7

Einleitung 9

Der Verlust des Reichslandes Elsaß-Lothringen 16

Die erzwungene Abtrennung von Eupen und Malmedy
im Jahre 1920 33

Die erzwungene Abtretung des Hultschiner Ländchens
an den tschechoslowakischen Staat im Jahre 1919 42

Die Abtrennung Nordschleswigs vom Deutschen Reich 45

Gebiets- und Bevölkerungsverluste des Deutschen Reiches
in den Provinzen Ost- und Westpreußens 52

Das Deutschtum in Ostpreußen einschließlich Masuren
sowie im Memelland 75

Die Abtrennung eines Teiles von Ost-Oberschlesien 77

Die Besetzung des Saargebietes und die wirtschaftliche
Ausbeutung des okkupierten Landes durch die Franzosen 89

Der Verlust der deutschen Schutz- und Pachtgebiete in Übersee . 92

Die Zertrümmerung der Donaumonarchie
– Einleitung 103
– Abtretung von Landesteilen der niederösterreichischen
Bezirkshauptmannschaft Gmünd im Jahre 1920 111
– Die Abstimmungskomödie vom 14. Dezember 1921
in Ödenburg und der Verlust dieser Karolingerstadt mit
seinem deutschen Hinterland 114
– Die gewaltsame Einverleibung der deutschbesiedelten
Räume Böhmens, Mährens und Österreichisch-Schlesiens
durch die Tschechoslowakei im Jahre 1918 124
– Das Gesetz vom 19. Februar 1920 über das Verhältnis
der Prager Universitäten und seine Vorgeschichte 158

– Der Kärtner Abwehrkampf nach dem slowenisch-serbischen Überfall in den Jahren 1918 bis 1920 195
– Der Verlust Deutsch-Südtirols 206
– Der Verlust der Untersteiermark 224
– Ungarn 238
– Der Verlust deutschen Volksbodens in der Zips 243

Nachwort 251

Literaturverzeichnis 260

Vorwort

„Dieser Krieg aber wurde von England, der Heimat des praktischen Arbeitersozialismus, von Anfang an geführt, um Deutschland, die jüngste Großmacht, die sich am schnellsten und in überlegenen Formen entwickelnde Wirtschaftseinheit, wirtschaftlich zu vernichten und für immer von der Konkurrenz des Weltmarktes auszuschließen."

Oswald Spengler
Jahre der Entscheidung
2. Neuauflage, München 1980

Einleitung

Der Erste Weltkrieg bedeutete sowohl für das Deutsche Kaiserreich als auch für die Habsburger Monarchie einen Überlebenskampf gegen eine erdrückende Mehrheit.

Das Deutsche Reich mit seinen überseeischen Schutzgebieten umfaßte eine Fläche von 3,2 Millionen Quadratkilometern mit 81 Millionen Menschen. In Österreich-Ungarn lebten auf einer Fläche von 676 615 Quadratkilometern 53,7 Millionen Einwohner, im Britischen Weltreich wurden auf einer Fläche von 33,4 Millionen Quadratkilometern 438 Millionen Bewohner, im zaristischen Rußland, welches 22,3 Quadratkilometer umfaßte, 180 Millionen und in Frankreich einschließlich seiner Kolonien 88 Millionen auf einer Fläche von 8,5 Millionen Quadratkilometern gezählt.

Zu dem Dreierverband (Britisches Weltreich, Frankreich und Rußland) kamen als Verbündete im Jahre 1914 noch Japan mit 73 Millionen Bewohnern auf einer Fläche von 673 000 Quadratkilometern und nach dem Abfall Italiens im Jahre 1915 Italien, das mit seinen Kolonien eine Gesamtfläche von 1,9 Millionen Quadratkilometern umfaßte und eine Bevölkerungszahl von 37 Millionen aufwies, hinzu.

Auch was die Kriegsstärke der Heere betraf, waren die Mittelmächte (Deutschland und Österreich-Ungarn) dem Dreierverband (Britisches Weltreich, Frankreich und Rußland) gegenüber im Nachteil.

Bei Kriegsausbruch betrug die Kriegsstärke Deutschlands und der Habsburger Monarchie 6,1 Millionen, die des Dreierverbandes aber 9,3 Millionen Mann. Die Stärke der Heere Belgiens und Serbiens belief sich auf insgesamt 600 000 Mann, wodurch sich das Kriegspotential der Alliierten im Hinblick auf die Heeresstärke auf 9,9 Millionen Soldaten erhöhte.

Für die Mittelmächte, dies wird oft bei der Beurteilung der Kriegsschuldfrage übersehen, gab es bei Ausbruch des Ersten Weltkrieges kein Kriegsziel, wohl aber für die Ententemächte England, Frankreich und Rußland. Das oberste Kriegsziel Frankreichs und seiner Außenpolitik war nach dem verlorenen Krieg des Jahres 1870 die Wiedergewinnung seiner traditionellen Führungsstellung und Rückeroberung des alten deutschen Reichslandes Elsaß-Lothringen.

Das Mißtrauen Englands den deutschen Einigungsbestrebungen gegenüber konnte aber schon vor dem Jahre 1870 nicht übersehen werden. Dieses Mißtrauen steigerte sich zunehmend ab dem Zeitpunkt, als das Frankfurter Nationalparlament sich mit der Frage der Schaffung einer deutschen Flotte befaßte. Die Briten verfolgten zudem nach Gründung des Zweiten Deutschen Kaiserreiches eifersüchtig die immer stärker werdende deutsche Konkurrenz im Welthandel. Im Jahre 1887 unternahmen sie einen, wenn auch erfolglosen, Vorstoß gegen ihren deutschen Handelsrivalen. Durch Einführung des Warenzeichens „Made in Germany" hofften sie, den deutschen Handel auf dem Weltmarkt empfindlich drosseln zu können. Diese Maßnahme, das sollte sich bald herausstellen, bewirkte jedoch das Gegenteil. Die besseren, aber auch preisgünstigeren deutschen Waren fanden nach wie vor ihre Abnehmer und waren außerdem durch dieses Warenzeichen als Qualitätserzeugnisse ausgewiesen.
Wenn man dabei bedenkt, daß der Welthandel den Lebensnerv des einstigen Britischen Weltreiches darstellte und die Engländer mimosenhaft auf jede Handelskonkurrenz zu reagieren pflegten, kann man ihr Bestreben, das Deutsche Reich als gefährlichen Handelsrivalen auszuschalten, als Maxime ihrer Außenpolitik werten.
Hinzu kam, daß die kolonialen Bestrebungen des Deutschen Reiches im Sinne einer wirtschaftlichen Ausweitung des überseeischen Handels den zunehmenden Neid des Inselvolkes hervorrufen mußte. Natürlich trugen auch die deutschen Sympathien im Burenkrieg (1899 bis 1902) sowie der beginnende deutsche Flottenbau in den Jahren 1897/98 zur Verschlechterung der deutsch-englischen Beziehungen bei. Bedingt durch die industriell-wirtschaftliche Entwicklung in Deutschland bahnte sich zwangsläufig eine Verlagerung auch der politischen Schwergewichte in dem mitteleuropäischen Raum an. Diese Entwicklung mußte auch bei den Nachbarn Deutschlands auf dem Festlande imaginäre Existenzsorgen hervorrufen. Dies sollen einige statistische Angaben verdeutlichen. Im Jahre 1879 wurden in Deutschland nicht mehr als vierzehn Kartelle gezählt. Zwanzig Jahre später war ihre Zahl auf über dreihundert Interessenvereinigungen in der Industrie angestiegen. Ab Reichsgründung bis zum Ausbruch des Ersten Weltkrieges konnte die deutsche Eisenerzförderung nahezu ver-

vierfacht werden, und die Roheisen- und Stahlerzeugung wuchs in diesem Zeitraum auf das Zehnfache. Das Deutsche Reich stand im Jahre 1914 konkurrenzlos an der Spitze der europäischen Eisen- und Stahlerzeugung. Der Anteil Deutschlands am Welthandelsumsatz hatte sich von 1890 bis 1913 von 11 auf 12,9 v. H. gesteigert, und die deutsche Handelsschiffstonnage erfuhr in den Jahren 1892 bis 1912 eine Verdreifachung. Auch im Welthandel wurde Großbritannien von seinem deutschen Konkurrenten überflügelt. In der Industrieproduktion hatte das Deutsche Reich schon im Jahre 1895 Großbritannien überholt.

Mit dieser gewaltigen Wirtschaftsexpansion des Deutschen Reiches muß der Ausbruch des ersten kalten Krieges im 20. Jahrhundert in einen Kausalzusammenhang gebracht werden.

Zunächst war England nach diesen für sein Weltreich und seinen Handel alarmierenden Entwicklungen bestrebt, auf diplomatischem Wege eine antideutsche Koalition zu erreichen. Daß sich Frankreich dabei als williger Partner anbot, war nicht zu bezweifeln. Der französische Außenminister der Jahre 1914/15, Theophil Delcassé (1852 bis 1923), drückte es vor Ausbruch des Ersten Weltkrieges deutlich genug aus, als er sagte, daß die Zerstörung des Deutschen Reiches und die möglichste Schwächung der militärischen und politischen Macht Preußens auch eines der Hauptziele Frankreichs sei.

Aber auch das zaristische Rußland konnte, nachdem der Rückversicherungsvertrag des Jahres 1887 von deutscher Seite trotz russischer Bereitschaft nicht erneuert wurde, im Jahre 1892 für den Abschluß einer französisch-russischen Militärkonvention gewonnen werden. Ab diesem Zeitpunkt nahmen allmählich die panslawistischen Aktivitäten am Zarenhofe zu, die sich sowohl gegen die Donaumonarchie, das Deutsche Reich, aber auch gegen das deutsche Element in Rußland richteten. Der Stimmungsumschwung in maßgeblichen Hofkreisen, in bezug auf das deutsch-russische Verhältnis, geht aus einem Gespräch hervor, das Zar Alexander III. (1881 bis 1894) mit dem Grafen Vladimir Nikolajevič Lambsdorff (1845 bis 1907), dem späteren russischen Außenminister in den Jahren 1900 bis 1906, nach der Nichterneuerung des Rückversicherungsvertrages geführt hatte. Der Zar, welcher bis dahin an der Monarchenpolitik Bismarcks festgehalten hatte, äußerte sich, wohl auch beeinflußt von seiner dänischen Gemahlin Dagmar (Maria Feodorovna), die Deutschland den Krieg von 1864 nie verzeihen konnte, wie folgt: „Wir müssen uns mit den Franzosen einigen und bei einem Kriege zwischen Frankreich und Deutschland sofort über die Deutschen herfallen, um ihnen keine Zeit zu lassen, zuerst Frankreich zu schlagen, um dann gegen uns vorzugehen. Man muß die Fehler der Vergangenheit berichtigen und Deutschland bei der ersten Gelegenheit zu Boden schlagen."

Bis zum Jahre 1914 konnte sich die panslawistische Kriegspartei am Zarenhofe gegenüber dem willensschwachen Zaren Nikolai II. (1894 bis 1918) durchsetzen und löste somit den Ausbruch des Ersten Weltkrieges aus.

Auch Aufteilungspläne Deutschlands hatten die panslawistischen Kreise in der Umgebung des Zaren ausgearbeitet. Der russische Außenminister Sergej Dimitrevič Sasonov (1860 bis 1927) legte schon am 14. September des Jahres 1914 den Botschaftern Frankreichs und Großbritanniens in St. Petersburg einen Teilungsplan des deutschen Reichsgebietes vor, der in dem Postulat gipfelte, die deutsche Macht und die Bestrebungen des Deutschen Reiches nach militärischer und politischer Herrschaft zu vernichten. In diesem Teilungsplan machte Sasonov die Gebietsansprüche Rußlands (das Gebiet am Unterlauf des Njemen sowie ganz Ostgalizien) sowie des Königreiches Polen (Ostposen, Schlesien und Westgalizien) geltend. Frankreich sollten nach diesem Teilungsplan neben Elsaß-Lothringen auch Teile der preußischen Rheinlande zugesprochen werden, und auch für Belgien war eine bedeutende Vergrößerung seines Territoriums vorgesehen.

Es waren aber neben den genannten politischen und wirtschaftlichen Zielsetzungen der Einkreisungsallianzen noch andere gewalttätige und einflußreiche Kräfte bestrebt, die Ordnungsmächte in Mitteleuropa, Deutschland und Österreich-Ungarn, mit ihren Dynastien zu zerstören, wenn nicht zu vernichten. Es handelte sich dabei um die internationale Hochfinanz in „gods own country", die dann durch die Vorfinanzierung der Alliierten so große Geschäfte machen sollte. Um zu erkennen, wann und wo die Weichen gestellt wurden, die zum Zusammenbruch der Mittelmächte geführt haben, sei an die Ansprache des amerikanischen Kardinals Farley erinnert, die er kurz vor Ausbruch des Ersten

Weltkrieges beim Eucharistischen Kongreß in Maria Lourdes gehalten hat und in der er mit folgenden Worten auf die Kriegstreiber in seinem Land hinwies: „Der Krieg, der in Vorbereitung ist, wird ein Kampf zwischen dem internationalen Kapital und den regierenden Dynastien (der Habsburger, der Hohenzollern und letztlich auch der Romanovs, d. V.) sein. Das Kapital wünscht niemand über sich zu haben, kennt keinen Gott oder Herren und möchte alle Staaten wie ein großes Bankgeschäft regieren. Ihr Gewinn soll zur alleinigen Richtschnur der Regierenden werden. Business einzig und allein."
Der inoffizielle Berater des amerikanischen Präsidenten Wilson, Bernhard Baruch, plante schon im Jahre 1914 Amerikas Wirtschaftskraft der Entente dienlich zu machen. Solange aber noch die beiden Mittelmächte das den amerikanischen Finanzkreisen verhaßte zaristische Regime bekämpften, konnten seine Pläne noch nicht in vollem Umfang realisiert werden. Daß aber die Vereinigten Staaten schon seit Kriegsbeginn im Jahre 1914 die Entente laufend mit Kriegsmaterial und anderen Gütern belieferten und dabei enorme Gewinne erzielten, ist bekannt. Die Verschuldung der Westmächte Amerika gegenüber hatte im Jahr 1917 bereits die Höhe von zwei Milliarden Dollar erreicht. Als es sich aber im gleichen Jahr abzeichnete, daß bei einer Niederlage der Westmächte diese ihren Zahlungsverpflichtungen nicht hätten nachkommen können, traten die amerikanischen Geldgeber in den Krieg gegen die Mittelmächte ein. Von den im Hintergrund agierenden mächtigen Finanzkreisen gelenkt, tragen die Vereinigten Staaten die volle Verantwortung für den Ausgang des Ersten Weltkrieges und die Zertrümmerung Mitteleuropas.
Die Alleinschuld am Ausbruch des Ersten Weltkrieges den beiden deutschen Kaiserreichen anzulasten ist genauso unsinnig wie die gleiche Behauptung, die sich mutatis mutandis auf den Ausbruch des Zweiten Weltkrieges bezieht. Auf Spekulationen über die angebliche Alleinschuld beider deutscher Kaiserreiche am Ausbruch des Ersten Weltkrieges kann leicht verzichtet werden. Sich mit dieser politischen Zweckthese zu befassen, setzt die Kenntnis von Ursachen und Wirkungen voraus sowie die Erkenntnis, daß der unberechenbare Lauf der Geschichte keinen unaufhaltsamen Trend aufweist, sondern weitgehend durch Aktionen und Reaktionen bestimmt wird.

Rückblickend kann dabei festgestellt werden, daß schon zu Beginn des Ersten Weltkrieges die Thesen von der Kriegsschuld durch die Kriegspropaganda aufgenommen wurden. In ihrer Antwortnote auf die Friedensangebote des Präsidenten Wilson vom 18. Dezember 1916 wurde seitens der Entente die These von der alleinigen Kriegsschuld der Mittelmächte aufgestellt und somit ins Spiel gebracht. Das bedeutete, daß keine neutrale Instanz über die Verantwortung für diesen Krieg zu entscheiden habe, sondern daß der Sieger die Kriegsschuld dem Besiegten anlasten könne. Die militärische Auseinandersetzung wurde als kriminelles Unternehmen eingestuft, für das ausschließlich dem Unterlegenen die volle Verantwortung aufgebürdet werden konnte.
Nach der ersten Lektüre im Vertragstext des Diktates von Versailles bemerkte der deutsche Außenminister Graf Brockdorff-Rantzau: „Er (der Vertragstext) steht in schroffstem Widerspruch mit der vereinbarten Grundlage für einen dauerhaften Rechtsfrieden. Nahezu keine einzige Bestimmung des Vertragsentwurfs entspricht den vereinbarten Bedingungen, und der Entwurf fordert in territorialer Hinsicht die Annexion rein deutschen Gebietes und die Unterdrückung des deutschen Volkstums. Er bringt die völlige Vernichtung des deutschen Wirtschaftslebens. Er führt das deutsche Volk in eine in der Weltgeschichte bisher nicht gekannte finanzielle Sklaverei. Die Verwirklichung dieses Vertragsentwurfes würde für die ganze Welt ein neues Unglück bedeuten."
Der deutsche Außenminister trat dann später aus Protest zurück, und der neuernannte Leiter der deutschen Friedensdelegation in Versailles, der Gesandte von Hamiel, überreichte am 23. Juni 1919 die Note der neuen Reichsregierung Bauer: „Die Regierung der Deutschen Republik hat aus der letzten Mitteilung der alliierten und assoziierten Regierungen mit Erschütterung ersehen, daß sie entschlossen sind, von Deutschland auch die Annahme derjenigen Friedensbedingungen mit äußerster Gewalt zu erzwingen, die, ohne eine materielle Bedeutung zu besitzen (?), den Zweck verfolgen, dem deutschen Volk seine Ehre zu nehmen. Durch einen Gewaltakt wird die Ehre des deutschen Volkes nicht berührt. Sie nach außen hin zu verteidigen, fehlt dem deutschen Volk nach den entsetzlichen Leiden der letzten Jahre jedes Mittel. Der übermächtigen Gewalt weichend, und ohne damit ihre Auf-

fassung über die unerhörte Ungerechtigkeit der Friedensbedingungen aufzugeben, erklärt deshalb die Regierung der Deutschen Republik, daß sie bereit ist, die von den alliierten und assoziierten Regierungen auferlegten Friedensbedingungen anzunehmen und zu unterzeichnen."
Die Befürchtungen des Grafen Brockdorff-Rantzau wurden in der Folgezeit auch im Hinblick auf die Gebiets- und Bevölkerungsverluste des Deutschen Reiches und der österreichisch-ungarischen Monarchie bestätigt.

Die vorliegende zusammenfassende Darstellung dieser Verluste konnte die Einzelheiten bei der erzwungenen Abtretung deutschen Volksbodens nicht berücksichtigen und soll als ein Überblick gewertet werden. An dieser Stelle möchte ich Herrn Dr. Franz-Willing, Herrn Primarius Dr. Otto Scrinzi sowie Herrn Klaus Christoph Marloh für die teilweise Durchsicht meines Manuskriptes sowie für wertvolle Anregungen, die sich auf dieses Thema bezogen, meinen Dank aussprechen.

Der Verlust des Reichslandes Elsaß-Lothringen

Das Reichsland Elsaß-Lothringen ist jenen erzwungenen Abtretungsgebieten zuzuordnen, in denen nach dem Ersten Weltkrieg im Jahre 1919 seitens der Siegermächte, vor allen Dingen aber auf Betreiben Frankreichs, keine Volksabstimmung zugelassen wurde.
In einem kurzen geschichtlichen Überblick soll daher aufgezeigt werden, wie nachhaltig das dortige Volksschicksal vom französischen Expansionsdrang bedroht und die deutsche Bevölkerung in ihrem Abwehrkampf gegen die Überfremdung meistens auf Selbsthilfe angewiesen war.
In den schicksalhaften Entscheidungsjahren 1648, 1814/15 und 1918 erfuhr diese deutsche Westmark seitens des Deutschen Reiches nicht jene Unterstützung, die ein weiteres Verbleiben im Reichsverbande gewährleistet hätte.
Der schon nach dem Sturze der Staufer einsetzende allmähliche Niedergang der Reichsgewalt, die konfessionellen Auseinandersetzungen

Metz, Das deutsche Tor (La porte des Allemands)
Quelle: Bildarchiv der Österreichischen Nationalbibliothek Wien

und schließlich die zielstrebige französische Expansionspolitik mit ihrem alten „gallischen Traum", die Grenzen bis zum Rhein hin auszudehnen, haben die Geschichte beider Reichslande nachhaltig beeinflußt.
Elsaß und das deutschsprachige Lothringen gehören als deutscher Kulturraum zu den östlichen Landschaften des heutigen Frankreichs und sind schon seit der Teilung des Frankenreiches im Jahre 843 n. d. Z. eng mit der Geschichte des ostfränkischen (deutschen) Reiches verbunden. Die durch Jahrhunderte hindurch bestehende Zugehörigkeit dieser Reichslande zum Heiligen Römischen Reich Deutscher Nation ist unbestritten.
Das Land war mehr als 1500 Jahre deutsch, gehörte dann etwa 200 Jahre zu Frankreich und wurde im Jahre 1871 als Reichsland Elsaß-Lothringen dem Zweiten Deutschen Kaiserreich wieder eingegliedert. Die Beziehungen Lothringens zum Reich entwickelten sich im Laufe der Geschichte besonders und waren in bestimmten Zeitabschnitten durch eine gewisse Unsicherheit des Standortes gekennzeichnet. Der Anschluß des Herzogtums Lothringen an Frankreich erfolgte zwar erst im Jahre 1766, doch hatte dort schon vorher die politische und kulturelle Durchdringung von Frankreich aus eingesetzt.
Solange das mittelalterliche Deutsche Reich über weite Teile Westeuropas gebot, zählten Elsaß und Lothringen noch nicht zum bedrohten Grenzland. Als aber dann später das Reich durch die Erstarkung der Territorialfürstentümer geschwächt war, konnte es im Verlaufe des späteren Mittelalters seinen Grenzlanden (Elsaß-Lothringen, Baltikum) nicht mehr den erforderlichen Schutz bieten. Ab dem Zeitpunkt, als im Reich der politische Einfluß des Kaisertums immer mehr sank und Deutschland in größere und kleinere Territorialfürstentümer zersplittert wurde, entwickelte sich Frankreich zu einem geschlossenen Nationalstaat, der unter seinem König Ludwig XIV. (1643 bis 1715) seine große Entfaltung fand. Das Machtstreben des französischen Königtums war, wie bereits dargestellt, auf die Erweiterung seines Herrschaftsgebietes über die Grenzen des romanischen Volkstums nach dem Osten hin ausgerichtet. Nur ein starker und mächtiger deutscher Großstaat allein hätte diesen Drang des französischen Königtums zur Rheingrenze hin eindämmen und abwehren können.

Die Ohnmacht des Reiches jedoch mußte es zulassen, daß sich der kulturelle und politische Einfluß Frankreichs besonders in Lothringen immer mehr ausweiten konnte.
Das Elsaß war wohl im Mittelalter und in der Reformationszeit ein Mittelpunkt deutschen Geisteslebens, doch war ab dem 17. Jahrhundert die politische Macht Frankreichs stärker als die geistig-kulturelle Verbindung zwischen dem Elsaß und den anderen deutschen Reichslanden.
Schon im Jahre 1552 erfolgte der erste Einbruch Frankreichs unter seinem König Heinrich II. (1547 bis 1559) in das obere Rheinland. Gestützt auf ein Abkommen mit den protestantischen Fürsten des Reiches, fielen die drei reichsfreien Bistümer Metz, Tulle (Toul) und Wirten (Verdun) an die französische Krone.
Nachdem einige Jahrzehnte später das französische Königtum alle seine inneren Gegner unter Heinrich IV. (1589 bis 1610) und Ludwig XIII. (1610 bis 1643) überwunden und der Dreißigjährige Krieg (1618 bis 1648) zur völligen Ohnmacht des Reiches geführt hatte, war das Vordringen Frankreichs zur Rheingrenze hin nicht mehr einzudämmen. Begünstigt wurde diese Expansion auch durch die politische Zersplitterung sowohl Lothringens wie auch des Elsaß. Beide Grenzlande waren in eine große Zahl geistlicher und weltlicher Territorien und freier Reichsstädte zerfallen. Das Haus Habsburg, mit dem die Herzöge von Lothringen eng verbunden waren, besaß im Oberelsaß (Sundgau) umfangreiche Besitzungen, die im Westfälischen Frieden des Jahres 1648 Frankreich zugesprochen wurden. 1673 fiel dann Kolmar, 1681 Straßburg an Frankreich, und 1766 wurde auch das Herzogtum Lothringen dem französischen Staat angegliedert, von dem es bereits seit dem Jahre 1735 abhängig war. Die letzten Teile dieses Herzogtums gingen dann nach dem Friedensabschluß von Lunéville im Jahre 1801 an Frankreich verloren. Somit kamen im Laufe von 150 Jahren diese beiden deutschen Reichslande unter die Oberhoheit Frankreichs.
Bis zum Ende des französischen absoluten Königtums im Jahre 1792 blieb das deutsche Volkstum in Elsaß-Lothringen vorerst unbehelligt. Die im Jahre 1621 gegründete Straßburger Universität entwickelte sich zu einer der bedeutendsten Hohen Schulen im deutschen Kulturraum.

Johann Wolfgang von Goethe wurde am 6. August 1771 an dieser bedeutenden Universität „cum applausu“ zum Licentiatus Juris (Doktor) promoviert. In den Jahren der französischen Herrschaft nahm aber auch nach und nach die Hinneigung der deutschen Bewohner des Elsaß und Lothringens zu Frankreich, vornehmlich im Bürgertum, zu. Das Reich übte in seiner Uneinigkeit und Zerrissenheit nicht dieselbe Anziehungskraft mehr aus wie der mächtige aufstrebende französische Staat. Die aufsteigende Macht Preußens lag fern, und die Willkürherrschaft der kleinen Dynastien in Süd- und Südwestdeutschland wirkte auf die deutschen Bewohner von Elsaß-Lothringen eher abschreckend. Es kam dazu, daß die ehemalige locker ausgeübte Oberhoheit der französischen Könige ab der Französischen Revolution im Jahre 1789 von einem straffen zentralistischen System abgelöst wurde. Der Ausbruch dieser Revolution stellte einen folgenschweren und tiefen Einschnitt in der Geschichte der beiden Grenzprovinzen Elsaß-Lothringen dar. Zunächst setzte man dort auch auf die weltbürgerlichen Parolen von Freiheit, Gleichheit und Brüderlichkeit, wie sie von den Revolutionären so lauthals verkündet wurden. Die Maske aber fiel, als die Jakobiner im Elsaß die einheitliche und unteilbare Republik verkündeten. Sie erklärten nur eine Sprache, nämlich die französische, zur Staatssprache und zur Sprache der Freiheit. Alle anderen Sprachen, die auf dem Gebiete der französischen Republik gesprochen wurden, worunter natürlich auch Deutsch zählte, wurden als „barbarische Idiome“ von den Revolutionären jakobinischer Prägung verworfen. Diese Vorgangsweise löste im Elsaß und Lothringen eine Protestbewegung aus, der sich die gesamte deutsche Bevölkerung anschloß. Viele junge und wehrfähige Männer flüchteten damals in das benachbarte badische und pfälzische Gebiet. Zu einem wahren Volksaufstand sollte es aber erst kommen, als im Verlaufe der Revolutionskriege kaiserliche Truppen unter dem Feldmarschall Wurmser von Vendenheim sich dem Elsaß und der Pfalz näherten. In diesem ersten Koalitionskrieg Frankreichs gegen Österreich und Preußen (1792 bis 1797), in dem Preußen schon Verdun besetzt hatte, mußte der Herzog von Braunschweig die Schlacht bei Valmy im Jahre 1792 deswegen abbrechen, weil sich inzwischen die Gefahr eines polnischen Aufstandes abzeichnete und Friedrich Wilhelm II. von Preußen (1786 bis 1797) jede weitere

Kampfhandlung vermeiden wollte. Der beginnende Aufstand in Elsaß-Lothringen konnte dann deswegen niedergeschlagen werden, weil sich das Interventionsheer befehlsgemäß zurückziehen mußte.
Die Romanisierung in Lothringen hatte inzwischen weitere Fortschritte gemacht. Schon Herzog Anton von Lothringen, der mit seinen Söldnern im Jahre 1525 den Bauernaufstand im Elsaß blutig niedergeschlagen hatte, erreichte es bei Kaiser Karl V. (1519 bis 1556), daß sein Herzogtum von allen Lehensverpflichtungen dem Reiche gegenüber entbunden wurde. Franz Stephan von Lothringen, der spätere Gemahl Maria Theresias, tauschte im Jahre 1735 sein lothringisches Nachfolgerecht gegen die Anwartschaft auf das Großherzogtum von Toscana ein. Dieser Verzicht wurde ebenfalls von der französischen Diplomatie vorbereitet, die nur unter dieser Bedingung bereit war, die Pragmatische Sanktion, jenes Erbfolgegesetz, das den Kindern Karls VI. (1711 bis 1740) auch in weiblicher Linie die Erbfolge sicherte, anzuerkennen.
Der Nachfolger Franz Stephans, Stanislav Leszczynski (1677 bis 1766), wurde von seinem Schwiegervater, dem französischen König Ludwig XV. (1715 bis 1774), im Jahre 1735 mit Lothringen belehnt.
In den napoleonischen Kriegen kämpften auch Elsässer und Lothringer in den Heeren des Korsen, und viele unter ihnen erreichten hohe militärische Dienstgrade.
Die Auflösung des Heiligen Römischen Reiches Deutscher Nation im Jahre 1806 blieb auch nicht ohne Einfluß auf die führenden Kreise, die sogenannte Bourgeoisie, im Elsaß. Entscheidend für das weitere Schicksal dieses Landes sollte der Wiener Kongreß des Jahres 1815 werden. Damals wurde das besiegte Frankreich in seinen Grenzen von 1772 ausdrücklich anerkannt. Die Forderung einiger süddeutscher Fürsten, das Elsaß wieder dem Reiche anzugliedern, wurde bei den Entscheidungen des Kongresses nicht berücksichtigt. Nur das Saarland und die Stadt Landau wurden an Deutschland zurückgegeben.
Die Gelegenheit, verlorenen deutschen Volksboden dem Reiche zu erhalten, blieb ungenützt. Auch dieses Versäumnis führte im Elsaß zur Bildung einer frankophilen Partei, auf die sich die aggressive französische Deutschlandpolitik in der Folgezeit oft berufen hat.
Die Anpassung an die französischen Verhältnisse weitete sich im

Elsaß, insbesondere in Kreisen des deutschen Bürgertums, in zunehmendem Maße aus. Ab dem Jahre 1850 war das elsässische Schulwesen schon fast gänzlich in französischer Hand. Die französische Unterrichtssprache wurde in allen Schulen des Landes im Jahre 1853 eingeführt und trug dazu bei, daß die Assimilierung immer weitere Fortschritte machte. Von der städtischen Bevölkerung wurde die französische Sprache als Sprache der Gebildeten bevorzugt und die deutsche Muttersprache vielfach als Dialekt empfunden. Im ländlichen Bereich jedoch hielt die Bevölkerung an ihrem angestammten Deutschtum fest, was die französischen Präfekten veranlaßt haben mag, die Elsässer als Unterworfene zu bezeichnen, die sich noch nicht ganz ergeben hätten.

Als im Jahre 1871 Elsaß und Lothringen zu einem Reichsland zusammengefaßt und dem Reich eingegliedert wurden, hatte sich das deutsche Element verhältnismäßig gut erhalten. Die Jahrhunderte der französischen Herrschaft konnten nichts daran ändern, daß Elsaß und Lothringen deutscher Stammesboden waren und die Grenzen zwischen den Gebieten des germanischen und romanischen Volkstums sich seit der Völkerwanderungszeit im wesentlichen unverändert erhalten hatten. Das französische Sprachgebiet reichte nur in wenigen Tälern der Vogesen in das Elsaß hinein. Anders lagen die Verhältnisse in Lothringen. Rein deutsch waren dort die Kreise Bolchen, Diedenhofen-Ost, Vorbach und Saargemünd. Der französische Anteil der Bevölkerung in den Kreisen Metz Stadt und Land, Diedenhofen-Ost und Saarburg bewegte sich aber schon zwischen zwanzig und fünfzig Prozent. Metz hingegen war schon vor dem Kriege 1870/71 eine überwiegend französische Stadt, und der Kreis Chateau-Salins wies einen französischen Bevölkerungsanteil von 68,4 v.H. auf. Das Verhältnis der Nationalitäten ergab im Jahre 1910 folgendes Bild:

Landesteil	Muttersprache		Gesamt-bevölkerung
	deutsch	französisch	
Unterelsaß	671 425	26 394	700 938
Oberelsaß	481 375	31 771	517 865
Lothringen	481 460	146 097	655 211
Elsaß-Lothringen	1 634 260	204 262	1 874 014

Die Beweggründe, welche den Fürsten Bismarck nach der Kapitulation Frankreichs im deutsch-französischen Krieg des Jahres 1870/71 veranlaßten, beide Grenzprovinzen von Frankreich zu trennen, waren auch durch strategische Überlegungen bestimmt.
Durch die Angliederung von Elsaß-Lothringen an das Deutsche Reich sollte verhindert werden, daß Frankreich, wie schon so oft in der Geschichte, auf deutsches Gebiet vordringen konnte. Außerdem war auch die Tatsache, daß beide Grenzräume jahrhundertelang zum Reich gehört hatten und sich die Bevölkerung, die frankophilen bourgeoisen Kreise ausgenommen, ihr deutsches Volkstum erhalten hatte, für diese Entscheidung ausschlaggebend. Zu übersehen war bei dieser staatsmännischen Entscheidung auch nicht, daß das Frankreich Napoleons III. (1852 bis 1870) im Falle eines siegreichen Ausganges dieses Krieges die Einigung Deutschlands mit Waffengewalt verhindert und das ganze linke Rheinufer besetzt hätte. Natürlich hat es unter den Abgeordneten beider Provinzen auch Politiker gegeben, die gegen eine Abtrennung von Elsaß-Lothringen Protest erhoben. Solche Proteste konnte man von einigen bourgeoisen elsässisch-lothringischen Abgeordneten in Bordeaux vernehmen, wohin sich das französische Parlament 1871 zurückgezogen hatte. Eine ähnliche Protesterklärung wurde im Jahre 1874 von dem elsässischen Abgeordneten Teutsch im Deutschen Reichstag verlesen.
In den Frankfurter Friedensvertrag vom 26. Februar des Jahres 1871 war jedoch vorsorglicher Weise eine Nebenbestimmung eingebaut, wonach es Elsässern und den Lothringern freigestellt wurde, sich bis zum Jahre 1872 für den Verbleib bei Deutschland oder Frankreich zu entscheiden. Wer französischer Bürger bleiben wollte, konnte ohne Vermögenseinbuße das Land verlassen und in Frankreich Wohnsitz nehmen. Die Zahl, wie viele französisierte Elsässer damals von dieser Möglichkeit Gebrauch machten, wurde von französischer Seite stark übertrieben. Objektivere Schätzungen sprechen von etwa 50 000 Personen, die sich damals für Frankreich entschieden. Immerhin war das für Frankreich eine genügende Anzahl, um den Revanchegedanken im Lande zu nähren und bei jeder sich bietenden Gelegenheit an die verlorenen Provinzen Elsaß-Lothringen zu erinnern.
In der Hauptstadt von Elsaß-Lothringen, Straßburg, residierte an Stelle

eines Fürsten ein kaiserlicher Statthalter, dessen Maßnahmen in den ersten Jahren der Zugehörigkeit zum Deutschen Reich durch Agitation der „Ligue d'Alsace" insofern gestört wurden, als diese, von Frankreich unterstützt, die Elsässer bewegen wollte, sich nicht am öffentlichen Leben zu beteiligen, womöglich nach Frankreich auszuwandern und sich für einen Revanchekrieg zu erwärmen. Diese von Frankreich geschürten Machenschaften konnten indes die wirtschaftliche Aufwärtsentwicklung in dem wiedergewonnenen Reichsland nicht mehr nachhaltig beeinflussen.

Schon im Jahre 1874 erhielt das Reichsland eine beratende Körperschaft mit besonderen Befugnissen, die 1877 erweitert wurden. 1872 wurde die Kaiser-Wilhelm-Universität gegründet, welche die große Tradition der alten deutschen Straßburger Hochschule fortsetzte, die in der französischen Revolution aufgelöst und einer französischen Akademie weichen mußte. 1888 wurde auch der Paßzwang im Elsaß aufgehoben, so daß jeder Elsässer ungehindert nach Frankreich einreisen konnte, 1896 trat an die Stelle der französischen Gemeindegesetze die deutsche Gemeindeordnung, und im Jahre 1900 wurde das Deutsche Bürgerliche Gesetzbuch eingeführt. Besonders auf dem Gebiete des Schulwesens wurden in den Aufbaujahren beachtliche Fortschritte erzielt. Nachdem im Jahre 1871 in Elsaß-Lothringen die allgemeine Schulpflicht eingeführt wurde, hatte das dortige Schulwesen bereits im Jahre 1890 den leistungsgemäßen Reichsdurchschnitt erreicht.

Im Verlaufe der schulischen Förderungsmaßnahmen entstanden bis zum Jahre 1913 nicht weniger als 830 neue Schulen. Im Gegensatz zu den Maßnahmen der französischen Schulbehörden nach dem Jahre 1918, die auf eine vollständige Assimilierung des deutschen Bevölkerungsanteiles hinzielten, kam die deutsche Verwaltung dem französisch sprechenden Bevölkerungsanteil in den lothringischen Randgebieten Metz-Chateau-Salins, im Kaiserberger Tal und im hinteren Breuschtal in freizügigster Weise entgegen. Die französische Sprache konnte dort in den Elementarschulen ungehindert gelehrt werden. Desgleichen konnten auch einige Zeitungen in französischer Sprache, wie zum Beispiel das „Journal d'Alsace-Lorraine" oder das Blatt „Lorraine" ungehindert erscheinen. Beachtlich war auch die wirtschaftliche Aufwärtsentwicklung im neuen Reichslande. Nachdem Elsaß-Lothrin-

gen in sein natürliches Wirtschaftsgebiet den rheinischen Großraum eingegliedert war, konnte sich die Wirtschaft in einem beachtlichen Ausmaße beleben. Diese Entwicklung übte auf viele Deutsche im übrigen Reichsgebiet eine besondere Anziehungskraft aus. Im Zeitraum von 1871 bis zum Jahre 1918 sind nach statistischen Angaben etwa 300 000 bis 400 000 Deutsche in diesen prosperierenden Wirtschaftsraum eingewandert. Die lothringische Schwerindustrie konnte sich mit anderen europäischen Wirtschaftszentren durchaus messen. Wenn auch verspätet, so erhielt Elsaß-Lothringen im Jahre 1911 seine eigene Verfassung und nahm ab diesem Zeitpunkt die Rechtsstellung der anderen deutschen Bundesstaaten ein.
Behauptungen in der revanchistischen französischen Presse der späteren Zeit, die „geraubten Provinzen Elsaß-Lothringen" hätten während ihrer Zugehörigkeit zum Deutschen Reich eine Periode der Unterdrückung erleben müssen, können als zweckbetonte Geschichtslügen eingestuft werden. Diese Entstellungen durch französische Agitatoren erreichten in den Jahren vor Ausbruch des Ersten Weltkrieges einen gewissen Höhepunkt, konnten allerdings den profranzösischen Gedanken in den „verlorenen Provinzen" kaum stimulieren. Die französische Politik der Vorkriegszeit war aber auf den Revanchegedanken eingespielt.
Während des Ersten Weltkrieges erfüllten auch die Deutschen aus Elsaß-Lothringen, in vielen Fällen als Kriegsfreiwillige, ihre soldatische Pflicht. Behauptungen, Elsässer wären massenweise während des Krieges zu den Franzosen übergelaufen, entbehren jedes Wahrheitsgehaltes.
Nach der deutschen Niederlage im Jahre 1918 und vor Inkrafttreten der Bestimmungen des Friedensdiktates von Versailles hatte das nur durch das amerikanische Eingreifen siegreich gewordene Frankreich in Elsaß-Lothringen vollendete Tatsachen geschaffen. Versuche des Straßburger Oberbürgermeisters Rudolf Schwander und des Reichstagsabgeordneten Karl Hauß, eine elsaß-lothringische Regierung zu bilden, mußten aufgegeben werden. Damit war auch der Plan einer Volksabstimmung unter neutraler Kontrolle in Elsaß-Lothringen vereitelt.
Die ersten Maßnahmen der französischen Behörden nach Besetzung des Landes bestanden darin, alle eigenständigen deutschen Einrich-

tungen zu tilgen sowie die deutsche Sprache im öffentlichen Verkehr gänzlich auszumerzen. Bezeichnend für diese Maßnahmen ist ein Ausspruch des ersten Leiters des Schulwesens in den beiden „befreiten" Provinzen, Carlety, der die Schulkinder aufforderte, jeden Tag ein Wort Französisch zu lernen und ein Wort Deutsch zu vergessen. Übel wurde auch im Verlaufe dieser Entvolkungsmaßnahmen den einstmals zugewanderten Deutschen aus den anderen Teilen des Deutschen Reiches mitgespielt. Nach zuverlässigen Angaben wurden damals von den französischen Behörden 150 000 Deutsche aus Elsaß-Lothringen vertrieben und ihr gesamter Besitz eingezogen. Der amerikanische Präsident Wilson hatte sich inzwischen den französischen Forderungen gebeugt und Elsaß-Lothringen als „Wiedergutmachung eines 1871 begangenen Unrechts" der französischen Republik zugesprochen. Die Weimarer Nationalversammlung hat gegen die Willkürmaßnahmen der französischen Regierung keinen Protest eingelegt, geschweige denn gegen die offenkundige Verletzung des Selbstbestimmungsrechtes Schritte unternommen. Sie hat, im Gegensatz zu Eupen-Malmedy, auf eine Wiedergewinnung des Reichslandes Elsaß-Lothringen verzichtet. Der ehemalige deutsche Außenminister in den Jahren 1924 bis 1929, Gustav Stresemann, hat aber immerhin die Notlage des deutschen Elementes unter französischer Bevormundung erkannt. In einer Unterredung, die er im Herbst des Jahres 1925 mit dem Vertreter der elsässischen Belange im Reich, Dr. Robert Ernst, hatte, umriß er mit folgenden Worten die Situation: „Wir verzichten auf den Versuch, Elsaß-Lothringen politisch wiederzugewinnen und gewinnen daraus nicht nur das Recht, sondern sogar die Verpflichtung, das alemannische und fränkische Volkstum in Elsaß-Lothringen in seinem Abwehrkampf zu unterstützen."

Nachdem jeder ernsthafte Dialog in dieser Angelegenheit mit den verantwortlichen Politikern Frankreichs aussichtslos war, gingen Deutschland durch die erzwungene Abtretung 14 520 Quadratkilometer deutscher Volksboden mit einer Bevölkerung von 1 874 014 Einwohnern verloren.

Zusammen mit den nordböhmischen Gebieten und Oberschlesien zählte das Reichsland Elsaß-Lothringen zu den bedeutendsten Industriegebieten Mitteleuropas. Der Verlust dieses Gebietes war für

Deutschland ebenso nachteilig wie die Abtretung aller anderen deutschen Ostgebiete. Aus einer im Jahre 1907 erstellten Berufsgliederung der elsaß-lothringischen Bevölkerung wird ersichtlich, daß dort der Anteil der Berufstätigen in der Industrie mit 38,7 v.H. den Reichsdurchschnitt von 43,2 Prozent schon fast erreicht hatte. Drei Wirtschaftszweige waren es, in denen der Großteil der Industriearbeiter und Angestellten tätig war: die Textilindustrie, der Kalibergbau und die Schwerindustrie in Lothringen.

Im Elsaß wurden im Jahre 1907 79 479 gewerbliche Betriebe mit insgesamt 278 266 Beschäftigten gezählt; davon entfielen mehr als 25 v.H. auf die Textilindustrie, welche alten Ursprunges war und in der in diesem Jahre 80 000 Arbeiter beschäftigt waren. Schon im Jahre 1746 wurde in Mühlhausen die erste Fabrik für buntgedruckte Baumwolltücher errichtet, und nach dem Jahre 1871 kam dann als neuer Zweig die Kammgarnspinnerei hinzu. Die Erzeugnisse der elsässischen Textilindustrie fanden vornehmlich im übrigen Deutschen Reich ihren Absatz. In der Metallverarbeitung sowie im Maschinenbau waren im Elsaß nur 32 000 Beschäftigte tätig. Anders gelagert waren die wirtschaftlichen Strukturen in Lothringen. Die dortige Schwerindustrie konnte sich, gestützt auf die gewaltigen Eisenerzlager, an denen auch Luxemburg und Frankreich ihren Anteil hatten, zu einem der bedeutendsten Wirtschaftszweige entwickeln. Etwa ein Drittel der gesamten Minetterze entfiel vor dem Jahre 1918 auf Deutsch-Lothringen. Schon im 18. Jahrhundert wurden in Lothringen die ersten Hüttenwerke von der damals noch nicht französisierten Familie Wendel errichtet.

Die steile Aufwärtsentwicklung dieser Schwerindustrie setzte dann zu dem Zeitpunkt ein, als die rheinisch-westfälische Großeisenindustrie lothringische Eisenerze zu verarbeiten begann und im Gegenzug den Koks anlieferte, der in Lothringen in nur unzureichender Menge erzeugt werden konnte. In der Zeit nach dem Jahre 1871 wurden in Lothringen modernste Hüttenwerke eingerichtet, unter ihnen das Riesenwerk Hagendingen des Thyssen-Konzerns, wo vornehmlich Thomas-Stahl erzeugt wurde. Das Roheisen und Halbzeug ging in der Folge zur weiteren Verarbeitung in die Industriegebiete an Ruhr und Rhein. Bereits im Jahre 1913 befand sich fast die Hälfte der Erzlagerstätten Lothringens im Besitz der Ruhrindustrie, welche bis zum Jahre 1918 nach vorsichtigen Schätzungen in die dortigen Hochofenanlagen sowie Stahl- und Walzwerke eine halbe Milliarde Goldmark investiert hatte.

Die reichen Eisenerzvorkommen (Minette) im Dogger von Lothringen bei Ars, südlich von Metz, sowie zwischen Hayingen und der luxemburgischen Grenze wurden in Elsaß-Lothringen planmäßiger verarbeitet als im grenznahen französischen Abbaugebiet. Dort wurden im Jahre 1913 nur 18,5 Tonnen Erz abgebaut, während die Fördermenge in Elsaß-Lothringen im gleichen Jahre 21 Millionen Tonnen betrug. Unter diesen Voraussetzungen konnte sich die eisenverarbeitende Industrie bald zu den führenden Industriezweigen des Landes entwickeln. Schon im Jahre 1912 wurden in fünfzig Hochofenanlagen über Hundert Millionen Tonnen Erze in einem Gesamtwert von 140 Millionen Goldmark verhüttet.

Neben der eisenverarbeitenden Industrie nahm die Steinsalzförderung eine bedeutende Stellung ein. In den Steinsalzflözen zwischen Mühlhausen und im Bezirk Chateau-Salins wurden im Jahre 1913 350 000 Tonnen Steinsalz gefördert. Auch die Steinsalzlager im südlichen Lothringen waren ergiebig.

Die Entdeckung der Kalisalzlager von Wittelsheim im oberen Elsaß im Jahre 1904 führte dazu, daß vor dem Ausbruch des Ersten Weltkrieges schon vierzehn Gesellschaften den Kaliabbau betreiben konnten. Mit den Lagerstätten in Mitteldeutschland besaß Deutschland damals das Weltmonopol für Kali. Nach Inkrafttreten des Friedensdiktates von Versailles gingen alle diese Kalilager und die verarbeitende Industrie in das Eigentum des französischen Staates über.

Im Vergleich zur Schwerindustrie und dem Abbau von Kalisalzen im neuen Reichsland war die Petroleumgewinnung im Unterelsaß mit einer Produktion von 50 000 Tonnen im Jahr 1913 eher als bescheiden einzustufen.

Bedeutender war hingegen die im waldreichen Osten Lothringens beheimatete jahrhundertealte Glasindustrie. Sie umfaßte die größte Brillen- und Uhrengläserfabrikation des damaligen Deutschen Kaiserreiches in Götzenbrück sowie weitere Betriebe in Meisenthal, Münzthal, Vallerysthal und Dreibrunnen.

Die Erzeugung von feinen Töpferwaren (Fayencefabrikation) war im größeren Umfang in Saargemünd und Niederweiler beheimatet. Durch die vielen Stauwerke im Lande wurden alle diese Industriezweige mit dem Markt insofern verbunden, als auf dem Wasserwege Produkte billiger angeboten werden konnten. Das großartige Kanalsystem (Rhein-Rhône-Kanal, Rhein-Marne-Kanal, Saar-Kohlenkanal und Moselkanal) trug wesentlich zum prosperierenden Handel bei.
Auf den genannten Kanälen wurde der Gesamtverkehr im Jahre 1913 mit 228 Millionen Tonnenkilometern beziffert.
Bedeutend bei dieser enormen wirtschaftlichen Aufwärtsentwicklung war in ihrer Folge die Belebung des öffentlichen Verkehrs. Aus statistischen Angaben aus dem Schiffs- und Reiseverkehr im neuen Reichslande ist dies zu entnehmen:
Der im Jahre 1900 ausgebaute Hafen von Straßburg konnte schon im Jahre 1912 auf einen Güterverkehr in Höhe von 1 650 000 Tonnen, der Hafen von Lauterburg auf einen von 320 000 Tonnen zurückblicken. Der Reiseverkehr auf den 1500 Kilometer langen Staatsbahnen umfaßte im Jahr 1912 außer dem bedeutenden Güterverkehr fünfundfünfzig Millionen Reisende. Beachtliche Umsätze hatte auch die Deutsche Reichsbank zu verzeichnen. Ihr gesamter Geschäftsumsatz bezifferte sich im Jahre 1912 auf 8,2 Milliarden Mark, wovon auf Zweigstellen in Straßburg 3,3, auf Mühlhausen 1,5 und auf Metz 3,4 Milliarden Mark entfielen.
Das Vermögen der einhunderteinundsiebzig öffentlichen Sparkassen betrug nach Angaben des Statistischen Landesamtes für Elsaß-Lothringen im Jahr 1912 einhundertachtundsiebzig Millionen Goldmark.
Um die Gesamtinteressen der Gewerbetreibenden wahrzunehmen, die fachliche Berufsausbildung zu regeln, Gutachten für Gerichte und Behörden zu erstellen, wurden in den Städten Straßburg, Kolmar, Mühlhausen und Metz Handelskammern errichtet, deren Tätigkeiten sich für die Gesamtwirtschaft des Landes als äußerst nützlich erwiesen.
In der klimatisch begünstigten oberrheinischen Tiefebene des Elsaß konnte auch die Bodennutzung intensiv betrieben werden. Der Weizen-, Roggen- und Haferanbau, der Anbau von Tabak sowie die Obst-, Wein- und Gemüseproduktion nahmen in diesem Landesteil eine dominierende Stellung ein. 23 v.H. des damaligen deutschen Reben-

landes entfielen vor dem Jahre 1919 auf das Elsaß. Die spätere Eingliederung in das französische Wirtschaftsgebiet mit seiner großen Weinproduktion war für den elsässischen Weinbau genauso nachteilig wie für den im Mosel- und Seilletal.
In Lothringen stand vor dem Ersten Weltkrieg der Anbau von Weizen, Hafer und Roggen an der Spitze der landwirtschaftlichen Produktion. Daneben nahm aber auch die Viehwirtschaft (Pferdezucht) eine bedeutende Stellung im Wirtschaftsleben ein.
Eine im Jahre 1913 erstellte Übersicht über die Ernteerträgnisse in Elsaß-Lothringen gibt Aufschluß über die landwirtschaftliche Kapazität dieses Reichslandes.
Die landwirtschaftlichen Betriebe in Lothringen waren im Vergleich zum Elsaß flächenmäßig größer. In Größen ausgedrückt waren dort landwirtschaftliche Betriebe zwischen zwanzig und hundert Hektar und darüber hinaus festzustellen. Im Elsaß hingegen umfaßten von 152 546 bäuerlichen Betrieben nur 926 eine Nutzfläche zwischen zwanzig und hundert Hektar und nur fünfunddreißig über hundert Hektar.
Aus einer Berufsgliederung des Jahres 1907 ist zu ersehen, daß im Reichsland Elsaß-Lothringen der Anteil der Berufstätigen in der Industrie sowie im Bergbau eine ansteigende Tendenz aufwies.

Wirtschaftsabteilung:	Zahl der Beschäftigten:	in Prozenten:
Land und Forstwirtschaft	339 166	37,4
Industrie und Bergbau	350 309	38,7
Handel und Verkehr	97 544	10,8
Häusliche Dienste, Lohnarbeit wechselnder Art	10 283	1,1
Freie Berufe, öffentlicher Dienst	109 383	12,0

Die Stellung des deutschen Elementes wurde nach dem Jahre 1871 in Elsaß-Lothringen sowohl durch die Wiedererrichtung der Reichs-Universität in Straßburg als auch durch die verstärkt einsetzende Zuwanderung Deutscher aus den Ländern des Reiches, sie wurden im neuen Reichsland auch Altdeutsche genannt, gefestigt. Das aber bedeutete nicht, daß auch alle eingesessenen Elsaß-Lothringer sich

uneingeschränkt zum Deutschtum bekannten. Nicht geringe Bevölkerungsteile standen unentschieden zwischen beiden Nationen und das wirtschaftlich gehobene, reiche und zum großen Teil französisierte Bürgertum war dem deutschen Volkstum verlorengegangen.
Dazu kam, daß die Reichspolitik nach Wiedereingliederung dieses alten deutschen Reichslandes nicht immer die richtigen Entscheidungen traf. Vom staatsrechtlichem Standpunkt aus gesehen war es ein Fehler, daß das neue Reichsland nach Befreiung von der französischen Fremdherrschaft weder geschlossen einem deutschen Bundesstaat eingegliedert noch zu einem eigenen Bundesstaat erhoben wurde.
Das Land wurde unter der Souveränität des deutschen Kaisers „Reichsland" und die Regierungsgeschäfte wurden ab 1879 einem Statthalter übertragen. Dem ersten Statthalter, Feldmarschall Edwin von Manteuffel, glückte es aber nicht die große Masse der bäuerlichen und kleinbäuerlichen Bevölkerung in seinem Amtsbereich für das Deutsche Reich zu gewinnen. Er zog es vor, sich auf die verhältnismäßig dünne Schicht des begüterten Bürgertums zu stützen, das aus seiner Hinneigung zu Frankreich keinen Hehl machte. Fest steht, daß sich das Reich zu einer für alle Bevölkerungsteile akzeptablen Verfassungsgebung nicht durchringen konnte. Auch die Verfassung des Jahres 1910 wurde als nicht befriedigende Lösung empfunden.
Dazu gesellten sich noch manche Ungeschicklichkeiten der deutschen Administration im neuen Reichslande, die nicht dazu beitrugen antideutsche Aversionen abzubauen. Nicht nur der Zwischenfall von Zabern im Jahre 1913 oder die manchmal verfehlte Behandlung elsaß-lothringischer Soldaten im Verbande des deutschen Heeres sowie das Verhalten der im Elsaß stationierten deutschen Etappe haben keine gute Stimmung in der Bevölkerung aufkommen lassen.
Das mag wohl auch der Grund gewesen sein, daß nach Abzug der deutschen Truppen im Jahre 1918 separatistische Elemente die nachrückenden französischen Einheiten als „Befreier" begrüßt haben. Aber die nachfolgende französische Administration hat es noch weniger als vor ihr die deutsche Verwaltung verstanden, auf die Eigenart der elsaß-lothringischen Bevölkerung einzugehen und ihre berechtigten Wünsche zu erfüllen.
Starr hielten die verantwortlichen französischen Politiker aller Schattierungen an dem von ihnen gesteckten Endziel fest, das geraubte deutsche

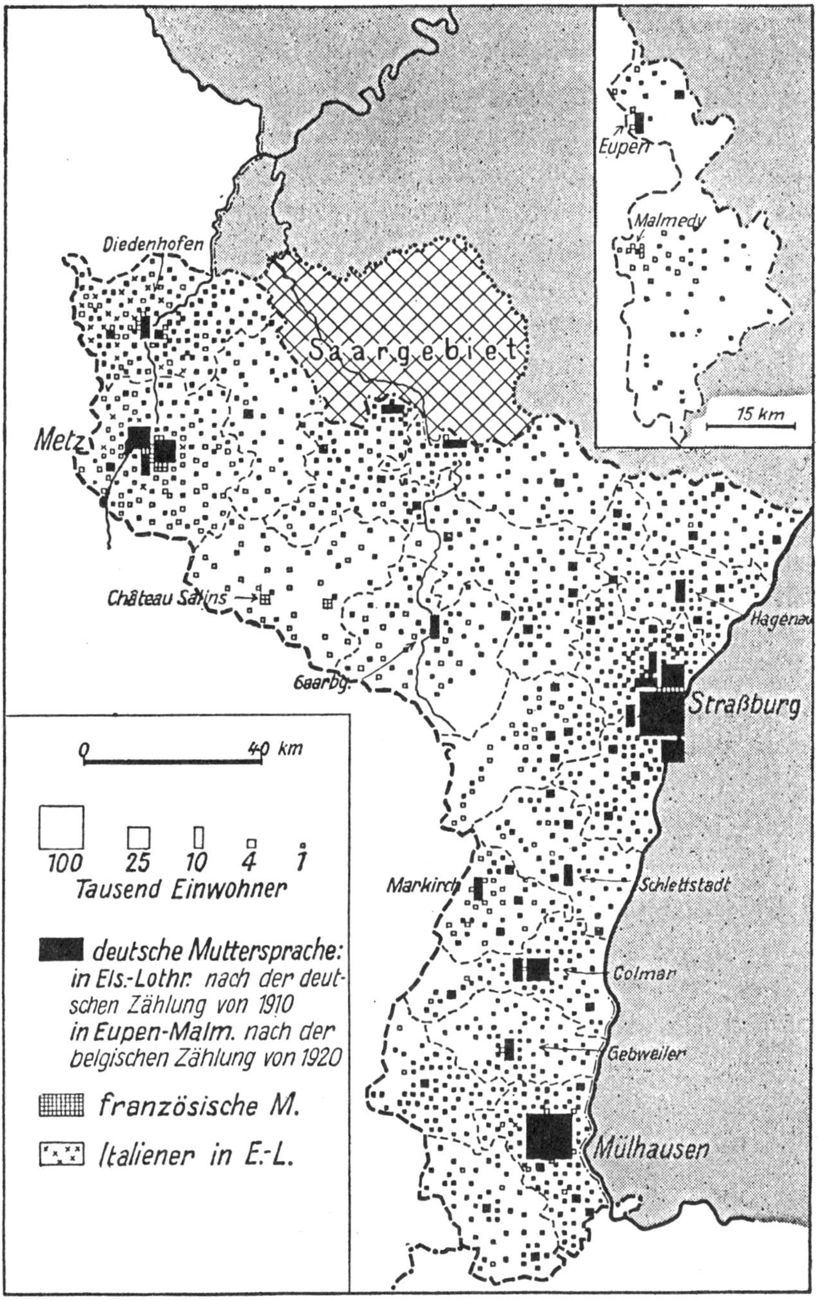

Sprachenkarte von Elsaß-Lothringen und Eupen-Malmedy. Quelle: Thalheim, K.C.: Das Grenzlanddeutschtum. Mit besondereer Berücksichtigung seines Wirtschafts- und Soziallebens. Berlin-Leipzig 1931 (Sammlung Göschem).

Reichsland dem zentralistisch ausgerichteten französischen Staat einzugliedern und die alteingesessene deutsche Bevölkerung so rasch wie möglich zu assimilieren, also in der „Grande nation“ aufgehen zu lassen. Damals begann sich in Elsaß-Lothringen eine französische kulturelle Gewaltherrschaft zu formieren, die sich zunächst gegen das deutsche Schulwesen richtete. Auch die deutsche Amts- und Gerichtssprache wurde sofort durch die französische ersetzt. Gleichfalls wurde auf das religiöse Empfinden der Deutschen im Elsaß sowie in Lothringen keine Rücksicht genommen. Im Elsaß bekannten sich etwa fünfundsiebzig v. H., in Lothringen etwa neunzig v. H. zum katholischen Glauben. Abwehrmaßnahmen gegen das antireligiöse französische Regierungssystem zeichneten sich alsbald ab.
Im Pakt von Locarno vom 16. Oktober 1925 hatte die deutsche Regierung die Aufrechterhaltung der Grenze mit Frankreich garantiert. Die Selbstbestimmung, wie sie der Elsaß-Lothringische Heimatbund in seinem Aufruf vom 8. Juni 1926 gefordert hatte, blieb den Elsaß-Lothringern bis auf den heutigen Tag verwehrt.

Die erzwungene Abtrennung von Eupen und Malmedy im Jahre 1920

In diesem rein deutschen Gebiet fand nach dem Zusammenbruch der Mittelmächte im Jahre 1918 keine freie Volksabstimmung statt. Der deutschen Bevölkerung sollte damals allerdings die Möglichkeit geboten werden, durch Eintragung in öffentlich ausgelegte Listen sich für Deutschland oder Belgien zu entscheiden. Daß es sich bei dieser sogenannten Listeneintragung um ein Täuschungsmanöver handelte, sollte sich aber alsbald herausstellen.
Den heutigen Lebensraum der deutschen Volksgruppe in Belgien, einem Staat, der erst im Jahre 1830 geschaffen wurde, unterteilt man nach einem im Jahre 1962/63 wirksam gewordenen belgischen Sprachengesetz in vier Gebiete (Kantone).
Nach den Bestimmungen dieses Gesetzes wurden die Kantone Eupen, ein Teil des Kantones Malmedy und der Kanton St. Vith als rein deutsches Sprachgebiet erklärt. Die Stadt Malmedy mit Umgebung, das Montzener und Areler Gebiet hingegen, wo eine deutsche Bevölkerungsmehrheit von achtzig Prozent nachweisbar ist, wurden ex lege dem französischen (wallonischen) Sprachgebiet zugesprochen. Auf die ethnischen und geopolitischen Gegebenheiten wurde bei der Verabschiedung dieses Gesetzes somit keine Rücksicht genommen. Außerdem bietet die geschichtliche Entwicklung in diesem Raum für eine solche Fehlentscheidung keinerlei Handhabe. Vor der ersten Inbesitznahme dieses westrheinischen Gebietes durch die germanischen Stämme der Tungerer und Treverer war dieses Land von den Kelten besiedelt. Diese erste frühgermanische Landnahme wurde jedoch teilweise von der unter Gajus Julius Caesar (100 bis 44 v. d. Z.) einsetzenden gallo-römischen Ausdehnungswelle wieder überflutet.
Erst während der Zeit der Völkerwanderung, also etwa ab 375 n.d.Z., wurde dieses Land durch die Franken völlig germanisiert. Dieses Neuland nahm aber alsbald in ihrem Reich eine bedeutende Stellung ein. Aachen war damals schon der politische und wirtschaftliche Mittelpunkt des Eupener Landes, in dem bis heute noch nicht die Erinnerungen an Kaiser Karl d. Gr. (768 bis 814) erloschen sind.

Aber schon unter Karls Großvater, Karl Martell (689 bis 741), der als der bedeutendste Hausmeier unter den Merowingerkönigen zu gelten hat, erfreute sich dieser Landstrich seitens der Reichsgewalt großer Förderung. Da wurde zunächst im Jahre 648 n.d.Z. vom Merowingerkönig Sigibert die berühmte Benediktiner-Abtei Malmundarium (Malmedy) gegründet, die wenige Zeit später mit der benachbarten Abtei Stablo zu einer Fürstenabtei vereinigt wurde. Diese vereinigte Abtei war dann im weiteren Verlauf ihrer Geschichte einer der Mittelpunkte der clunyazensischen Reformbewegung und nahm in der Reichsgeschichte eine nicht zu übersehende Bedeutung ein.
Ab 1061 war das Eupener Land Hoheitsgebiet der deutschen Herzöge von Limburg, die wiederum dem jeweiligen deutschen König oder Kaiser lehenspflichtig waren und dem Gerichtsbann der deutschen Hochbank Waldhorn unterstanden. Wie bedeutsam Abtei und Stadt Malmedy für die Einheit des Reiches im frühen Mittelalter gewesen sein muß, geht aus einer Bulle des Kaisers Lothar (1125 bis 1137) hervor, in der er im Jahre 1137 verfügte, daß das reichsunmittelbare Malmedy „für alle Zeiten zum deutschen Reich gehöre, niemals davon zu trennen sei oder einem fremden Herrn unterstellt oder als Lehen gegeben werden dürfe".
So eng mit der Reichsgeschichte verflochten, nahm diese deutsche Westmark am Aufstieg aber auch am allmählichen Niedergang des Reiches regen Anteil.
Nach Schwächung der Reichsgewalt bestimmten auch dort eigensüchtige territoriale Interessen und Teilgewalten die Geschicke dieses Landes.
Schon im 15. Jahrhundert wurden die beiden Herzogtümer Limburg und Luxemburg in Personalunion vereint. 1477 kam dann dieses Gebiet durch die Heirat zwischen Maria von Burgund und dem Erzherzog Maximilian von Habsburg, dem späteren deutschen Kaiser, zum Erzhaus. Unter Ludwig XIV. (1638 bis 1715), dessen politisches Endziel es war, Frankreich auf Kosten deutscher Gebiete nach Osten hin zu vergrößern, wobei ihm der „Rhein als Grenze" seines Reiches vorschwebte, wurden Malmedy und St. Vith im französischen Raubkrieg des Jahres 1689 zerstört und teilten somit das Schicksal vieler anderer rheinischer Städte.

Im Jahre 1795 wurde dieses Grenzland abermals durch die französischen Revolutionsheere besetzt und für zwanzig Jahre hindurch dem französischen Imperium einverleibt.
Bauernaufstände, die sich als Folge nationaler und religiöser Unterdrückung in den Jahren 1796 und 1798 gegen die französische Besatzungsmacht richteten, wurden blutig niedergeschlagen.
Die Führer der deutschen aufständischen Bauern nahm man in Haft, kerkerte sie unter unmenschlichen Bedingungen monatelang ein, um sie sodann öffentlich hinzurichten.
Der Wiener Kongreß des Jahres 1815 beendete wohl die brutale französische Fremdherrschaft, der westrheinische deutsche Volksboden wurde indes abermals geteilt. Die Zerteilung dieses Raumes fand schon im frühen Mittelalter statt, als im Jahre 958 Lotharingien in die beiden Herzogtümer Ober- und Niederlotharingien aufgeteilt wurde. Diesmal kamen die östliche Hälfte Deutsch-Limburgs, also das Eupener Land, und das bisher luxemburgische St. Vither Gebiet samt Malmedy als „Teil der Rheinprovinz" zu Preußen, wo die genannten Gebiete bis zum Jahre 1920 bleiben sollten.
Die westliche Hälfte Deutsch-Limburgs, das Montzener und Areler Gebiet, wurde damals ohne Rücksichtnahme auf die dortigen nationalen Strukturen mit ganz Luxemburg den Vereinten Niederlanden zugesprochen. Es war dies insofern eine unglückliche Lösung, als auch in dem Staate der Oranier das deutsche Element in seinen Rechten stark eingeengt wurde. Die Sprachenverordnungen der Jahre 1819, 1822 und 1830 trugen nicht dazu bei, die deutsche Bevölkerung ihren neuen Herren gegenüber freundlicher zu stimmen. Der Oranierstaat erwies sich, wie es sich alsbald zeigen sollte, als wenig lebensfähig. So hatten die französischen Sendlinge nach der Pariser Julirevolution des Jahres 1830 ein leichtes Spiel, eine gewaltsame Volkserhebung gegen die Holländer zu entfachen. Das Haus Oranien wurde abgesetzt und dem Prinzen Leopold von Sachsen-Coburg die belgische Krone angetragen. Prinz Leopold nahm das Angebot an und beschwor als König Leopold I. am 21. Juli 1831 die Verfassung.
Die Feindseligkeiten zwischen Holländern und Belgiern dauerten aber noch volle acht Jahre an, und erst durch den Londoner Vertrag vom 19. April 1839 wurde Belgien als unabhängiger Staat anerkannt.

Die Gegensätze zwischen der flämischen und wallonischen Volksgruppe in diesem Staat konnten allerdings bis heute nicht ausgeräumt werden. Was nun die Deutschen in Eupen-Malmedy betraf, kam die belgische Regierung ihren berechtigten Wünschen hinsichtlich des Gebrauches ihrer Muttersprache zunächst entgegen. Nach Beendigung des Krieges mit den Holländern verlor jedoch der belgische Staat einen Großteil Limburgs an Holland, und der östliche Teil Luxemburgs wurde selbständig. Dadurch schieden etwa zweihundertfünfzigtausend Deutsche aus dem jungen belgischen Staatswesen aus. Es verblieben im belgischen Staat lediglich die deutschen Bewohner des Areler und Montzener Gebietes, deren Hoffnungen auf unbehinderten Gebrauch ihrer deutschen Muttersprache sich aber auch nicht erfüllen sollten. Nach den belgischen Sprachverfügungen von 1844 und 1845 wurden dort die Gesetze nunmehr in französischer und flämischer Sprache verlautbart. Darüber hinaus wurde die deutsche Sprache in Schulen, in der Verwaltung und bei Gericht systematisch zurückgedrängt.
Als dann im Jahre 1898 die flämische Sprache als zweite Staatssprache anerkannt wurde, war dies für die deutsche Bevölkerung im Areler und Montzener Gebiet Anlaß genug, mit einer Bittschrift, welche von hunderttausend Deutschen unterzeichnet wurde, an die belgische Regierung heranzutreten, um auch die Gleichstellung der deutschen Sprache zu erwirken. Die berechtigten Anliegen der Bittsteller wurden aber damals nicht berücksichtigt.
Nach dem 1. Weltkrieg hielten es die Deutschen in den Kreisen Eupen und Malmedy für gänzlich unwahrscheinlich, daß ihre deutsche Heimat von Belgien annektiert werden könnte, zumal ja Belgien überhaupt keine historischen Rechte auf ihr Gebiet geltend machen konnte. Doch auch auf diesem deutschen Volksboden sollte die weitere Entwicklung der Dinge bis zum Jahre 1920 einen unberechenbaren Verlauf nehmen.
Strategische, aber auch wirtschaftliche Erwägungen waren es, dem auch im Gebiet von Eupen-Malmedy das durch Präsident Wilson verkündete „Selbstbestimmungsrecht" für alle Völker letztlich weichen mußte. Pläne für eine Eingliederung des rein deutschen Gebietes von Eupen-Malmedy in den belgischen Staatsverband wurden allerdings schon während der Regierungszeit des Königs Leopold II. (1865 bis

1909) erörtert. Dabei waren vornehmlich auch strategische Erwägungen maßgebend, die mit der zwischen Belgien und England im Jahre 1906 abgeschlossenen Vereinbarung über ein militärisches Zusammenwirken im Kriegsfalle (Convention-anglo-belge) in Verbindung zu bringen sind. Nach dem Waffenstillstand vom 11. November 1918 gewannen die alten belgischen Annexionspläne erneut an Aktualität.
Dabei bediente man sich natürlich vieler Scheinargumente. Den „Friedensmachern“ in Paris wurde z. B. von einer angeblichen „Vereinigung aller Belgier des Großherzogtums Luxemburg, die im Jahre 1815 von ihrem Mutterland getrennt wurden“, jetzt aber wieder in ihre alte Heimat zurückkehren wollten, berichtet.
Natürlich wurden in diesem Zusammenhang auch Ansprüche aus der deutschen Reparationspflicht angemeldet.
Um aber dem von Präsidenten Wilson verkündeten „Selbstbestimmungsrecht“ der Völker den Anschein von Glaubwürdigkeit zu verleihen, wurde in das Friedensdiktat von Versailles eigens für Eupen und Malmedy der Artikel 34 eingefügt, welcher folgendes bestimmte: „Während der sechs Monate nach Inkrafttreten des gegenwärtigen Vertrages werden von den belgischen Behörden in Eupen und Malmedy Registrierungsstellen eröffnet werden, und die Bewohner dieser erwähnten Gebiete werden die Möglichkeit haben, dort schriftlich ihren Wunsch auszudrücken, daß diese Teile ganz oder zum Teil unter deutscher Souveränität bleiben sollen. Es wird Sache der belgischen Regierung sein, das Ergebnis dieser Volksbefragung, deren Entscheidung sich Belgien anzunehmen verpflichtet, dem Völkerbund zur Kenntnis zu bringen.“ Was nun folgte, war eine durch die belgische Besatzung behinderte Scheinabstimmung.
Wohl wurden ab dem 10. Januar 1920 – allerdings nur in den Städten Eupen und Malmedy und nur an bestimmten Tagen – Eintragungslisten ausgelegt. In Wirklichkeit aber übte der belgische Militärdiktator, Baron Baltia, jeden nur erdenkbaren Druck auf die deutsche Bevölkerung aus. Jedem Deutschen wurde damals angedroht, sofort aus Belgien ausgewiesen zu werden, sollte er für Deutschland optieren. Unter diesem starken Druck wagten es in Eupen nur zweihundertneun Personen, in Malmedy gar nur zweiundsechzig Deutsche, sich in die ausgelegten Listen eintragen zu lassen.

Das so erpreßte Wahlergebnis wurde sodann dem Völkerbund, dem nach den Bestimmungen des Versailler Diktates die Letztentscheidung zukam, zugeleitet. Dieser erhob gegen diesen offensichtlichen Wahlbetrug keinerlei Einwendungen.
Am 20. September 1920 überantwortete der Völkerbundsrat dann die Kreise Eupen-Malmedy, den Ort Kelmis und kleine Teile des Kreises Monschau der Souveränität Belgiens. Damit wurde 1036 Quadratkilometer deutschen Landes vom Reich abgetrennt und sechzigtausend Deutsche gegen ihren Willen gezwungen, in einem ihnen fremden Staat zu leben. Ein Schicksal, das auch den 3,5 Millionen Sudetendeutschen, wie auch den Deutschen in allen abgetrennten Gebieten beschieden war.
Die damalige deutsche Reichsregierung hat, dies ist besonders hervorzuheben, die Abtretung von Eupen-Malmedy niemals anerkannt. Sie hat auf diplomatischem Weg (Stresemann, Schacht) immerhin versucht, dieses Gebiet für das Deutsche Reich wiederzugewinnen. Die Bundesrepublik Deutschland hingegen zeigte für die Belange der deutschen Volksgruppe kein Verständnis. Ohne daß die deutsche Bevölkerung von Eupen-Malmedy je befragt wurde, unterzeichneten der ehemalige westdeutsche Außenminister von Brentano und der belgische Außenminister Spaak am 24. September 1956 den Vertrag über eine „Berichtigung der deutsch-belgischen Grenze", in dessen Schlußprotokoll es heißt, daß . . . „die vertragsschließenden Parteien den Grenzverlauf als endgültig betrachten". Diesem Vertrag stimmte der Bundestag am 6. August 1958 zu.
Wirtschaftlich gesehen, war die Bedeutung der abgetrennten Gebiete von Eupen-Malmedy mit einer Gesamtfläche von 1036 Quadratkilometern nicht so groß wie die von Elsaß-Lothringen.
Bedingt durch klimatische Verhältnisse, die mittlere Höhenlage von 600 Metern über dem Meeresspiegel und durch Niederschläge, waren die Ernteerträgnisse im Gebiet von Eupen-Malmedy auch geringer.
Dazu kam, daß weite Flächen des Landes mit seinen Hochmooren im Hohen Venn nur dünn besiedelt waren.
Ein Vergleich der Ernteerträgnisse des abgetretenen Gebietes, erstellt im Jahre 1913, mit denen in Elsaß-Lothringen zeigt diesen Unterschied deutlich auf.

Erntestatistik in den abgetretenen Gebieten erstellt im Jahre 1913

	Eupen-Malmedy		Elsaß-Lothringen	
Feldfrüchte	Erntefläche in ha	Ernteerträge in dz	Erntefläche in ha	Ernteerträge in dz
Winterweizen	18	234	136 486	2 370 970
Sommerweizen	23	668	592	9 510
Winterroggen	2 380	38 771	55 119	923 830
Sommerroggen	64	1 068	334	5 060
Wintergerste	10	263	–	–
Sommergerste	59	944	49 091	1 086 780
Hafer	5 550	105 785	112 866	2 099 630
Kartoffeln	2 376	282 746	90 680	12 664 630
Zuckerrüben	–	–	1 161	418 000
Futterrüben	173	74 650	–	–
Klee	2 246	110 608	40 070	2 532 710
Wiesheu	11 069	558 952	194 302	11 377860

Auch der Viehbestand war in Elsaß-Lothringen wesentlich höher als in den von der Rheinprovinz abgetretenen Gebieten von Eupen-Malmedy.

Viehbestand in den Gebieten von Eupen-Malmedy und Elsaß-Lothringen im Jahre 1913

	Eupen-Malmedy	Elsaß-Lothringen
Viehgattung:		
Pferde	1883	138884
Rindvieh	53892	550517
darunter Kühe	28481	301375
Schweine	22905	492873
Ziegen	557	325678
Schafe	1078	529658

Eine größere Industrie konnte sich aufgrund der landschaftlichen Gegebenheiten nur im Bereich der Städte entwickeln. Solange das Gebiet von Eupen-Malmedy im deutschen Wirtschaftsraum der Rheinprovinz eingebunden war, traten Nachteile in Landwirtschaft und Industrie nicht so sehr in den Vordergrund.

Immerhin hatte sich in und um Eupen schon vor Ausbruch des Ersten Weltkrieges eine Industrie entwickeln können. Sie umfaßte die Woll- und Großgewebeerzeugung, Gerberei, Großmolkereien, Brauereien, Kabel- und Nähmaschinenerzeugung sowie die Fertigung von Haushaltswaren und Herstellung von Parfümerieerzeugnissen.
Auch die belgische Politik in den vom Deutschen Reich durch Zwang abgetretenen Gebieten war bestrebt, das deutsche Element in allen Bereichen des öffentlichen Lebens zurückzudrängen. In den Schulen z. B. wurden Lehrer aus Altbelgien mit nur mangelhaften Kenntnissen der deutschen Sprache bevorzugt eingestellt, eine diktatorische Maßnahme, die nicht zu einer Entspannung der auflebenden nationalen Spannungen führen konnte.
Die deutsche Bevölkerung Eupen-Malmedy war allerdings damals nicht gewillt, sich widerstandslos den belgischen Bestrebungen, die auf eine Entnationalisierung hinausliefen, zu beugen.
Es konnte nach der ersten Volksabstimmung in diesem rein deutsch bewohnten Gebiet nicht ausbleiben, daß sich der Widerstand gegen die neuen Herren im Lande formierte, wobei er sich auf eine breite Unterstützung der Bevölkerung stützen konnte.
Schon im Jahre 1926 wurde der „Heimatbund Eupen-Malmedy-St. Vith“ als spontaner Ausdruck des Widerstandswillens gegründet, der es sich zur Aufgabe gemacht hatte, die berechtigten Belange der unterdrückten deutschen Volksgruppe mit den ihm zur Verfügung stehenden Möglichkeiten zu vertreten.
Dieser Heimatbund, der dann seit dem Jahre 1929 in der christlichen Volkspartei des abgetretenen Landes eine politische Plattform gefunden hatte, wollte sich mit der Verletzung des Selbstbestimmungsrechtes durch die manipulierte „Volksbefragung“ des Jahres 1920 nicht mehr abfinden und forderte eine Revision.
Im Jahre der Gründung des Heimatbundes wurden von belgischer Seite andere Pläne erwogen. Man hatte die Absicht, das Gebiet von Eupen-Malmedy dem Deutschen Reich gegen eine entsprechende Geldsumme zurückzugeben. Mit dem Erlös wollte man die kranke belgische Währung stabilisieren.
Dieser Plan, der sicherlich zu einer Entspannung der Gegensätzlichkeiten zwischen Belgien und dem Deutschen Reich hätte führen

können, scheiterte am Widerspruch der französischen Regierung. Belgien, das sich bei den Friedensverhandlungen in Versailles für die Abtrennung und widernatürliche Zerstückelung deutschen Staatsgebietes an seinen Grenzen eingesetzt hatte, war nicht in der Lage, das Gebiet von Eupen-Malmedy sinnvoll zu verwalten und der deutschen Volksgruppe die ihr zustehenden Rechte zu garantieren.
Auch in diesem Falle bewahrheitete sich die Tatsache, daß die „Friedensmacher“ von Versailles, Saint Germain en Laye und Trianon nur neue Konflikte heraufbeschworen haben, die nicht nur Mitteleuropa einer unsicheren und für den Weltfrieden gefährlichen Zukunft entgegenführten.
Der Feststellung des französischen Generalstabsoffiziers tschechischer Herkunft Ferdinand Otto Miksche, wonach die verantwortlichen Staatsmänner in Versailles Verbrechen gegen den Frieden begangen haben, ist nichts hinzuzufügen.

Die erzwungene Abtretung des Hultschiner Ländchens an den tschechoslowakischen Staat im Jahre 1919

Die ethnischen Verhältnisse im Hultschiner Ländchen waren im Zeitpunkt der Abtretung an den neugeschaffenen Staat der Tschechoslowakei besonders gelagert. Bevor dieses Gebiet ohne Volksbefragung und im krassen Widerspruch zu dem lauthals verkündeten Selbstbestimmungsrecht für alle Völker vom Deutschen Reich an die ČSR abgetreten werden mußte, dachte die dortige Bevölkerung noch nicht daran, daß ihre Heimat einem anderen Staat eingegliedert werden könnte. Die Vorgeschichte, die zu dieser völkerrechtswidrigen Entscheidung führte, basiert auf der Sonderstellung, welche die Tschechen bei der „Friedenskonferenz" in Paris einnahmen.

Von Thomas G. Masaryk und seinem ehrgeizigen Helfer Edvard Beneš wurde noch während des Bestehens der Donaumonarchie in landesverräterischer Weise ein „tschechoslowakischer Staat" proklamiert, und die Vereinigten Staaten von Amerika anerkannten die „Tschechoslowaken" am 3. September 1918 als kriegführende Verbündete. Vorangegangen war die Anerkennung der Tschechoslowakei am 29. Juni 1918 durch Frankreich sowie die Anerkennung der „Tschechoslowaken" als verbündete Nation durch England am 9. August desselben Jahres.

Bei allen ihren Gebietsansprüchen haben die tschechischen Akteure im Westen immer wieder den Begriff der historischen Grenzen in den Vordergrund gestellt. Bei dem abgetretenen Gebiet des Hultschiner Ländchens handelte es sich um eine Bodenfläche im Ausmaß von 315,9 Quadratkilometer mit einer Gesamtbevölkerung von 48 446 Einwohnern. Nach der Muttersprachenzählung des Jahres 1910 wurden in diesem Gebiet allerdings nur 6 574 Personen (13,6 v.H.) als rein deutschsprachig, 559 Personen (1,2 v.H.) als deutsch und anderssprachig gezählt. Die Mehrheit der Bevölkerung zählte zu der slawischen Volksgruppe der Mährer.

Die deutsche Gesinnung aller Bewohner des Hultschiner Ländchens war den Siegermächten, zu denen sich auch die Tschechen zählten, hinlänglich bekannt. Hätte man in diesem Teil des Deutschen Reiches im Jahre 1919 eine Volksabstimmung zugelassen, so wäre dieses Gebiet wohl niemals der ČSR zugefallen. Als dann die neue Grenzfestsetzung den Bewohnern des Hultschiner Ländchens bekannt wurde, gaben in wenigen Tagen ganz spontan 16000 Hultschiner ihre Stimme für den Verbleib ihrer Heimat beim Deutschen Reich ab.

Die Doppelzüngigkeit der tschechischen Machthaber im Falle des Hultschiner Ländchens, das vor dem Jahre 1919 zum südlichen Kreis von Ratibor in Oberschlesien gehörte, wird augenscheinlich, wenn man ihre Vorgangsweise einer näheren Betrachtung unterzieht. Während sie in Böhmen, Mähren und österreichisch Schlesien ohne Rücksicht auf die dortigen bevölkerungspolitischen Verhältnisse mit dem Begriff der „historischen Grenzen" argumentieren, machten sie bei Inbesitznahme des Hultschiner Ländchens plötzlich nationale Gesichtspunkte geltend. Sie beriefen sich plötzlich darauf, daß etwa 75 v. H. der Bevölkerung dieses Gebietes „mährisch" sprach. Daß zwischen den slawischen Bewohnern des Landes Mähren und des Hultschiner Ländchens und den tschechischen Bewohnern des Landes Böhmen charakterliche Unterschiede bestehen und bestanden, ist jedem Kenner der dortigen Verhältnisse geläufig. Es soll dabei nicht übersehen werden, daß auch zwischen den einzelnen slawischen Völkern in charakterlicher Hinsicht zum Teil ganz erhebliche Unterschiede festzustellen sind.

Im russischen Schriftum z. B. ist der „slawische Bruder in Polen" oft als verächtlicher Charakter dargestellt, die Kroaten bezeichneten den orthodoxen Serben abwertend als „Wlach", und die slawischen Mährer verstanden sich durchaus nicht als Tschechen und bezeichneten ihre Verwandten in Böhmen oft sprichwörtlich als ein Gezücht (Čechneplech). Wie sehr diese abwertende Einstellung der mährischen Hultschiner den Tschechen gegenüber auch nach der Abtrennung bestehenblieb, beweisen die Parlamentswahlen des Jahres 1925, bei denen die überwiegende Mehrheit der mährischen Hultschiner ihre Stimmen für die wahlwerbenden deutschen Parteien abgegeben hatten. Von den abgegebenen 24219 gültigen Stimmen entfielen auf die deutschen Parteien 14990, auf die tschechischen Parteien 7938, auf die utraquistischen Kommunistenparteien 1231, auf die Juden 47 und auf die Polen 13 Stimmen.

Ein weiterer Beweis dafür, daß die Mährer des Hultschiner Ländchens über ihre Eingliederung in den tschechoslowakischen Staatsverband alles andere als erfreut waren.
Die historische Entwicklung hatte die Hultschiner Bevölkerung trotz ihrer sprachlichen Sonderart in ein so enges Verhältnis zum Deutschen Reich gebracht, daß sie dem tschechischen Unterdrückerstaat gegenüber ihre ablehnende Haltung bewahrten. Dem „Polizisten Frankreichs im Osten" gelang es auch in der Folgezeit nicht, diese Mentalität zu verdrängen. Durch die Inbesitznahme des Hultschiner Ländchens wurde das Ostrauer Kohlengebiet sowie das Hinterland der Stadt Troppau im tschechischen Sinn abgerundet. Auch für das im Vergleich zu den anderen deutschen Abtretungsgebieten flächenmäßig kleinere Hultschiner Ländchen traf es zu, daß dort die Ernteerträgnisse aufgrund intensiver Bodenbearbeitung gut gewesen sind. Sie waren z. B. im Jahre 1924 höher als in dem ebenfalls vom Reiche abgetrennten Memelgebiet, was aus der nachstehenden Statistik zu entnehmen ist.

Vergleich der Ernteerträgnisse beider Abtretungsgebiete

Memelgebiet (2656,7 Quadratkilometer)			Hultschiner Ländchen (315,9 Quadratkilometer)
in Doppelzentnern:	Roggen	10600	75173
	Weizen	2100	63429
	Gerste	6850	45145
	Hafer	24700	65857
	Erbsen	900	–
	Leinsaat	640	–
	Flachs	825	–
	Kartoffeln	115000	–
	Zuckerrüben	–	511597

Die Abtrennung Nordschleswigs vom Deutschen Reich

Der Landesteil Schleswig-Holstein zählte zu den Gebieten des Deutschen Kaiserreichs, in denen nach den Bestimmungen des Friedensdiktates von Versailles eine Volksabstimmung über die territoriale Zugehörigkeit des Landes entscheiden sollte.
In diesem Abstimmungsraum war das Grenzlanddeutschtum im Gegensatz zu den bevölkerungspolitischen Verhältnissen an den Ostgrenzen des Reiches mit einer besonderen Problematik konfrontiert. Es hatte sich dort mit einem stammesverwandten germanischen Volkstum auseinanderzusetzen.
Ein historischer Rückblick soll über die Entwicklung, bezogen auf die deutsche und dänische Volksgruppe, Aufschluß geben.
Im Jahre 1326 hatte Graf Gerhard von Schauenburg Schleswig und Holstein unter seiner Herrschaft vereinigt. Beide Länder sind ab diesem Zeitpunkt bis zum Jahre 1918 auch tatsächlich ungeteilt geblieben. („Up ewig ungedeelt.“)
Als im Jahre 1459 das Grafengeschlecht der Schauenburger ausstarb, erwarb der dänische König Christian I. (1448–1481) aus dem Hause Oldenburg die beiden „meerumschlungenen“ Provinzen in Personalunion. 1460 wurde er von den Ständen des Landes zum Herzog von Schleswig und zum Grafen von Holstein unter voller Selbständigkeit beider Länder gewählt.
Seit dieser Zeit datiert bis zum Jahre 1863 die Personalunion Schleswig-Holstein mit Dänemark, wobei aber die Realunion beider Herzogtümer untereinander unangetastet blieb.
Dominierend blieb aber trotz der Personalunion mit Dänemark bis zum Beginn des 19. Jahrhunderts der deutschen Charakter des Landes.
Bei dieser Personalunion handelte es sich nur um eine lockere politische Verbindung, die bis zu dem Zeitpunkt ungestört blieb, als sich der dänische, chauvinistisch gefärbte Nationalismus in den ersten Jahrzehnten des vorherigen Jahrhunderts anschickte, diese Personalunion durch ein völliges Aufgehen im dänischen Staate in eine Realunion umzugestalten. Um dieses Ziel zu erreichen, wurde zunächst im

dänischsprechenden Teil Nordschleswigs eine rührige kulturelle Werbetätigkeit seitens der Dänen entfaltet, die von der „eiderdänischen Partei“ in Kopenhagen gestützt und finanziell gefördert wurde.
Diese dänische Agitation erweckte aber alsbald unter der deutschen Bevölkerung beider Schwesterprovinzen Reaktionen. Namhafte Persönlichkeiten des öffentlichen Lebens, wie zum Beispiel der Sylter Landvogt Uwe Lornsen und der Kieler Historiker Friedrich Christoph Dahlmann (1785 bis 1860) betonten immer wieder die Sonderart und innige Verbundenheit Schleswig-Holsteins und lehnten ein Aufgehen im dänischen Staat entschieden ab.
Die schleswig-holsteinische Frage wurde dann in der Mitte des 19. Jahrhunderts in die machtpolitischen Spannungen Europas einbezogen. Der Anlaß war gegeben, als der dänische König Christian VIII. (1839 bis 1848) am 8. Juli 1846 in einem offenen Brief erklärt hatte, daß auch Schleswig-Holstein, entgegen dem alten Sonderrecht der Herzogtümer, der Erbfolge des dänischen Königsgesetzes unterworfen und somit mit dem dänischen Gesamtstaat verbunden sei.
Dieser offene Brief des dänischen Königs löste damals in ganz Deutschland helle Empörung aus. Als sich daraufhin die politische Lage auch in Schleswig-Holstein zuspitzte und die Gefahr einer gewaltsamen Eingliederung in den dänischen Staatsverband in greifbare Nähe gerückt war, konstituierte sich am 24. März 1848 in Kiel eine provisorische Landesregierung, die auch vom Deutschen Bund anerkannt wurde.
Um diese Regierung auch zu stützen, marschierte Preußen am 12. April desselben Jahres in Jütland ein, mußte sich jedoch nach erfolgter diplomatischer Intervention Rußlands von der provisorischen Regierung in Kiel distanzieren und am 26. August den Waffenstillstand von Malmö abschließen.
Allein auf sich gestellt, mußten die freiheitsliebenden Schleswig-Holsteiner nun den aussichtslosen Kampf fortsetzen und unterlagen dabei.
Schleswig-Holstein wurde nun von den Dänen besetzt und die preußischen sowie österreichischen Truppen räumten das Land, nachdem Dänemark bindend erklärt hatte, es werde Schleswig nie einverleiben.
Um den Bestand des dänischen Gesamtstaates zu wahren, wurde im

Londoner Vertrag vom 8. Mai 1852 eine neue Thronfolgeordnung für Dänemark und die beiden Herzogtümer festgelegt. Diese Vereinbarung bedeutete aber nichts anderes, als daß ab diesem Zeitpunkt Schleswig-Holstein den Zielsetzungen des dänischen Nationalismus ausgeliefert war.

Was nun folgte war eine Zeitspanne ungehemmter Dänisierungsbestrebungen in Schleswig, deren nachteilige Folgen nach dem Jahre 1864 für die dänische Volksgruppe in Nordschleswig nicht ausbleiben konnten.

Als dann der dänische König Christian IX. im Widerspruch zu den Vereinbarungen des Londoner Vertrages im Jahre 1864 eine Verfassung bestätigt hatte, welche die Einverleibung Schleswigs in den dänischen Staatsverband vorsah, marschierten Österreich und Preußen auch deswegen ein, weil sich der dänische König hartnäckig geweigert hatte, diese Verfassung aufzuheben.

Die Dänen wurden in kürzester Zeit geschlagen und mußten im Frieden vom Oktober 1864 die Herzogtümer Schleswig, Holstein und Lauenburg an Österreich und Preußen abtreten. Zunächst wurden beide Herzogtümer durch die beiden Mächte Österreich und Preußen gemeinsam regiert.

Nach dem Bruderkrieg des Jahres 1866 gingen beim Friedensabschluß vom 23. August in Prag Österreichs Rechte in Schleswig-Holstein auf Preußen über. Eine Abgrenzung nach nationalen Gesichtspunkten wurde damals nicht vorgenommen, und beide Herzogtümer gingen als Provinz mit einer dänischen Minderheit im preußischen Staate auf. Dieser dänischen Minderheit wurde zunächst ihre nationale Schulsprache belassen. Ab dem Jahre 1888 jedoch wurde seitens der preußischen Verwaltung der nationale Bewegungsraum der dänischen Minderheit in einem Maße eingeengt, das an die vorangegangenen Entvolkungsmaßnahmen der Dänen erinnerte.

Als Führer des Dänentums in seiner Oppositionshaltung hat ihr Reichstagsabgeordneter H. P. Hanssen später nicht wenig dazu beigetragen, daß das Minderheitenproblem der Deutschen in Nordschleswig im Jahre 1918 eine so unglückliche Lösung gefunden hat.

Aber auch in der großen Politik hat die schleswig-holsteinische Frage in den Jahren nach 1864 unvorhersehbare Auswirkungen gehabt. Die

Mutter des letzten Zaren, Kaiserin Maria Feodorovna, entstammte dem Herzoghaus von Schleswig-Holstein-Sonderburg-Glücksburg. Sie konnte es während ihres ganzen Lebens nicht verwinden, daß ihr Vater, König Christian IX. (1863 bis 1906), im Jahre 1864 Schleswig-Holstein abtreten mußte.
Ihre tiefe Abneigung gegen Deutschland, vor allem gegen Preußen und die Hohenzollern, hat sicher auch dazu beigetragen, daß die preußenfeindliche Phalanx am russischen Kaiserhof immer mehr Bedeutung und Einfluß gewann. Obwohl die deutsche Regierung nach dem Zusammenbruch des Jahres 1918 Dänemark gegenüber ihre Bereitwilligkeit erklärt hatte, Grenzfragen auf dem Wege der Verständigung zu regeln, zog es die Regierung des neutralen Staates Dänemark vor, über Versailles vom entmachteten Deutschen Reich Gebietsanteile zu beanspruchen.
Das Versailler Friedensdiktat sah nun in den Artikeln 109–111 eine Volksabstimmung vor, die in drei Zonen abgehalten werden sollte. Für die erste, nördliche Zone wurde bestimmt, daß sich das Wahlergebnis nach der Gesamtzahl aller abgegebenen Stimmen richten sollte.
Damit war von vornherein schon klar, daß die deutsche Bevölkerung an der Südgrenze dieser ersten Abstimmungszone insofern benachteiligt wurde, weil ihr die Mehrheit des fast rein dänischen Nordens gegenüberstand.
Eine Grenzziehung, die den tatsächlichen ethnologischen Verhältnissen gerecht geworden wäre, hätte nur durch eine gemeindeweise Abstimmung erfolgen können.
Wie nicht anders zu erwarten, ergab die Abstimmung in der ersten Zone am 10. Februar 1920 eine dänische Mehrheit von 74,2 v.H. Dabei wiesen jedoch die Städte Tondern, Apenrade und Sonderburg, der Flecken Hoyer und weitere siebenunddreißig Landgemeinden in diesem Abstimmungsgebiet eine deutsche Mehrheit auf.
Bei der Abstimmung in der zweiten Zone, die am 14. März 1920 stattfand, entfielen aber nur zwanzig v. H. der abgegebenen Stimmen auf Dänemark. Eine Abstimmung in der dritten Zone entfiel deshalb. Die neue Grenzziehung war aber auch deswegen nicht zu rechtfertigen, weil dabei weder auf nationale noch wirtschaftliche Gesichtspunkte Rücksicht genommen wurde. Laut Volkszählung des Jahres 1910 leb-

ten in dem nun abgetretenen Gebiet 40172 Menschen mit deutscher Muttersprache, also fünfundzwanzig v. H. der Gesamtbevölkerung. Das geschlossene deutsche Sprachgebiet reichte westlich mit der Stadt Tondern und dem Flecken Hoyer und in seiner Mitte um Tingleff außerdem über die neugezogene deutsch-dänische Grenze hinaus.
Wirtschaftlich gesehen bedeutete diese unnatürliche Zerreißung des deutschen Sprachgebietes für alle Beteiligten nur Nachteile.
Der bedeutende Viehmarkt in Tondern wurde, um nur einige herausragende Beispiele anzuführen, von seinen südlich gelegenen Einkaufsgebieten durch die erfolgte neue Grenzziehung vollkommen abgetrennt.
Flensburg wurde Grenzstadt, die direkte Eisenbahnlinie nach Sylt über Tondern-Hoyer war administrativ getrennt worden und konnte erst im Jahre 1927 durch den Bau des Hindenburgdammes wieder hergestellt werden.
Das abgetretene Nordschleswig war strukturell ein reines Agrarland. Zwei statistische Erhebungen aus dem Jahre 1913, die sich sowohl auf die Ernteerträgnisse wie auch auf den Nutzviehbestand beziehen, sollen dies verdeutlichen.

Erntestatistik der abgetretenen Gebiete der Provinz
Schleswig-Holstein 1913

Art der Feldfrüchte	Erntefläche in ha	Erntefläche in dz
Winterweizen	11 008	367 464
Sommerweizen	20	465
Winterroggen	20 121	392 722
Sommerroggen	152	1 837
Wintergerste	60	1 534
Sommergerste	16 754	437 425
Hafer	45 337	1 237 215
Kartoffeln	3 941	584 903
Zuckerrüben	–	–
Futterrüben	15 377	6 573 604
Klee	18 777	887 346
Wiesheu	42 024	1 367 783

Statistik über den Viehbestand

Viehgattung	Grundzahlen	Auf 1000 der Bevölkerung entfielen dabei
Pferde	37 992	228,4
Rindvieh	255 059	1 533,3
davon Kühe	105 862	636,4
Schweine	218 103	1 311,1
Ziegen	3 152	19,0
Schafe	18 070	108,6

60,9 v.H. der berufstätigen Bevölkerung des abgetretenen Gebietes waren in der Landwirtschaft und nur 20,9 v.H. im Handwerk und in der Industrie tätig.
Von der Eingliederung in den dänischen Staatsverband befanden sich in Nordschleswig 54 v.H. des Grundbesitzes in deutschen Händen. Bedingt durch die deutschfeindliche dänische Bodenpolitik war dieser Anteil im Jahre 1922 schon auf 22 v. H. abgesunken.
Natürlich wurde auch das deutsche Schulwesen im Abtretungsgebiet gedrosselt. Da wurden zunächst einmal neun vor dem Ersten Weltkrieg bestehende höhere deutsche Lehranstalten im Sinne des „Selbstbestimmungsrechtes“ seitens der dänischen Behörden geschlossen. Unter dem Deckmantel einer angeblich liberalen Schulfürsorge für den deutschen Volksteil in Nordschleswig betrieben die dänischen Behörden bewußt eine Entvolkungspolitik, die sich mit den gleichgerichteten Maßnahmen der faschistischen Behörden in Südtirol messen konnte. Auch die Dänen erklärten öffentlich, daß die deutschen Schulen im abgetretenen Gebiet als dänische Erziehungsanstalten mit deutscher Unterrichtssprache zu gelten hätten.
Durch die widernatürliche Grenzziehung in Nordschleswig gingen dem Deutschen Reich insgesamt 3992,7 Quadratkilometer an Bodenfläche mit einer Gesamtbevölkerung von 166 348 Menschen, unter denen sich 40 172 deutsche Volkszugehörige befanden, verloren.

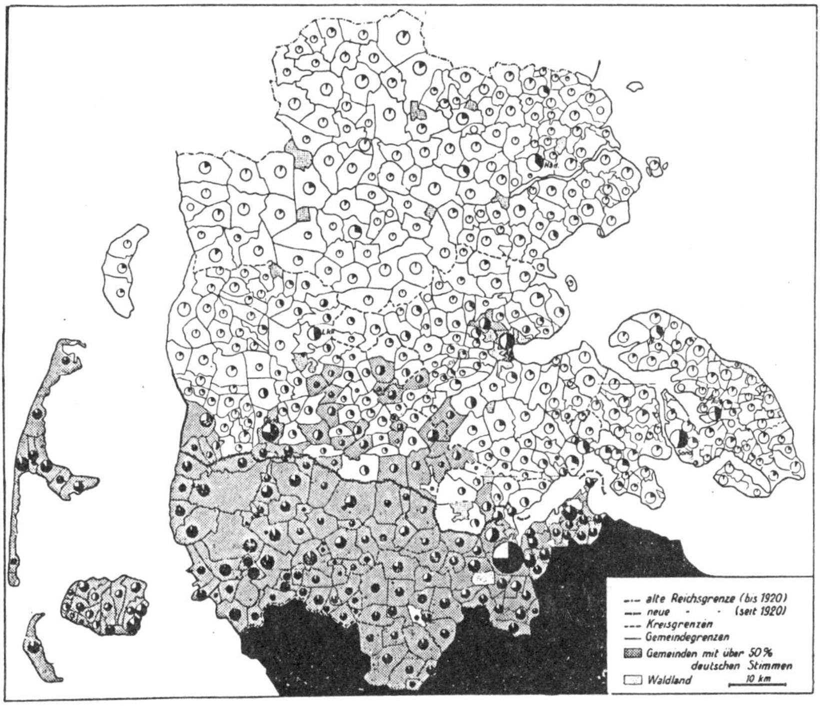

Das Deutschtum in Nordschleswig, dargestellt aufgrund der Abstimmungsergebnisse, wobei die Anteilzahlen der deutschen und dänischen Stimmen verhältnismäßig auf die Gesamteinwohnerzahl umgerechnet wurden. Schwarz ist der ohne Abstimmung beim Deutschen Reich verbliebene Teil Schleswigs und die Größen der Kreise entsprechen den Gesamteinwohnerzahlen der einzelnen Gemeinden. Der schwarze Kreissektor bezieht sich auf den deutschen, der weiße auf den dänischen Anteil.

Quelle: Thalheim, Karl C.: Das Grenzlanddeutschtum. Mit besonderer Berücksichtigung seines Wirtschafts- und Soziallebens. Berlin-Leipzig 1931. (Sammlung Göschen)

Gebiets- und Bevölkerungsverluste des Deutschen Reiches in den Provinzen Ost- und Westpreußens

Der Raum zwischen Oder und Memel, in dem sich im frühen Mittelalter der Deutsche Ritterorden als Kulturträger bei seiner Missionstätigkeit in so hervorragender Weise bewähren sollte, war schon Jahrhunderte vor der Zeitenwende von germanischen Völkerschaften bewohnt. Zur Zeit der Völkerwanderung siedelten beiderseits der Weichselmündung Goten, an der Odermündung Gepiden und Rugier, zwischen Weichsel und Warthe Wandalen und zwischen Warthe und Oder Burgunder.

Schon im Altertum führten in den Ostseeraum zu Wasser und zu Lande Handelswege, über die neben anderen Waren durch phönizische, arabische, griechische und römische Händler auch der so begehrte Bernstein (Elektron), den man in der Neuzeit auch als „ostpreußisches Gold" bezeichnet hat, in den Mittelmeerraum gebracht wurde, wo er guten Absatz fand.

Zu welchem Zeitpunkt die baltischen Stämme der Prußen, Kuren, Litauer und Letten den Ostseeraum besiedelten, konnte die Vorgeschichtsforschung bis heute noch nicht klären.

Mit ihren germanischen Nachbarn hatten sie kulturelle und auch wirtschaftliche Kontakte.

Um die Wende vom vierten zum fünften Jahrhundert verließen große Teile der Weichselgermanen ihre Wohnsitze und wandten sich dem Osten und Süden zu.

In die nur zum Teil verlassenen Gebiete sickerten in der Folgezeit allmählich westslawische Stämme wie Pommeranen, Polanen und Wislanen ein.

Die Ostsee mit den Mündungsgebieten der großen Flüsse blieb aber auch weiterhin im Herrschaftsbereich der germanischen Waräger und Wikinger, welche von Schweden aus ihre Fahrten über die Newa, Ladogasee, Wolchov, Ilmensee, Lovat und Dnjepr bis nach Ostrom (Konstantinopel) ausdehnten.

Die von Archäologen freigelegten Wikingersiedlungen in der Kaup bei Wiskauten sowie das mehrstöckige Gräberfeld von Linkuhnen bei

Tilsit beweisen, daß nordgermanische Seefahrer auch das Mündungsgebiet der Memel in ihren Machtbereich einbezogen hatten. Litauische Behauptungen, Nordostpreußen sei uraltes litauisches Siedlungsgebiet gewesen, entbehren des Wahrheitsgehaltes.
Solchen Behauptungen ist die Tatsache entgegenzuhalten, daß das litauische Volkstum bis in das 15. Jahrhundert hinein siedlungsmäßig die Ostsee niemals erreicht hat. Die Nordgrenze zwischen dem Deutschen Ordensstaat und Litauen wurde im Friedensvertrag von Melnosee im Jahre 1422 festgelegt, und diese Grenzregelung hatte fast ein halbes Jahrtausend Bestand. Bei Abschluß dieses Vertrages waren Litauer im Memelland überhaupt nicht anzutreffen.
Unter den letzten Sachsenkaisern formierte sich im Lehensland Polen eine politische Kraft, die nicht nur ihre Vormachtstellung über die christianisierten Slawenstämme behaupten konnte, sondern die sich auch weigerte, die kaiserliche Oberhoheit, welche der Piast Mieszko (etwa 960–992) formal anerkannt hatte, als bindend anzuerkennen. Der polnische Herzog war es, der den Widerstand gegen die deutsche Zentralgewalt erfolgreich organisierte.
Boleslav Chrobry (geboren 966, gestorben 1025) zählt zu den profiliertesten Herrschergestalten Polens und gilt als Vater des polnischen Nationalismus und des Großmachtstrebens einer späteren chauvinistischen Variante. Bei seinem Polenfeldzug im Jahre 1000 n.d.Z. ernannte der schwärmerische junge Kaiser Otto III. (983 bis 1002) in einer großzügigen Anwandlung Boleslav, der seit dem Jahre 992 die polnische Herzogwürde bekleidete, zum römischen Patrizius, wodurch dieser zu seinem Statthalter in Polen erhoben wurde. Verhängnisvoll für die deutsche Ostpolitik wirkte sich im Verlauf der Geschichte auch die vom Kaiser betriebene Gründung des Erzbistums Gnesen im Jahre 999 aus.
Polen sollte nun, nicht mehr wie bisher, unter der Hoheit des deutschen Königtums stehen, sondern gleichberechtigt mit den anderen Teilen des Heiligen Römischen Reiches Deutscher Nation nur dem gekrönten Kaiser untertan sein. Durch die Gründung dieses Erzbistums, dem die inzwischen errichteten Bistümer Breslau, Kolberg, Krakau und später auch Posen unterstellt wurden, war die kirchliche Unabhängigkeit Polens vom Deutschen Reich gesichert.

Außerdem bot diese Fehlentscheidung des Kaisers dem ehrgeizigen Boleslav die Handhabe, seine Eroberungspläne zu realisieren. Gleich nach dem Tode des erst zweiundzwanzig Jahre alten Kaisers Otto III. im Jahre 1002 verwickelte er dessen Nachfolger Heinrich II. (1002 bis 1024) in einen Krieg. Nach Eroberung der mittelelbischen Marken, Böhmens und Mährens verweigerte Boleslav dem Kaiser den Lehenseid und betrieb seine aggressive Politik nach eigenem Gutdünken.
Jahrelang zogen sich nun die Kämpfe mit dem von Kaiser Otto III. favorisierten Piastenherzog hin. Erst im Frieden von Bautzen des Jahres 1018 konnte eine weitere polnische Ausdehnung nach Westen verhindert werden. In dem genannten Friedensvertrag wurde Boleslav als unabhängiger Herrscher anerkannt und als Besitzer der Marken Lausitz und Mährens bestätigt.
Die unsichere Lage an der Ostgrenze des Reiches suchte Kaiser Heinrich II. schon vorher durch die Gründung als Bistum Bamberg zu entschärfen. Boleslavs Eroberungspläne reichten allerdings weiter. Nach dem Friedensabschluß von Bautzen griff er sogar in die russischen

Posen, Gotische Marienkirche aus dem 15. Jahrhundert
Quelle: Bildarchiv der Österreichischen Nationalbibliothek Wien

Thronwirren ein und eroberte vorübergehend Kiew und Teile der Westukraine. Im Jahre 1025 setzte sich Boleslav die Königskrone auf, die ihm seinerzeit mit Billigung des Kaisers Otto III. vom Papst Sylvester II. geschickt worden war.

Den heidnischen Bewohnern im gesamten Ostseeraum wurde das Christentum und damit deutsche Kultur vornehmlich vom Deutschen Ritterorden, dem livländischen Schwertorden und zum Teil auch von den Hansestädten an der Ostsee vermittelt. Aber auch von Schweden aus wurde in Finnland missioniert. Im Jahre 1226 rief dann der Piastenherzog Konrad von Masowien den Deutschen Ritterorden gegen die unruhigen und noch heidnischen Prußen zu Hilfe. Dafür überließ er dem Orden das ziemlich verwüstete Kulmer Land. Die ackerbautreibenden Prußen sahen sich zum damaligen Zeitpunkt in ihrer Freiheit und ihrem Glauben bedroht und stellten in ihrer spätheidnischen Zeit ein bedrohliches Element der Unruhe für Konrad von Masowien dar. Bei seinem Plan, vom Kulmer Land aus einen christlichen Staat zu gründen, wurde der Hochmeister des Deutschen Ordens, Hermann von Salza, nicht nur vom Kaiser, sondern auch von der Kurie nachhaltig unterstützt. Durch die Goldene Bulle von Rimini aus dem Jahre 1226 unterstellte der Kaiser Friedrich II. (1212 bis 1250) dem Deutschen Orden alle im Prußenlande zu christianisierenden Gebiete. In dieser Bulle bestätigte der Kaiser „dem (Ordens)-Meister, seinen Nachfolgern und seinem Hause für immer sowohl besagtes Land, das er mit Gottes Zutun in Preußen erobern wird, als ein altes und gebührliches Recht an Bergen, Flüssen, Wäldern und am Meere, auch daß sie es frei von allen Dienst und Steuer und lastenfrei behalten und gegen niemand verpflichtet sein sollen . . .“

Der erfahrene Staatsmann Hermann von Salza ließ sich aber darüber hinaus im Kruschwitzer Vertrag von 1230 durch Konrad von Masowien das von den Prußen zum Teil arg verwüstete und teilweise noch besetzte Kulmer Land als freie Schenkung mit vollem Eigentumsrecht zusprechen.

Die Kämpfe des Deutschen Ordens mit den einzelnen prußischen Stämmen währten bei dieser Christianisierung über fünfzig Jahre und gingen erst 1283 zu Ende. Die Missionierung und die damit verbundene Kultivierung des Ordens, die später als eine deutsche Aggression dargestellt wurden, bedeutet, auf die mittelalterliche Konzeption der Kirche zu wenig Bedacht genommen zu haben. Auch nach Ansicht des mittelalterlichen Menschen sollte der Heide durch das Sakrament der Taufe aus den Klauen des Bösen befreit werden, wobei die Kirche auch eine Bekehrung mit dem Schwerte als gottgewollt tolerierte. Nachdem also der Orden die Landschaften Schalauen, Nadrauen, Sudauen sowie die Prußen und Kuren unterworfen hatte, begann er mit der systematischen Besiedlung seines Ordensstaates mit deutschen Rittern, Bauern und Handwerkern. Durch diese Ostbesiedung hat der Deutsche Orden das von ihm beherrschte und verwaltete Land in eine Kulturlandschaft verwandelt und dabei Leistungen vollbracht, denen man die Einmaligkeit nicht absprechen kann. Diese Kultivierung und Besiedlung kann man auch deswegen als einen der bedeutendsten Vorgänge europäischer Geschichte nach der Völkerwanderung werten, weil dabei die prußische und kurische Bevölkerung keineswegs ausgerottet wurde, sondern nach Annahme des Christentums allmählich im deutschen Kulturkreis aufging.

In dieser Epoche wurde, wie bereits angedeutet, Nordosteuropa nicht allein vom Deutschen Orden missioniert. Die Schweden nahmen ihre Missionstätigkeit in Finnland auf, die Dänen begannen mit der Bekehrung der heidnischen Esten, Bischof Albert von Bremen gründete im Jahre 1201 die Stadt Riga und stiftete ein Jahr später den livländischen Schwertbrüderorden, der sich dann 1237 mit dem Deutschen Orden vereinigte. Die Aufgabe des Schwertbrüderorderns bestand neben seiner Missionstätigkeit auch darin, das Land gegen russische und litauische Überfälle zu verteidigen sowie die Verbindungswege nach Ostpreußen zu schützen. Zur Sicherung dieser Landverbindung wurde im Auftrage des Hochmeisters Günther von Schwarzburg im jahre 1252 Burg und Stadt Memel gegründet. Memel ist somit vor Königsberg die älteste deutsche Stadt auf ostpreußischem Boden. Nach der erfolgreichen Christianisierung der Prußen und Kuren hatte es sich der Deutsche Orden zur Aufgabe gemacht, seine Tätigkeit bei den noch heidnischen und immer unruhigen Litauern fortzusetzen. Bei den sich entwickelnden langen Kämpfen mit ihnen hatte die Stadt Memel aufgrund ihrer exponierten Lage am meisten zu leiden. Schon im Jahre 1323 wurde sie vom Litauerherzog Gedymin zerstört. Weitere Zerstörungen

durch die Litauer in den Jahren 1379, 1393 und 1402 haben die wirtschaftliche Weiterentwicklung Memels mit seinem Hinterland erheblich verzögert.
Nachdem im Jahre 1309 die Marienburg Sitz des Hochmeisters geworden war, erwarb der Deutsche Orden Pommerellen mit Danzig, welches sowohl von Brandenburg als auch von Polen beansprucht wurde. Durch diese Neuerwerbung wurde für den Ordensstaat eine lebenswichtige Landbrücke zum Reich hergestellt.
Seit diesem Zeitpunkt datieren aber auch die langandauernden Konflikte mit Polen.
Bedingt durch eine mustergültige Finanzwirtschaft erreichte der Deutsche Orden in der Zeitspanne von 1309 bis 1407 eine Blütezeit und seine höchste Machtentfaltung. Bis zum Jahre 1400 hatte der Deutsche Orden in Preußen weit über tausend Dörfer und dreiundneunzig Städte gegründet. Seine Tätigkeit auf dem Gebiete der Krankenpflege, die Einrichtung von Pfarr-, Dom- und Stadtschulen waren genauso beispielgebend wie seine politischen und militärischen Maßnahmen.
Daß dieser Deutsche Orden seine Großmachtstellung im Ostseeraum nicht aufrechterhalten konnte, ist auf mehrere innen- und außenpolitische Ursachen zurückzuführen.
Wenige Jahre nach dem Tode des durch seinen politischen Weitblick und seine Entschlossenheit ausgezeichneten Hochmeisters Winrich von Kniprode (1352 bis 1382) trat im Jahre 1386 der Litauerherzog Jagiello mit seinem ganzen Volk zum Christentum über. Er heiratete die polnische Königin Hedwig und begründete als König Vladislav II. (1386 bis 1434) die jagiellonische Königsdynastie, welche in Polen bis zum Jahre 1572 regierte. Bei seiner Inthronisierung mußte er versprechen, „die verlorenen polnischen Gebiete“ zurückzuerobern, was einer Kriegserklärung an den Deutschen Orden gleichkam.
Durch die Schaffung einer polnisch-litauischen Personalunion sowie durch den erfolgten Übertritt der Litauer zum Christentum hatten sich für den Orden verhängnisvolle Entwicklungen angebahnt. Militärisch gegen die bekehrten Litauer vorzugehen, war nun nicht mehr möglich. Ein innerer Zerfall, bedingt auch durch die Gleichgültigkeit des Reiches, Differenzen des Ordens mit den Hansestädten Kulm, Thorn, Elbing, Danzig und Königsberg, machten sich nach einer Blütezeit zu

Zeughaus der deutschen Stadt Danzig, frontal vom Kahlenmarkt aus gesehen.
Quelle: Bildarchiv der Österreichischen Nationalbibliothek Wien

Beginn des 15. Jahrhunderts in zunehmendem Maße bemerkbar. Der Abfall von Teilen des Preußischen Adels (Eidechsenbund) in der Entscheidungsschlacht gegen das polnisch-litauische Herr am 15. Juli 1410, welche mit der katastrophalen Niederlage des Ordensheeres endete, leitete den allmählichen, aber unaufhaltsamen Niedergang dieser grandiosen Staatsschöpfung ein.
Wohl konnte nach dieser Schlacht der Verteidiger der Marienburg, Heinrich von Plauen, die vollkommene Vernichtung des Ordensstaates noch einmal verhindern. Im ersten Thorner Frieden des Jahres 1411 wurde dem Deutschen Orden fast sein ganzes Gebiet mit Ausnahme des Landes Dobrin belassen, jedoch im zweiten Thorner Frieden des Jahres 1466 wurde der Orden aus seiner einstigen Großmachtstellung endgültig verdrängt. Er mußte das Kulmer Land, die Michelau und Pomerellen sowie die Gebiete von Elbing, Marienburg, Stuhm und Christburg abtreten und der polnischen Oberhoheit unterstellen. Danzig wurde schon damals eine Freie Stadt im Verbande der Krone

Polens, wurde jedoch vertragsmäßig mit vielen Sonderrechten ausgestattet. Die drückendste Bestimmung dieses zweiten Thorner Friedens bestand aber darin, daß jeder neue Hochmeister des Ordens dem jeweiligen polnischen König den Treueid schwören sollte.

Nach einem unglücklichen Waffengang mit Polen sah sich der Hochmeister des Deutschen Ordens, Markgraf Albrecht von Brandenburg, im Jahre 1525 genötigt, mit den Polen in Krakau Frieden zu schließen. Noch im gleichen Jahre verwandelte er das preußische Ordensland in ein erbliches evangelisches Herzogtum, mußte allerdings die polnische Lehenshoheit noch anerkennen.

Erst nach dem Dreißigjährigen Krieg (1618 bis 1648) konnte der Große Kurfürst im Vertrag von Labiau (1656) die Anerkennung seiner Souveränität in Preußen durch die Schweden und ein Jahr später im Frieden von Wehlau durch Polen erwirken. Im Frieden von Oliva wurde 1660 diese Souveränität auch von den anderen europäischen Mächten anerkannt. Der Kurfürst von Brandenburg hatte dadurch, auch als Herzog von Preußen, die Entwicklung für eine Vereinigung Preußens mit Brandenburg eingeleitet. Am 18. Januar 1701 konnte sich dann sein Sohn, Kurfürst Friedrich III., mit Zustimmung des Kaisers Leopold (1659 bis 1705) im Schloß zu Königsberg die Krone aufs Haupt setzen.

Als König Friedrich I. lenkte er die Geschicke seines Königreiches, worunter man zunächst die ostpreußischen Gebiete verstand, bis zum Jahre 1713. Die Aufwärtsentwicklung dieses jungen Staates verlief allerdings nicht immer in ruhigen Bahnen. In den Jahren 1708 bis 1710 hatte das Land durch eine Pestepedemie große Bevölkerungsverluste zu verzeichnen, die teilweise durch die Einwanderung vertriebener Salzburger Protestanten damals ausgeglichen werden konnten. Dann brachte es der Siebenjährige Krieg (1756 bis 1763) mit sich, daß ganz Ostpreußen in den Jahren 1758 bis 1762 von den Russen besetzt war. Das geopolitische Gleichgewicht in diesem Raum konnte erst wieder durch die drei polnischen Teilungen, 362 Jahre nach der verhängnisvollen Schlacht von Tannenberg, erreicht werden. Bei der ersten Teilung im Jahre 1772 wurden Westpreußen und das Ermland wieder mit Ostpreußen vereinigt. Die zweite Teilung im Jahre 1793 hatte zur Folge, daß auch Danzig und Thorn wiederum im preußischen Staats-

verband Aufnahme fanden. Die letzte und dritte Teilung Polens im Jahre 1795 führte zur Errichtung der Provinz Neu-Ostpreußen.
Zur Zeit der Napoleonischen Kriege war Ostpreußen wieder Schauplatz großer politischer Entscheidungen. In der Schlacht bei Preußisch-Eylau am 7./8. Februar 1807 konnte der Expansionsdrang des Korsen noch einmal eingedämmt werden, am 14. Juli des gleichen Jahres schlug Napoleon jedoch das russische Heer bei Friedland und entschied damit auch das weitere Schicksal Preußens. Preußen mußte die meisten nach 1772 von Polen gewonnenen Gebiete an das neugeschaffene Herzogtum Warschau abtreten, und Danzig wurde abermals Freie Stadt. Der Friede von Tilsit im Jahre 1807 ist mit der Zerschlagung des Werkes Friedrichs des Großen gleichzusetzen, verlor doch damals Preußen seine Großmachtstellung. Der preußische Staat wurde allerdings damals nicht aufgelöst, und die Dynastie der Hohenzollern blieb bestehen. Im Krieg Napoleons gegen Rußland, das die Kontinentalsperre durchbrochen hatte, wurden Ost- und Westpreußen Aufmarschgebiet für die mit Napoleon verbündeten Heere. Nach der katastrophalen Niederlage in diesem Krieg und nach der Völkerschlacht bei Leipzig (16. bis 19. Oktober 1813) konnte unter König Friedrich Wilhelm III. (1797 bis 1840) der Wiederaufbau Preußens beginnen.
Bereits im Jahre 1804 hatte der König den Reichsfreiherrn Karl vom und zum Stein als leitenden Minister berufen. Dieser bedeutende Staatsmann wurde zwar im Jahr 1807 wegen Meinungsverschiedenheiten mit dem preußischen Kabinett seines Amtes enthoben, wurde aber nach dem Tilsiter Frieden wieder berufen und führte mit nahezu unbeschränkter Vollmacht weitreichende Reformen durch. Die Aufhebung der Erbuntertänigkeit der Bauern, die Städteordnung vom 19. November 1808, die Selbstverwaltung der Bürgerschaft, die Schaffung von fünf Fachministerien sowie die Vereinfachung der Verwaltungsbehörden waren sein herausragendes Werk. Auf Betreiben Napoleons mußte Stein wohl entlassen werden, begab sich aber im Jahre 1812 nach Rußland, wo er als politischer Berater des Zaren Alexander I. (1801 bis 1825) wesentlich zur Vorbereitung der Freiheitskriege beigetragen hat.
Nach diesen deutschen Freiheitskriegen überließ Preußen beim Wiener Kongreß der Jahre 1814 bis 1815 Rußland die Gebiete aus der dritten

Teilung Polens, erhielt jedoch von Dänemark im Austausch gegen Lauenburg Schwedisch-Pommern mit Rügen. Durch ein Wehrgesetz vom 3. September 1814 sowie ein zweites vom 21. November 1815 wurden die allgemeine Wehrpflicht legal verankert und die Landwehr sowie der preußische Landsturm geschaffen.
In den Jahren 1849 bis 1860 wurde die Ostbahn erbaut, die für den Güteraustausch sowie für die nachhaltige Belebung des Handels zwischen Preußen und Innerdeutschland größte Bedeutung erlangte. Sieben Jahre nach Schaffung des Zweiten Deutschen Kaiserreiches wurde im Jahre 1878 die sogenannte „Provinz Preußen“ geteilt. Es entstand die Provinz Ostpreußen mit der Hauptstadt Königsberg und Westpreußen mit der Hauptstadt und bedeutenden Handelsmetropole Danzig. Im Kaiserreich nahmen diese beiden Provinzen auf wirtschaftlichem und handelspolitischem Gebiet eine ganz bedeutende Stellung ein. Da war es in beiden Provinzen zunächst die dominierende Landwirtschaft, die aufgrund der Bodenbeschaffenheit vor Ausbruch des Ersten Weltkrieges in einem Maße modernisiert wurde, daß man mit der alljährlich erzielten Überproduktion die industrialisierten Gebiete des Reiches ausreichend mit landwirtschaftlichen Produkten versorgen konnte. Um den Handel und die Verbindung mit dem zentralen Reichsgebiet zu beleben, wurden laufend neue Verkehrswege erschlossen, wodurch sich die beiden Provinzen mehr und mehr in das gesamtdeutsche Wirtschaftsleben eingliederten. In diesen friedlichen Jahren der Aufwärtsentwicklung widmete man auch dem Schulwesen das erforderliche Augenmerk. Über die engeren Landesgrenzen hinaus genoß die im Jahre 1544 durch Herzog Albrecht gegründete evangelische Universität Königsberg internationalen Ruf. Namen wie Immanuel Kant, Georg Hamann und Johann Gottfried Herder, Johann Christoph Gottsched, der Romantiker E.T.A. Hoffmann, Max von Schenkendorf und nicht zuletzt Agnes Miegel können als pars pro toto für dieses rege Geistesleben, das durch Jahrhunderte weit über die Reichs- und Landesgrenzen hinauswirkte, skizzenhaft angeführt werden.
Die Neugründung einer Handelshochschule in Königsberg, einer Technischen Hochschule in Danzig, die Pflege des Musiklebens, das rege Theaterleben, die Förderung der bildenden Künste verdeutlichen zudem das mannigfaltige Kultur- und Geistespotential, welches in die-

sen beiden Provinzen vor Ausbruch des Ersten Weltkrieges herrschte. Der auch von den panslawistischen Kreisen Rußlands ausgelöste Erste Weltkrieg beendet zunächst einmal diese so hoffnungsvolle und glückliche Entwicklung auf allen Gebieten der Wirtschaft, der Wissenschaft und des kulturellen Lebens.

Wiederum wurde die Provinz Ostpreußen Schauplatz blutigster Kämpfe. Schon damals drangen russische Truppen mordend und sengend bis vor Königsberg vor. Erst durch die Schlacht bei Tannenberg im August 1914 und die sich anschließende zweite Schlacht an den masurischen Seen konnte die russische Dampfwalze damals zum Stehen gebracht werden. Im darauffolgenden Winterfeldzug wurde das Land von der russischen Drangsal endgültig befreit. Die Ausmaße der Schäden an wirtschaftlichen Gütern sowie die Verluste an Menschenleben waren in der Tat erschreckend. Nach Angaben der statistischen Ämter mußten sich nach dem Einbruch der Russen Hunderttausende auf die Flucht begeben, 1500 Menschen haben dabei ihr Leben verloren, 40 Städte und Dörfer waren teilweise stark zerstört. Insgesamt wurden 40 000 Gebäude damals zerstört. Außerdem verschleppten die Russen 13 700 Ostpreußen bis zur Wolga und nach Sibirien, darunter befanden sich 4000 Frauen und mehr als 2500 Kinder. Von den verschleppten Personen kehrten 5400 nicht mehr in ihre ostpreußische Heimat zurück.

Nach Abschluß des Waffenstillstandes am 11. November 1918 im Wald von Compiègne mußte das Deutsche Reich neben vielen anderen harten Bedingungen alle seine Truppen, auch im Osten und Südosten, hinter die Grenzen des Jahres 1914 zurücknehmen. Ausgenommen waren dabei die Truppenverbände, die sich auf russischem Staatsgebiet befanden.

Am 18. Januar 1919 wurde dann im Spiegelsaal von Versailles, ohne Vertreter des Deutschen Reiches, die sogenannte Friedenskonferenz eröffnet. Jene 14 Punkte, welche der amerikanische Präsident Wilson am 8. Januar 1918 als verbindliche Richtlinien für einen „Weltfrieden" verkündet hatte, traten bei den Friedensverhandlungen immer mehr in den Hintergrund und machten der unnachgiebigen chauvinistischen Rachepolitik eines Clemenceau Platz. Die einmalige Gelegenheit, einen halbwegs gerechten Friedensvertrag abzuschließen, wurde dabei

blindwütig vertan. Daran änderten auch die Versuche, die härtesten Bedingungen dieses Friedensdiktates abzuschwächen, nichts, die von Lloyd George fallweise unternommen wurden.
Das Versailler Diktat veränderte die Lebensverhältnisse der Bewohner beider preußischer Provinzen nachhaltig. Es wurden seitens der Sieger-mächte Veränderungen erzwungen, die, denken wir nur an Danzig, bereits den Keim für den Zweiten Weltkrieg in sich trugen.
Zunächst aber war der deutschen Bevölkerung Ost- und Westpreußens das Ausmaß der von den Siegermächten geplanten Zerstückelung ihrer Heimat nicht bekannt.
So erfuhr die deutsche Bevölkerung des Memellandes, welches geographisch und ethnisch Ostpreußen zuzuordnen ist, erstmals von den Plänen einer Abtrennung ihrer Heimat, als am 7. Mai 1919 der deutschen Delegation in Versailles die Friedensbedingungen überreicht wurden. In dem Vorfriedensabkommen zwischen dem Deutschen Reich und den alliierten Mächten vom 5. Januar 1919 war von einer Abtrennung des nördlichsten Teiles Ostpreußens oder gar von der Errichtung eines eigenen litauischen Staates noch nicht die Rede. Gemäß Artikel 99, Abschnitt X, des Friedensdiktates von Versailles, das Deutschland am 28. Juni 1919 unterzeichnen mußte, sollte dieser nördlichste Teil Ostpreußens zunächst einmal abgetreten und den Siegermächten unterstellt werden. Dabei wurde auch eine Abstimmungsmöglichkeit für die Bevölkerung des Memelgebietes über den Verbleib bei Ostpreußen für einen späteren Zeitpunkt in Aussicht gestellt.
So mußten die deutschen Ordnungstruppen nach Inkrafttreten des Versailler Diktates am 10. Januar 1920 das Memelgebiet räumen. Der Bevollmächtigte des Reiches, Graf Lambsdorf, übergab das Memelgebiet dem französischen General Odry.
Da aufgrund der politischen Situation zum damaligen Zeitpunkt eine Wiedervereinigung mit Ostpreußen keine Aussicht auf Erfolg hatte, entschied sich die Bevölkerung für die Errichtung eines Freistaates nach Danziger Muster. Das Statut für einen „Freistaat Memelgebiet“ sollte im Jahre 1923 in Kraft treten. Da fielen am 10. Januar 1923 litauische Freischärler in das Memelgebiet ein und besetzten das Land. Der Zeitpunkt des Überfalls war insofern gut gewählt, als französische Truppen in das Ruhrgebiet einmarschiert waren. Die alliierte Bot-

schafterkonferenz erhob gegen den litauischen Gewaltakt keinen Einspruch und unterstellte das Memelgebiet der Souveränität Litauens. Vorgesehen war dabei, daß den Memelländern zur „Sicherung der überlieferten Rechte und der Kultur" seitens Litauens eine territoriale Autonomie zugestanden wurde. Der wichtigste Teil dieses Autonomie-Entwurfes war so gehalten, daß es möglich gewesen wäre, einen für beide Teile erträglichen Zustand zu schaffen. Die Litauer dachten aber gar nicht daran, eine Autonomie im Memelgebiet zuzulassen. Durch Förderung litauischer Zuwanderer und mit erschwerten Wahlgesetzen versuchten sie in der Folgezeit die Wahlen immer wieder in ihrem Sinne zu beeinflussen. Trotzdem hat es die litauische Minderheit im memelländischen Landtag auf höchstens 2 bis 5 von 29 Abgeordneten gebracht.

In wirtschaftlicher Hinsicht bahnte sich für die Memeldeutschen nach Abtrennung ihres Landes eine spürbare Abwärtsentwicklung an. Dem Deutschen Reich gingen dabei 2657 Quadratkilometer Landes mit einer Bevölkerung von 150 000 Einwohnern verloren. Besonders nachteilig hat sich die willkürliche Zerreißung des ostpreußischen Wirtschaftsraumes auf die memelländische Landwirtschaft ausgewirkt.

Die Landschaft des Memelgebietes wies fruchtbare Ackerfelder, ertragreiches Wiesengelände, Heide-, aber auch Moorflächen sowie ausgedehnte Waldungen auf.

Die Bodenbeschaffenheit dieses Teiles von Ostpreußen bedingte, daß sich Land- und Forstwirtschaft sowie auch die Torfgewinnung günstig entwickeln konnte. Die Lebensader des Landes, der insgesamt 800 Kilometer lange Memelstrom, eignete sich gut für die Holzflößerei. Russisches Holz aus dem Gouvernement Minsk wurde vor Ausbruch des Ersten Weltkrieges auf der Memel in solchen Mengen befördert, daß man das Wasser des Flusses oft vor lauter Flößen nicht sehen konnte.

Der Holzhandel war ebenfalls bedeutend. Der Vorhafen von Ruß war für den Hafen von Memel für den Umschlag von Holz zuständig. Russische Spediteure haben in den Vorkriegsjahren durchschnittlich Holz im Werte von 4 bis 6 Millionen Mark angekauft und nach Memel weitergeleitet. Dort wurden in 19 Schneidemühlen und in den Sägewerken von Wischwill, Heydekrug und Ruß die Baumstämme zu Bret-

tern, Balken, Schwellen, Masten sowie Grubenholz verarbeitet und in viele europäische Länder, vor allem nach England, exportiert.
Die Fluß-, Haff- und Seefischerei stellte schon seit eh und je eine der Hauptbeschäftigungen der Memelländer dar und kann als wichtigste Nahrungsquelle angesehen werden.
Die Feststellung, daß die verfehlten Friedensordnungen von Versailles und Saint Germain für alle vom Mutterland gewaltsam abgetrennten Deutschen eine Zeit nationaler Unterdrückung und wirtschaftlichen Niederganges einleiteten, traf in seinem gesamten Ausmaß auch für die Memeldeutschen zu.
Der spätere erste Präsident der Bundesrepublik Deutschland, Theodor Heuß, hatte schon im Jahre 1928 auf die Notlage dieser nunmehrigen „Auslandsdeutschen" hingewiesen, deren Situation er der deutschen Öffentlichkeit mit folgenden Worten verdeutlichen wollte: „Der Binnendeutsche hat zu sehen und zu empfinden gelernt, daß die draußen, verstreut oder geschlossen siedelnd, ein Stück seines Volkstums geblieben sind, über alles Meßbare hinaus wichtig für die geistige und wirtschaftliche Stellung der Heimat zwischen den Nationen. So verknüpft sich damit für die Deutschen zu Hause in Regierung und Parlament, in Presse und öffentlicher Meinung, die Pflicht, bewußt und geschlossen hinter den Rechts- und Lebenskampf zu treten, der diesen ‚Pionieren' auferlegt wurde. Es ist keine Privatangelegenheit, sondern führt in die Mitte der deutschen Schicksalsfragen überhaupt."
An dieser Stelle mag noch der weitere Ablauf der politischen Dinge im Memelgebiet kurz skizziert werden:
Vielfache Beschwerden der deutschen Landtagsmehrheit gegen statuswidrige Handlungen des litauischen Gouverneurs wurden vom Völkerbund und von den Signatarmächten der Memelkonvention nicht berücksichtigt. Auch die Proteste der deutschen Reichsregierung zeigten zunächst keine Wirkung. Als die Welle der nationalsozialistischen Bewegung von Ostpreußen in das abgetrennte Memelgebiet überschwappte, traten nacheinander zwei deutsche Parteien auf den Plan:

1. zur Stadtverordnetenwahl in Memel am 22. Mai 1933 die Christlich-Sozialistische Arbeitsgemeinschaft (CSA),
2. im Oktober 1933 zur Landwirtschaftskammerwahl im ganzen Gebiet die Sozialistische Volksgemeinschaft (Sovog).

Beide Parteien hatten nationalsozialistischen Charakter. Litauischer Staatspräsident in Kowno war 1928 Antanas Smetona aufgrund eines Staatsstreichs der Tautininkai-Partei (Nationalisten) geworden. Er beeilte sich, den bestehenden Kriegszustand mit Polen (wegen der Okkupation Wilnas, das Litauens Hauptstadt gewesen war) umgehend auf das Memelgebiet auszudehnen. Nun hatte der Kriegskommandant in Memel die Möglichkeit, die er auch fleißig nutzte, Presse- und Versammlungszensur auszuüben. Ohne Gericht verhängte er hohe Geldstrafen und Freiheitsstrafen bis zu 3 Monaten.
Als am 10. Januar 1934 sich die Litauer zur Erinnerung an den Überfall auf Memel (mitten im Frieden) versammelten, erklärte ihr Wortführer Simonaitis, die Deutschen hätten kein Recht auf das Memelgebiet, dessen kulturelle Grundlage litauisch sei. Der Rektor der Kownoer Universität, Remeris, forderte sogar, man müsse die deutschen Ansprüche auf das Memelland mit einer Gegenoffensive zugunsten der historischen litauischen Gebiete in Ostpreußen beantworten, ein Schema, nach welchem die Litauer bis heute verfahren.
Diese Versammlung war gewissermaßen das Signal für die litauischen Stellen, gegen die neuen Parteien schlagartig vorzugehen. Das am 8. Februar 1934 mit sofortiger Rechtskraft verkündete Gesetz zum Schutz von Volk und Staat bewirkte die Verhaftung führender Funktionäre schon am nächsten Tage unter sogenannter Einstellung der Tätigkeit der neuen Parteien und ihrer Büroversiegelung. Der nächste Schlag war die Absetzung des Direktoriumspräsidenten Dr. Schreiber und die Entlassung von ca. 150 Beamten aus den autonomen Behörden und sogar aus den litauischen Staatsbetrieben (Post, Eisenbahn, Zoll und Hafenverwaltung), die der Staatspolizei nicht mehr zuverlässig waren. Die Verhafteten wurden auf die verschiedenen Zuchthäuser in Litauen bis zum Prozeßbeginn verteilt.
Erst am 14. 12. 1934 begann der Monsterprozeß vor dem litauischen Kriegsgericht in Kowno.
Angeklagt waren 126 Mitglieder der CSA und Sovog. Ca. 500 Zeugen und Sachverständige waren geladen. Der Hauptanklagepunkt war die unsinnige Behauptung, die Angeklagten hätten einen bewaffneten Aufstand vorbereitet, um das Memelgebiet wieder an das Reich anzuschließen. In Wahrheit handelte es sich um einen Schauprozeß nach

kommunistischem Vorbild, und es war erschreckend, zu welchen Mitteln des Terrors der litauische Staatsapparat griff, um die Memeldeutschen abzuschrecken, ihre Rechte als Staatsbürger wahrzunehmen, um sie endlich durch Terror aus ihrer Heimat zu drängen.
Zuschauer waren nicht zugelassen. Lediglich die Presse konnte über drei Monate ausführlich berichten. Als am 26. 3. 1934 das Urteil verkündet wurde, ging ein Proteststurm nicht nur durch die deutschen Lande, sondern auch durch das benachbarte Ausland.
Zum Hauptpunkt der Anklage wurden gegen 85 Angeklagte Freiheitsstrafen von 1½ bis zu 12 Jahren Zuchthaus verhängt. 37 Angeklagte wurden freigesprochen.
Gegen weitere vier Angeklagte wurden Todesurteile und gegen zwei lebenslängliches Zuchthaus verhängt (hier sollte es sich nach der Anklage um Fememord und versuchten Mord handeln). Diese Taten standen mit dem politischen Teil des Prozesses aber in keinem Zusammenhang. Offenbar wurde diese unzulässige Anhängung der angeblichen Delikte dieser vier von dem litauischen Oberstaatsanwalt Wiemeris nur zur weiteren Beeindruckung der Öffentlichkeit veranlaßt.
Auf deutschen Druck wurden die Verurteilten nach und nach von Smetona amnestiert, die letzten sechs erst im Sommer 1938, vier Jahre nach ihrer Inhaftierung!
Semtona selbst ereilte sein Schicksal, als er nach Beginn des Rußlandfeldzuges bei Eydtkuhnen über den Grenzgraben vor den Kommunisten nach Ostpreußen fliehen und bei seinen deutschen Nachbarn um Schutz nachsuchen mußte, der ihm gewährt wurde.
Für den deutschen Lehrer Johannes Schirrmann kam die Amnestie zu spät. Er wurde wegen einer Blinddarmentzündung vom litauischen Feldscher verspätet ins Krankenhaus eingeliefert, wo er in Kowno verstarb. In der Heimat (Kirchdorf Plicken bei Memel) wurde er von einer riesigen Trauergemeinde aus nah und fern beigesetzt. Einen weithin sichtbaren Grabstein haben seine Kameraden ihm errichtet, der auch heute noch steht.
Der Druck Deutschlands und die Reaktion der Signatarmächte der Memelkonvention führten dann am 1. November 1938 zur Aufhebung des Kriegszustandes und zur Gründung der Einheitsfront aller Memeldeutschen im Memeldeutschen Kulturverband, der in der letzten Wahl

zum Landtag am 20. 11. 1938 unter Führung Dr. Neumanns auf der Memeldeutschen Liste bei einer Wahlbeteiligung von 96,8% dann 87% aller Stimmen erhielt. Von den 29 Sitzen entfielen 25 Sitze auf die Memeldeutschen, auf die Litauer (mit 4 Listen) insgesamt 4 Sitze. Nach dieser Abstimmung blieb Litauen nichts weiter übrig, als sich auf eine Rückgabe des Memellandes an Deutschland gefaßt zu machen. Vorsichtige Fühler Litauens bei den Signatarmächten mit dem Hinweis, die Rechte der Deutschen und ihre Wünsche in Zukunft voll zu berücksichtigen, wenn nur das Gebiet oder wenigstens der Hafen bei Litauen bliebe, waren vergebens.
Hitler empfing jetzt Dr. Neumann und versprach ihm, auf Lösung der Memelfrage nach 1939 zu drängen. Die letzte Sitzung des Landtages war für den 25. März 1939 angesetzt. Am 19. März war aber bereits der litauische Außenminister Urbschies in Berlin mit Vollmacht seiner Regierung bei Ribbentrop, um eine Zwischenlösung zu erreichen.
Nach mehrstündiger Verhandlung konnte ihm Ribbentrop nur bedeuten, daß er bis zur Eröffnung des Memelländischen Landtages sich nochmals mit der Zustimmung seiner Regierung zur Rückgabe des Memellandes in Berlin einfinden möchte. Am 21. März 1939 erschienen Urbschies und der Berliner Gesandte Litauens zur Unterzeichnung des Rückgabevertrages bei Ribbentrop. Das litauische Kabinett hatte der Rückgabe zugestimmt.
Als eine verhängnisvolle Entscheidung, nicht nur für Ost- und Westpreußen, sondern für Europa, kann die Schaffung des „Polnischen Korridors" angesehen werden. Die Provinz Ostpreußen wurde dadurch räumlich und wirtschaftlich vom Reich abgetrennt.
Bereits vor und während des Ersten Weltkrieges wurden durch den Panslawisten Roman Dmovski und Ignaz Padervski Ansprüche auf eine der ältesten und verkehrsreichsten Handels- und später auch Industriestädte an der Ostsee, Danzig, angemeldet. Die wechselvolle Geschichte dieser deutschen Hansestadt mit lübeckischem Recht, rechtfertigt die polnischen Ansprüche in keiner Weise.
Schon der gotische Geschichtsschreiber Jordanes bezeichnete das Land an der Danziger Bucht als „Gothiskanza", was soviel wie „Gotenküste" bedeutet. Von dieser Bezeichnung leitet sich auch die Stadtbezeich-nung „Danzig" ab.

Seefahrende friesische und sächsische Kaufleute hatten dann später in der vorhanseatischen Zeit dort ihre Handelsstützpunkte. Die erste Urkunde, die über die deutsche Besiedlung Westpreußens Aufschluß gibt, stellt die Gründungsurkunde des Klosters Oliva aus dem Jahre 1178 n. d. Z. dar. Danzig selbst wurde dann später im Jahre 1224 als deutsche Stadtgemeinde gegründet.
Die Zugehörigkeit Danzigs zum Staat des Deutschen Ordens währte von 1308 bis 1454. In der Folgezeit sicherte sich diese bedeutende Hansestadt im Verlauf von dreieinhalb Jahrhunderten staatsrechtliche Privilegien, die so umfassend waren, daß man diesen Zeitraum von 1454 bis 1793 auch als „erste Freistaatzeit" bezeichnet. Diese deutsche Patrizierrepublik beschloß eigene Gesetze, hatte das Recht, eigene Münzen zu prägen, besaß die Wehrhoheit und unterhielt diplomatische Vertretungen an fremden Höfen. Nach dem Abfall Danzigs vom Deutschen Orden im Jahre 1454 schloß sich Danzig wohl Polen an, behielt aber als „Freie Stadt" seine Sonderstellung.
Nach der zweiten polnischen Teilung im Jahre 1793 ging die Ära des selbständigen Stadtstaates zu Ende. Danzig wurde mit Preußen vereinigt und nahm von da ab den Rang einer Provinzhauptstadt von Westpreußen ein.
Wie auch im übrigen Westpreußen, so bemächtigte sich der Bevölkerung Danzigs besorgte Unruhe, als die harten Bedingungen des Versailler Friedensdiktates bekannt wurden. In Großkundgebungen demonstrierte die Danziger Bevölkerung gegen die Abtrennung von ihrem Mutterland. Der Magistrat der Stadt richtete damals ein Protesttelegramm an das Reichsinnenministerium, in dem es hieß: „Unsere alte Hansestadt Danzig ist durch deutsche Kulturkraft entstanden und gewachsen, sie ist kerndeutsch. Wie nehmen für uns das Selbstbestimmungsrecht der Völker in Anspruch. Wir wollen deutsch bleiben immerdar."
Dieser spontane Ausdruck des Volkswillens wurde von den Siegermächten ignoriert und die Bevölkerung vor vollendete Tatsachen gestellt. Es wurde vereinbart, die Stadt Danzig mit seinem umliegenden Gebiet in eine „Freie Stadt" umzuwandeln, deren Statusgarantie vom Völkerbund übernommen wurde. Hätten sich indes die französischen Wünsche durchsetzen lassen, so hätte damals schon Danzig an

Polen abgetreten werden müssen. Ohne Befragung der Bevölkerung wurde ihr eine neue Ordnung aufgezwungen. Die neugeschaffene „Freie Stadt“ war, wie es sich alsbald herausstellen sollte, weder politisch noch wirtschaftlich lebenfähig. Nachdem Danzig von der Pariser Botschafterkonferenz mit Wirkung vom 15. November 1920 zur „Freien Stadt“ erklärt wurde, hatte es u. a. auch die Aufgabe, Polen einen freien Zugang zum Meer zu ermöglichen.

Auch der von einer Danziger Abordnung unter Führung des Ersten Senatspräsidenten Dr. Sahm im Jahre 1920 ausgehandelte Vertrag mit Polen begünstigte eindeutig die polnischen Interessen. Die Führung der auswärtigen Angelegenheiten Danzigs sowie der Schutz Danziger Staatsbürger in anderen Ländern wurde den Polen „anvertraut“.

Daneben wurde Danzig mit seinem Hinterland in das polnische Zollgebiet einbezogen.

Der sogenannte „Ausschuß für den Hafen und die Wasserwege von Danzig“ war zu gleichen Teilen mit Polen und Danzigern zu besetzen. Die Eisenbahnen, ausgenommen Klein- und Straßenbahnen, mußten unter polnische Bewachung und Verwaltung gestellt werden.

Durch die Abtrennung ging dem Deutschen Reich ein Gebiet von 1966 Quadratkilometern mit einer Bevölkerung von 383995 Einwohnern verloren. Die Stadt Danzig selbst war vor dem Ersten Weltkrieg von größter wirtschaftlicher Bedeutung. Sie beherbergte die große Kaiserliche Werft mit Trockendock, die Schiechausche Werft, in der Kriegsschiffe und Handelsdampfer gebaut wurden, die Klavittersche und Johannsensche Werft mit angeschlossener Maschinenfabrik, die königliche Artilleriewerkstatt, eine Gewehrfabrik, die westpreußische Zuckerraffinerie, eine große Ölmühle, eine Waggonfabrik, eine Nietenfabrik, eine chemische Fabrik sowie eine Glashütte. Bedeutende Bierbrauereien, Sprit- und Likörerzeugung, eine bernsteinverarbeitende Industrie, Tabakverarbeitung, große Mahlmühlen, Dampfschneidemühlen, Maschinenbauanstalten, Schiffs- und Kesselschmieden, Fabriken für Drahtseile und Tauwerk, die Erzeugung von Lacken, Farben, Firniß, Dachpappe, Öfen und Papier lassen die wirtschaftliche Bedeutung Danzigs in der Vorkriegszeit in ihrem vollen Umfang erkennen. Über den Danziger Hafen wurde vornehmlich Getreide, Mehl und Spiritus ausgeführt. Die Einfuhr umfaßte Heringe, Roheisen,

Steinkohlen, Kolonialwaren, Reis, Wein und Petroleum. Im Jahre 1900 belief sich die Einfuhr zur See auf acht Millionen Meterzentner im Wert von 107,7 Millionen Mark, die Ausfuhr auf sieben Millionen Meterzentner im Werte von 114,3 Millionen Mark. Bereits im Jahre 1908 vermittelten elektrische Bahnlinien den Verkehr mit der Umgebung, und das Fernsprechnetz in Danzig umfaßte etwa 1300 Sprechstellen, über die jährlich durchschnittlich drei Millionen Gespräche abgewickelt wurden.

Nicht nur die Stadt Danzig mit ihrem Hinterland, auch die Provinz Westpreußen war wirtschaftlich und auch geopolitisch durch die neuen Friedensordnungen benachteiligt.

Zweiundsechzig Prozent der Gesamtfläche von Westpreußen mußten an die neue Republik Polen abgetreten werden. Nur acht Prozent wurden der „Freien Stadt Danzig“ zugeteilt. Somit verblieben nur dreißig Prozent deutschen Volksbodens und nur vierundzwanzig Prozent der Bevölkerung dieser Provinz beim Deutschen Reich.

Die restlichen Teile der Provinz gehörten fortan teils zum neugeschaffenen Regierungsbezirk Westpreußen mit dem Sitz in Marienwerder, der administrativ mit der Provinz Ostpreußen vereinigt wurde, teils zu der neuen Grenzmark Posen/Westpreußen mit dem Verwaltungssitz in Schneidemühl.

Die Diktate von Versailles und Saint Germain enthielten auch Bestimmungen, wonach in den gemischtsprachigen Grenzgebieten des Deutschen Reiches und Deutsch-Österreichs der Bevölkerung zum Teil die Selbstbestimmung über ihre Staatszugehörigkeit eingeräumt wurde.

Bei der Volksabstimmung, die am 11. Juli 1920 im südlichen Ost- und Westpreußen stattfand, entschied sich die überwiegende Mehrheit der Bevölkerung in nicht mißzuverstehender Weise für den Verbleib beim Deutschen Reich und enttäuschte dadurch die Hoffnungen der Polen, welche geglaubt hatten, der kaschubische und masurische Bevölkerungsanteil dieser Abstimmungsgebiete würde sich für ihren Staat entscheiden.

Aus der Tabelle über diese Abstimmungsgebiete ist eindeutig zu erkennen, daß auch jene Bevölkerungsteile, die sich in einem Zustand des Überganges vom fremden zum deutschen Volkstum befanden, damals ihr Bekenntnis zum deutschen Volk ablegten.

Abstimmungsgebiet	Einwohnerzahl am 8. 10. 1919	Anzahl d. Stimmberechtigten	Abgegebene Stimmen		v. H. für Deutschland
			für Deutschland	für Polen	
Provinz Ostpreußen	577 001	422 067	363 159	7 924	97,9%
Provinz Westpreußen	164 183	121 176	96 895	7 947	92,4%

Wie überall in den bedrohten Grenzräumen des deutschen Siedlungsgebietes, so beobachtete auch die deutsche Bevölkerung der Provinz Westpreußen besorgt die Bestrebungen der Polen, die sich nach dem Zusammenbruch der deutschen Front anschickten, große Teile der ehemaligen deutschen Ostseeprovinzen gewaltsam zu besetzen. Man fürchtete, unter polnischer Herrschaft entweder vertrieben oder zumindest drangsaliert zu werden.

Das war auch der Grund, daß schon vor Festlegung der deutsch-polnischen Grenze eine Abwanderung deutscher Beamter aus den bedrohten Gebieten einsetzte, die sich später noch ausweitete. Von dieser Auswanderungswelle waren in erster Linie die an Polen abgetretenen Gebiete östlich und westlich der Weichsel betroffen. Später kam noch hinzu, daß alle jenen Deutschen aus den abgetretenen Gebieten, welche bei der Volksabstimmung für den Verbleib beim Deutschen Reich optiert hatten, von den polnischen Behörden gezwungen wurden, ihre Heimat zu verlassen. Insgesamt wurden von den deutschen Ostseeprovinzen nachstehend aufgeführte Landesteile abgetrennt:

Landesteil	Fläche in qkm:	Muttersprache:					
		nur deutsch	deutsch u. andere	polnisch	kaschubisch mas. lit.	eine andere	neue Staatsangehörigkeit
Memelgebiet	2 656,7	71 781	2 028	126	67 138	165	Memelg.
Soldauer Eck	501,4	9 232	895	5 289	9 134	237	Polen
Danzig u. Gebiet	1 914,2 15 864,5	315 336 411 621	3 039 14 807	9 490 433 281	2 254 104 585	511 410	Danzig Polen
Brandenburg	0,1	–	–	–	–	–	Polen
Pommern	9,6	180	–	44	–	–	Polen
Posen	26 041,8	699 859	11 194	1 263 346	69	1 993	Polen

Überblickt man die Besitzverhältnisse in den Provinzen Westpreußen und Posen im Jahre 1914, so rechtfertigten diese den polnischen Anspruch auf dieses Land in keiner Weise, wie dies aus der nachstehend aufgeführten Tabelle unschwer zu entnehmen ist.

Der ländliche Grundbesitz und seine Verteilung auf Deutsche und Polen in den Provinzen Westpreußen und Posen im Jahre 1914.

Regierungs-bezirk	Gesamtfläche in ha	Davon			
		deutscher Besitz		polnischer Besitz	
		ha	v. H. der Gesamtfläche	ha	v. H. der Gesamtfläche
Marien-werder	1 648 287	1 276 579	77,4	371 708	22,6
Danzig	771 974	561 398	72,7	210 576	27,3
Provinz Westpreuß.	2 420 261	1 837 977	75,9	582 284	24,1
zusammen Staatsbesitz		507 000	20,9		
Bromberg	1 086 346	714 905	65,8	371 441	34,2
Posen	1 657 417	895 963	54,1	761 454	45,9
Provinz Posen	2 743 763	1 610 868	58,7	1 132 895	41,3
zusammen Staatsbesitz		299 910	10,9		

Fläche und Bevölkerung der vom Deutschen Reich abgetrennten Gebiete nach dem Stand vom 1. Dezember 1910:

Im ganzen fielen an	Fläche in qkm	Orts-anwesende Bevölkerung	Muttersprache						
			nur deutsch	deutsch und eine andere	polnisch	kaschubisch, masurisch, litauisch	dänisch	französisch	eine andere
Memel-gebiet	2 656,7	141 238	71 781	2 028	126	67 138	2	3	160
Polen	46 142,4	3 854 971	1 364 322	66 224	2 299 982	113 814	157	179	10 293
Freie Stadt Danzig	1 914,2	330 630	315 336	3 039	9 490	2 254	48	31	432
Tschecho-slowakei	315,9	48 446	6 574	599	2 714	–	–	–	38 559
Dänemark	3 992,7	166 348	40 172	732	992	13	123 828	4	607
Belgien	1 035,8	60 003	49 494	67	159	4	–	234	10 045
Frankreich	14 521,8	1 874 014	1 634 260	3 395	1 919	–	–	204 262	30 178
insgesamt	70 579,5	6 475 650	3 481 939	76 084	2 315 382	183 223	124 035	204 713	90 274

Das Deutschtum in Ostpreußen einschließlich Masuren sowie im Memelland

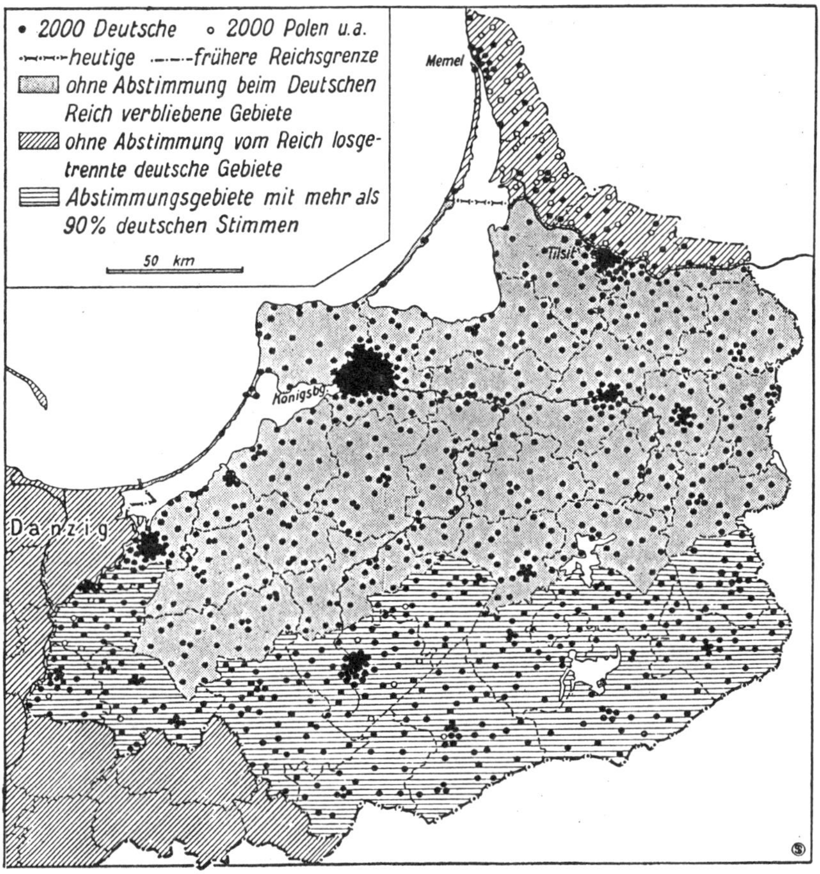

Die Abstimmungszahlen 1920 bzw. die Sprachenverhältnisse im Memelland 1910 sind auf die Gesamteinwohnerzahlen von 1919 umgerechnet worden.

Quelle: Thalheim, Karl C.: Das Grenzlanddeutschtum. Mit besonderer Berücksichtigung seines Wirtschafts- und Soziallebens. Berlin-Leipzig 1931 (Sammlung Göschen).

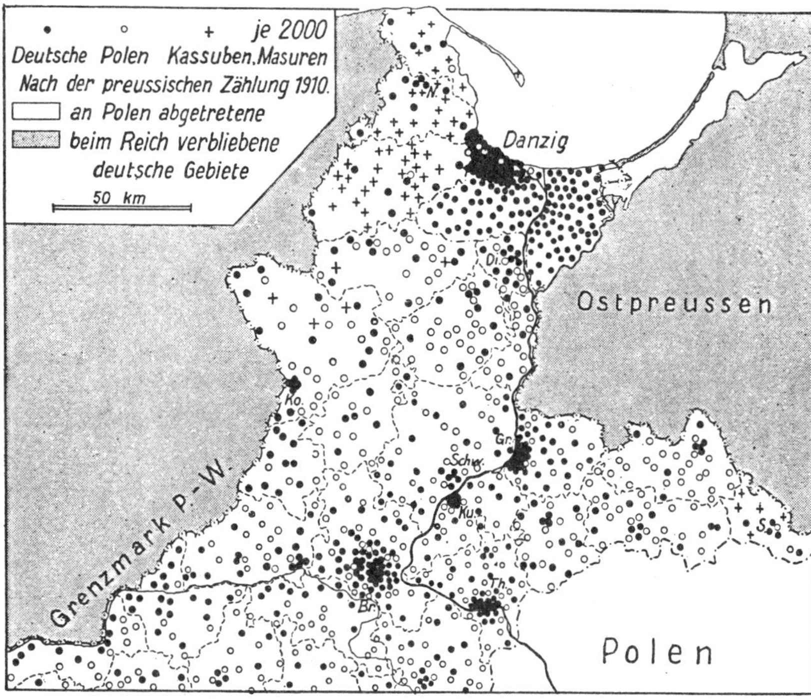

Das Deutschtum im „Korridor".
(Abkürzungen: Gr. = Graudenz, Schw. = Schwetz, N. = Neustadt, Ku. = Kulm, Th. = Thorn, S. = Soldau, Br. = Bromberg, Ko. = Konitz, Di. = Dirschau.)

Quelle: Thalheim, K. C.: Das Grenzlanddeutschtum. Mit Besonderer Berücksichtigung seines Wirtschafts- und Soziallebens. Berlin-Leipzig 1931 (Sammlung Göschen).

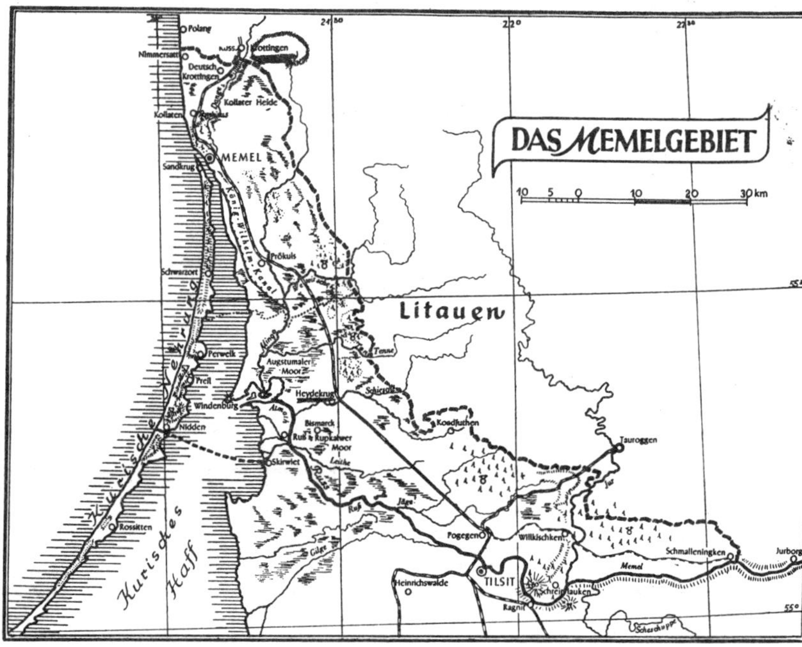

Die Abtrennung eines Teiles von Ost-Oberschlesien

Dem Deutschen Reich, seiner Volkswirtschaft und Schwerindustrie entstand sowohl durch die Abtrennung des lothringischen Minettegebietes als auch durch die Teilung Oberschlesiens ein schwerer Verlust an erstrangigen Produktionsgebieten.

Der ganze schlesische Raum war ab 300 v. d. Z. von dem wandalischen Teilstamm der Silinger besiedelt, von denen sich der Landesname auch ableitet. In der Zeit der Völkerwanderung haben jedoch nicht alle silingischen Wandalen ihr Siedlungsgebiet verlassen.

Der Wandalenkönig Geiserich (428 bis 477) hatte von seinem nordafrikanischen Reich aus die Verbindung zu den in Schlesien zurückgebliebenen silingischen Wandalen aufrecht erhalten. Die vielen Gräberfunde aus wandalischen Fürstengräbern, die in Schlesien gemacht wurden, geben Zeugnis vom Weiterverbleib dieses germanischen Volksstammes im schlesischen Raum.

Slawisch sprechende Stämme sickerten dann, ähnlich wie in Böhmen und Mähren, ab dem 6. Jahrhundert allmählich in frei gewordene Räume des silingischen Siedlungsgebietes ein. Im Jahre 900 n. d. Z. kam der auf dem rechten Ufer der Oder gelegene Landesteil an die polnischen Piasten, das Land zwischen Oder und Bobr an Böhmen. Die Christianisierung des Landes ging wahrscheinlich von Böhmen aus. Unter Mitwirkung Kaiser Ottos III. (983 bis 1002) wurde das Landesbistum Breslau gegründet und dem im Jahre 999 gegründeten Erzbistum Gnesen unterstellt. Boleslav I. Chrobry (992 bis 1025), der mit dem deutschen Kaiser Otto III. eng befreundet war, sicherte sich mit dessen Hilfe die Vorherrschaft der polnischen Piasten über die christianisierten slawischen Teilstämme. 1138 entstand durch Erbteilung das piastische Teilfürstentum Schlesien. Ihr erster Herzog Ladislav wurde jedoch im Jahre 1146 aus dem Lande vertrieben. Kaiser Friedrich Barbarossa (1152 bis 1190) setzte die Söhne des vertriebenen Piasten später wieder in ihre alten Rechte ein und erreichte im Jahre 1163 die Bildung zweier schlesischer Herzogtümer. Boleslav († 1201) erhielt dabei fast ganz Niederschlesien mit Breslau, und sein Bruder

Miezko († 1211) wurde als Herzog von Oberschlesien mit Ratibor, Beuthen und später Oppeln eingesetzt. Beide Herzöge gelten als die Stammväter der verschiedenen schlesischen Piastenlinien, die, ähnlich wie das Geschlecht der Przemysliden in Böhmen, eng mit deutschen Fürstenhäusern versippt waren.
Die schlesischen Piastendynastien waren es auch, die vornehmlich deutsche Bauern und Handwerker ins Land riefen und Schlesien zu einem deutschen Land machten. Besonders durch die vielen deutschen Städte- und Klostergründungen wurde das Land wirtschaftlich und kulturell gehoben. Bei der Kultivierung des Landes hat der Piaste, Herzog Heinrich I. († 1238), als Gemahl der heiligen Hedwig, Tochter des Grafen von Andechs, der späteren Landespatronin Schlesiens, den Zuzug deutscher Fachkräfte und bäuerlicher Siedler besonders gefördert. Auch sein Sohn Heinrich II., der in der Mongolenschlacht des Jahres 1241 bei Liegnitz gefallen war, setzte zu Lebzeiten das Siedlungswerk seines Vaters erfolgreich fort. In den Jahren 1327 bis 1329 unterstellten sich alle oberschlesischen sowie die meisten niederschlesischen Herzöge König Johann von Böhmen (1310 bis 1346), der deutscher Reichsfürst war.
Im Vertrag von Visegrad des Jahres 1335 schloß Kasimir III. von Polen Frieden mit Böhmen und mit dem Deutschen Orden. Der Luxemburger Johann verzichtete damals auf die Krone Polens, und seine Herrschaft über die schlesischen Fürstentümer wurde anerkannt. Die polnischen Könige verzichteten ebenso in Verträgen von 1335, 1339, 1356 und 1372 auf alle Ansprüche auf die deutschen schlesischen Fürstentümer. In den Hussitenkriegen der Jahre 1419 bis 1436 hatte Schlesien genau so zu leiden wie unter den späteren Einfällen des böhmischen Königs Georg von Podiebrad (1458 bis 1471). Vorangegangen waren kriegerische Einfälle des Königs Vladislav II. Jagiello (1386 bis 1434).
Unter der Herrschaft Matthias I. Corvinus (1469 bis 1490) wurden in Schlesien und den beiden Lausitzen Ständetage eingerichtet, bei denen der Bischof von Breslau den Vorsitz führte.
In der Reformationszeit breitete sich auch in Schlesien der neue Glaube rasch aus. Im Jahre 1523 konnte der Förderer der reformatorischen Bewegung, Markgraf Georg von Ansbach-Bayreuth, das

selbständige Herzogtum Jägerndorf sowie weiteren schlesischen Besitz erwerben.
Der Dreißigjährige Krieg, die anschließende Gegenreformation haben auch Schlesien in seiner Aufwärtsentwicklung empfindlich geschadet. Dem evangelisch gebliebenen Teil seiner Bevölkerung wurde z. B. in den der Krone unmittelbar unterstehenden habsburgischen Erbfürstentümern nach den Bestimmungen des Westfälischen Friedens nur drei Friedenskirchen (Glogau, Jauer und Schweidnitz) vorerst zugestanden.
Nach dem Ersten Schlesischen Krieg (1740 bis 1742) wurde im Frieden von Berlin die Abtretung Niederschlesiens, eines großen Teiles von Oberschlesien und der Grafschaft Glatz vereinbart. Der südliche Teil Oberschlesiens, die Gebiete von Troppau, Jägerndorf, Teschen, Bielitz und ein kleiner Teil des Neisser Bistumslandes verblieben bei Österreich und bildeten bis zum Jahr 1918 das Kronland Österreichisch-Schlesien mit der Hauptstadt Troppau. Als Friedrich der Große den größten Teil Schlesiens für Preußen gewonnen hatte, war Oberschlesien im Gegensatz zu den anderen erkämpften Landesteilen ein Notstandsgebiet. Der Geograph und Kenner der Verhältnisse in Oberschlesien, Wilhelm Volz (1870 bis 1958), schildert die damaligen Verhältnisse in Oberschlesien unter Berufung auf Zeitzeugen: „Überaus trübe ist das Bild von Oberschlesien aus jener Zeit, wie die zeitgenössischen Schriftsteller, Reisende, die damals durch Oberschlesien gereist sind, es schildern. Es herrscht Armut und Elend, in trostloser Verfassung befinden sich die Böden, in Unkultur; Feldwirtschaft wird nur da ausgeübt, wo die Verhältnisse etwas bequemer liegen; die soziale Lage ist gedrückt, die Leute fast zu Sklaven geworden; nur in den Städten noch ein schwaches Deutschtum."
Unter preußischer Verwaltung begann sich dann allmählich auch in diesem schlesischen Landesteil ein Aufschwung anzubahnen. Im Jahre 1788 ließ Freiherr von Reden in Tarnowitz die erste Dampfpumpe auf dem europäischen Festland aufstellen, mit der das Wasser aus den Schächten herausgepumpt werden konnte.
Mittels Dampfkraft wurde damals mit der Ausbeutung der großen oberschlesischen Steinkohlevorkommen begonnen, und im Jahre 1796 konnte in Preußen der erste Koks-Hochofen angeblasen werden. Auch

die landwirtschaftliche Produktion in ganz Schlesien entwickelte sich unter preußischer Verwaltung zusehends.
Zu Beginn des 20. Jahrhunderts deckte der Getreideanbau vollständig den Bedarf der gesamten Provinz Schlesien. Die Ernteergebnisse aus dem Jahre 1906 beweisen, wie intensiv die Landwirtschaft betrieben wurde. Es wurden damals 911 095 Tonnen Roggen, 417 091 Tonnen Weizen, 312 001 Tonnen Gerste, 4 626 683 Tonnen Kartoffeln, 754 889 Tonnen Hafer und 1 463 112 Tonnen Wiesenheu geerntet. Ganz bedeutend war in den Vorkriegsjahren neben der Landwirtschaft die Förderung von Mineralien aller Art. Vorrang hatte dabei die Steinkohleförderung in der größten Steinkohleablagerung des europäischen Festlandes auf einer Fläche von 1375 Quadratkilometern.
Von besonderer Bedeutung war auch die Förderung von Eisen- und Zinkerzen, die bei Beuthen in Oberschlesien in unmittelbarer Nachbarschaft der Steinkohlereviere abgebaut wurden. Daneben wurden im oberschlesischen Raum auch Bleierze, Kupfer, Nickel, Kobalterze, Schwefelkies, Arsenik und Alaun gefördert.
Schon im Jahre 1905 wurden erhebliche Mengen Stein- und Braunkohle sowie andere Mineralien gefördert, wie dies aus den nachstehend aufgeführten statistischen Zahlen ersichtlich wird.

Kohlegewinnung	in Tonnen	Wert in Millionen Goldmark
Steinkohle	32 319 188	245
Braunkohle	1 155 183	4,5
Eisenerze	340 647	2,2
Zinkerze	609 479	32,5
Bleierze	47 675	4,5

Das Eisenbahnnetz im Jahre 1904 umfaßte in diesem wichtigen Wirtschaftsgebiet bereits 4087 Kilometer an Haupt- und Nebenbahnen, an Straßen- und Kleinbahnen waren 625 Kilometer befahrbar. Auch die Oder, der einzige schiffbare Fluß hatte im Hinblick auf diese wirtschaftliche Kapazität ihre besondere Bedeutung.
An der deutschen Volkserhebung des Jahres 1813 hatte Schlesien einen hervorragenden Anteil. Breslau war damals der Mittelpunkt der

Vorbereitungen zum Kriege gegen Napoleon. König Friedrich Wilhelm III. erließ am 17. März 1813 seinen Aufruf „An mein Volk!".
Bei der großen Aufwärtsentwicklung in wirtschaftlicher Hinsicht, die sichtbar in den letzten Jahrzehnten des vorigen Jahrhunderts in Schlesien einsetzte, hatte Oberschlesien mit seinem Steinkohle-, Blei- und Zinkbergbau und seiner Eisenindustrie einen besonderen Anteil und entwickelte sich zu einer der bedeutendsten Industriegebiete des Deutschen Reiches.
Diese Entwicklung ist auch durch das sprunghafte Ansteigen der Bevölkerungszahl gekennzeichnet. In den Jahren von 1871 bis zum Jahre 1910 erhöhte sich in Oberschlesien die Einwohnerzahl von 371 000 auf 2 268 000 Menschen. In den Industriezentren war sie dabei auf das 125fache, im Bezirk Beuthen auf das 4800fache angestiegen. Dieses schnelle Anwachsen der Bevölkerung fand in einem Raume statt, dessen nationale Verhältnisse verwickelt waren.
Oberschlesien war nach erfolgter Eingliederung in den preußischen Staat ein nationales Mischgebiet, in dem der deutsche Bevölkerungsanteil nicht über die Mehrheit verfügte. Die Mehrheit der Bevölkerung stellten die sogenannten „Wasserpolen" dar, die einen „verwässerten", mit vielen Germanismen durchsetzten westslawischen Dialekt sprachen. Im Verlaufe des wirtschaftlichen Aufschwunges Oberschlesiens waren diese Wasserpolen, ähnlich wie die Masuren, Kaschuben, Wenden und Hultschiner, in den deutschen Staat hineingewachsen und fühlten in ihrer Mehrheit auch deutsch. Die schnelle und erfolgreiche wirtschaftliche Aufwärtsentwicklung war in Oberschlesien auch dem deutschen Element insofern förderlich, als Deutsche aus dem übrigen Reich in größerem Ausmaß leitende und mittlere Posten in den industriellen Unternehmungen Aufnahme fanden. In den städtischen Zentren des Industriegebietes (Beuthen, Kattowitz, Königshütte und Gleiwitz) erreichten die Deutschen im Zuge dieser Entwicklung alsbald die Mehrheit.
Die dabei entstehenden sozialen Gegensätze und Spannungen wurden von der polnischen chauvinistischen Propaganda genutzt, um die bestehenden nationalen Unterschiede in Gegensätze umzuwandeln. Das mit Hilfe der polnischen Geistlichkeit besser organisierte und auch zielstrebigere Polentum Posens versäumte dabei keine Gelegen-

heit, die sozialen Spannungen, die zwischen den deutschen Großgrundbesitzern und den wasserpolnisch sprechenden Landarbeitern bestanden, geschickt auszuwerten, um bei ihnen ein zunächst noch nicht vorhandenes polnisches Nationalgefühl hochzuzüchten. Durch diese polnische Wühlarbeit entstand etwa ab Mitte des vorigen Jahrhunderts eine „Polenfrage". Nach dem verlorenen Ersten Weltkrieg hatten Berliner Regierungskreise gehofft, Oberschlesien werde bei den „Friedensverhandlungen" nicht in das bevorstehende Diktat von Versailles einbezogen.
Diese Hoffnung erwies sich als ein Trugschluß. Polen und seine Schutzmacht Frankreich hatten zunächst die Absicht, ganz Oberschlesien ohne eine Volksbefragung vom Deutschen Reich abzutrennen. Dieser Plan wurde jedoch durch englisch-amerikanischen Einfluß vereitelt. Im § 88 des Versailler Diktates wurde den Bewohnern Oberschlesiens die Möglichkeit geboten, auf dem Wege einer Volksabstimmung darüber zu entscheiden, ob sie mit Deutschland verbunden bleiben wollten oder mit Polen vereinigt zu werden wünschten. Bei diesem Plebiszit waren natürlich die Stimmen der wasserpolnisch sprechenden Bewohner Oberschlesiens von ausschlaggebender Bedeutung. Bei der Volkszählung im Jahre 1910 setzte sich die Gesamtbevölkerung des Landes aus 40,3 % deutsch sprechenden und 52,05 % wasserpolnisch oder polnisch sprechenden Bewohnern zusammen.
Kaum wurde bekannt, daß in Oberschlesien gemäß § 88 des Friedensdiktates von Versailles eine Volksabstimmung vorgesehen war, setzte im ganzen Land ein unerhörter polnischer Terror ein, der vor und während der Abstimmung viele Todesopfer bei der deutschen Bevölkerung forderte. Dreimal haben es polnische Insurgenten, die insgeheim von der Warschauer Regierung unterstützt wurden, versucht, Oberschlesien einfach zu besetzen: im August 1919, im August 1920 und sogar nach der Abstimmung im Jahre 1921. Die „Internationale Plebiszitkommission", welche Oberschlesien anfangs 1920 verwaltete, hinderte die polnischen Insurgenten bei ihren Einfällen auf deutsches Reichsgebiet in keiner Weise. Ihr Vorsitzender, der französische General Le Rond, förderte ganz offen die polnische Raubpläne. Die polnischen Insurgenten versuchten zunächst durch einen unerhörten Terror die geplante Volksabstimmung unmöglich zu machen. Seele dieser

ganzen Terrorwelle war der polnische Plebiszitkommissar Albert Korfanty. Er war es, der im Jahre 1919 den spartakistischen Streik unter den polnischen Bergarbeitern angezettelt hatte, der jedoch durch die deutsche Reichswehr und deutsche Freiwilligenverbände niedergeschlagen werden konnte. Nach der Ratifikation des Versailler Diktates am 10. Januar 1920 mußte jedoch die deutsche Reichswehr ganz Oberschlesien räumen. An ihre Stelle rückten die internationale Abstimmungskommission unter General Le Rond ins Land sowie italienische, englische und französische Besatzungstruppen.
Diese Besatzungstruppen konnten jedoch die terroristischen Aktionen der polnischen Insurgenten kaum eindämmen, geschweige denn verhindern. Die Hauptorganisation der polnischen Aufständischen stellte das Sammelbecken der „Tajna Bojowka" dar, in dem sich viele Freiwillige, aber auch viele zweifelhafte und kriminelle Elemente gesammelt hatten, die von Offizieren der polnischen Armee ausgebildet wurden. Vom Hotel Lomnitz in Beuthen aus leitete Albert Korfanty alle Aktionen, die mit zynischer Grausamkeit durchgeführt wurden. Allein in der Zeit vom 1. September 1920 bis zum 15. Januar 1921 wurden im oberschlesischen Abstimmungsgebiet fünfundfünfzig Morde an Deutschen verübt. Da die Situation allmählich immer gefährlicher zu werden begann, entschloß sich General Le Rond unter diesem Druck, die Vorbereitungen für die Volksabstimmung zu treffen. Als Abstimmungstermin wurde der 20. März 1921 festgesetzt.
Das Abstimmungsergebnis war allerdings für Polen und damit auch für Frankreich enttäuschend. Trotz der vorangegangenen polnischen Schikanen, Drohungen und verübten Grausamkeiten im Abstimmungsgebiet, die von den französischen Besatzungstruppen unter dem General Le Rond stillschweigend geduldet wurden, wurde offenbar, daß sich bei der Abstimmung die Mehrzahl der wasserpolnisch sprechenden Bevölkerung Oberschlesiens für einen Verbleib beim Deutschen Reich entschieden hatte. Für das Deutsche Reich wurden damals 702045 Stimmen (59,4%), für Polen 479232 (40,6%) abgegeben. Nur in den Kreisen Beuthen-Land, Groß-Strehlitz, Kattowitz-Land, Pleß, Rybnik und Tarnowitz wurde eine schwache polnische Mehrheit erzielt. Trotz dieses mehrheitlichen Bekenntnisses der Bevölkerung waren die Polen nicht bereit, das

Feld zu räumen. Zwei Tage nach der Abstimmung überschritt polnisches Militär die Grenze östlich von Kattowitz, und am 23. März 1921 forderte Korfanty die Polen auf, Oberschlesien bis zum letzten Blutstropfen zu verteidigen. Der von ihm organisierte Aufstand weitete sich wie ein Flächenbrand aus, und bereits am 4. Mai 1921 war Oberschlesien östlich der Linie Landsberg – Rosenberg – Wossowka – Groß Strehlitz – Kanderzin – Oder in den Händen der Aufrührer. Zwischen den deutschen Selbstschutzformationen und den aufständischen Polen entwickelten sich nach diesem Überfall auf deutsches Land schwere Kämpfe, in die sich teilweise auch die alliierten Besatzungstruppen einschalteten.

Die deutschen Freikorps, welche sich aus Studenten, Arbeitern und ehemaligen Offizieren zusammensetzten, erzielten bei ihren Kämpfen mit den Aufständischen laufend Erfolge. Unter ihrem Oberkommandierenden, General Höfer, erfochten sie am Annaberg einen glänzenden Sieg über die polnischen Banden. Am 23. Mai 1921 war dieser strategisch wichtige Punkt für die weiteren militärischen Operationen wieder in deutscher Hand. Auch die zahlenmäßig schwachen italienischen Besatzungstruppen griffen damals in die Kämpfe in Oberschlesien ein, die unter ihnen zahlreiche Todesopfer forderten.

Den französischen Bevollmächtigten war die Bildung der deutschen Freikorps und deren Erfolg insofern ein Dorn im Auge, als sie die maßlosen Gebietsforderungen ihrer polnischen Verbündeten gefährdet sahen. Daraufhin setzte Frankreich die damalige deutsche Reichsregierung mit einem Ultimatum unter Druck. Am 24. Mai 1921 verordnete Reichspräsident Ebert, daß die „Bildung von Freikorps und anderen Freiwilligenverbänden für Oberschlesien“ zu unterbinden sei, und veranlaßte die Sperrung der oberschlesischen Grenze.

Nach der Niederlage am Annaberg wurde Korfanty auch die Unterstützung der Warschauer Regierung entzogen, und er sah sich daher genötigt, am 28. Mai 1921 zur Einstellung des Kampfes aufzurufen. Dies wohl auch deswegen, weil Teile seiner Insurgentenabteilungen zügellos das Land terrorisierten und sich keiner Disziplinargewalt mehr unterstellen wollten. Das Ende der Insurgenten war gekommen, als sie am 4. Juni 1921 von den Einheiten des Generals von Hülsen in blutigen Kämpfen bis nach Slawentzitz zurückgetrieben wurden. Dem

Einsatz der deutschen Freikorps, die auf französischen Druck hin Oberschlesien am 5. Juli 1921 verlassen mußten, ist es zu verdanken, daß ein Teil von Oberschlesien für das Deutsche Reich erhalten blieb. Da sich England und Frankreich in der oberschlesischen Frage nicht einigen konnten, wurde beschlossen, den Völkerbund in dieser Angelegenheit zu befragen. Die Völkerbundkommission, die in dieser Frage zu entscheiden hatte, bestand aus einem Belgier, einem Brasilianer, einem Chinesen und einem Spanier.
Am 20. Oktober 1921 verkündete dann der Oberste Rat in Paris die Entscheidung des Völkerbundes. Obwohl die wirtschaftliche Einheit Oberschlesiens von Sachkennern nachgewiesen war, wurde das Land zwischen Deutschland und Polen aufgeteilt. Dabei fielen an Polen der Stadt- und Landkreis Kattowitz, der Stadtkreis Königshütte, der Kreis Pleß sowie große Teile der Kreise Rybnik, Ratibor, Gleiwitz, Hindenburg, Tarnowitz, Lublinitz und des Landkreises Beuthen. Von der Fläche des Abstimmungsgebietes wurden 3213,4 Quadratkilometer (30%) mit einer Bevölkerung von 892 547 (etwa 40%) abgetreten. Der einheitliche Wirtschaftsorganismus des oberschlesischen Industriereviers wurde, durch die allen Gesetzen wirtschaftlicher Vernunft widersprechenden Zerreißung, vor schwerwiegende Probleme gestellt.
Bei dieser widernatürlichen Grenzfestsetzung hatte vornehmlich Frankreich mitgewirkt, das seinem Vasallenstaat Polen die wertvollsten Industriegebiete Oberschlesiens zukommen lassen wollte. Die Vergleichszahlen der nachstehenden Tabelle können als Beleg hierfür gelten:

Rohstoffe und industrielle Anlagen	Durch die Teilung Oberschlesiens fielen an:	
	Polen	Deutschland
Steinkohlevorkommen in Milliarden Tonnen	107	6
Kohlegruben	53	14
Eisenerzvorräte in Millionen Tonnen	16	–
Eisenerzgruben	12	–
Hochöfen	22	15
Walzwerke	9	5
Roheisenerzeugung 1913 in t	613 218	581 383
Rohstahlerzeugung 1913 in t	1 009 716	351 039
Zinkerzgewinnung 1913 in t	425 940	91 535
Bleierzgewinnung 1913 in t	37 272	15 282
Zinkhütten	22	–

Auch die Erntestatistik des abgetretenen Gebietes der Provinz Oberschlesien aus dem Jahre 1913 vermittelt einen Einblick in die landwirtschaftliche Produktion:

	Erntefläche in ha	Ernteerträgnis in dz
Winterweizen	7 341	149 100
Sommerweizen	187	3 256
Winterroggen	48 638	848 236
Sommerroggen	370	5 197
Wintergerste	87	1 765
Sommergerste	6 781	144 483
Hafer	37 014	752 049
Kartoffeln	42 491	5 047 758
Zuckerrüben	2 494	701 354
Futterrüben	2 244	870 011
Klee	12 194	633 560
Wiesenheu	27 357	1 072 764

Der Viehbestand im oberschlesischen Abtretungsgebiet umfaßte lt. Zählung im Jahre 1913 folgende Viehgattungen (in Grundzahlen):

Viehgattung		auf 1000 der Bevölkerung entfielen somit
Pferde	36 144	37,4
Rindvieh	127 269	131,6
darunter		
Kühe	76 745	79,3
Schweine	166 037	171,7
Ziegen	42 447	43,9
Schafe	6 143	6,4

Die maßlosen Gebietsforderungen Polens waren weder berechtigt noch mit den Grundsätzen des Selbstbestimmungsrechtes aller Völker zu vereinbaren. In einem Memorandum, das der britische Kriegspremier, Lloyd George, am 24. März 1919 an die „Friedenskonferenz“ gerichtet hatte, brachte er seine Besorgnis über die zukünftige Entwicklung in Europa mit folgenden Worten zum Ausdruck:
„In der Stunde des Triumphes begangene Ungerechtigkeit und Anmaßung werden nie vergessen noch vergeben werden. Aus diesem Grunde bin ich streng dagegen, mehr Deutsche ihrem Vaterland zu entreißen und sie der Herrschaft einer anderen Nation zu unterwerfen, als unbedingt notwendig ist. Ich kann mir keine größere Ursache eines zukünftigen Krieges denken, als das deutsche Volk, welches sich gewiß als eine der stärksten und mächtigsten Nationen der Welt gezeigt hat, von einer Anzahl von kleinen Staaten umgeben sein sollte, von denen viele aus Völkern bestehen, welche früher nie eine Regierung besaßen, jetzt jedoch bedeutende Massen Deutscher einschließen würden, die ständig nach Wiedervereinigung mit ihrem Heimatlande rufen würden. Der Vorschlag der polnischen Kommission, daß wir 2100000 Deutsche unter die Herrschaft eines Volkes stellen sollten, das niemals in seiner Geschichte seine Fähigkeit für eine dauernde Selbstregierung bewiesen hat, muß, nach meinem Urteil, früher oder später zu einem neuen Krieg im Osten Europas führen . . .“

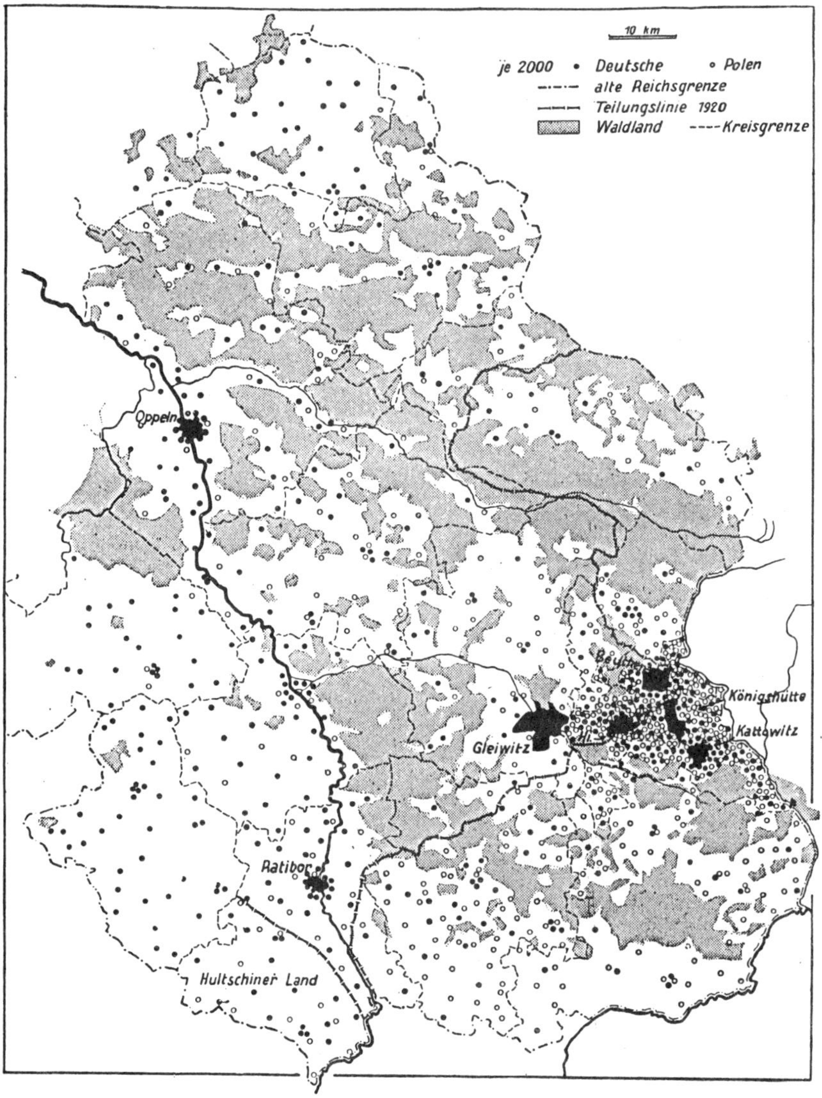

Das Deutschtum in Oberschlesien.
Quelle: Thalheim, K. C.: Das Grenzlanddeutschtum. Mit besonderer Berücksichtigung seines Wirtschafts- und Soziallebens. Berlin-Leipzig 1931 (Sammlung Göschen).

Die Besetzung des Saargebietes und die wirtschaftliche Ausbeutung des okkupierten Landes durch die Franzosen

Während die Abtretungen von Elsaß-Lothringen und Eupen-Malmedy durch die Bestimmungen des Friedensdiktates von Versailles von Frankreich und Belgien als endgültige Entscheidung angesehen wurden, sollte das Saargebiet fünfzehn Jahre aus der staatlichen Gemeinschaft mit dem Deutschen Reich ausscheiden. Spätestens im Jahre 1935 war dann eine Volksabstimmung über den Verbleib dieses deutschen Volksbodens bei Frankreich oder Deutschland vorgesehen. Der Begriff „Saargebiet" als staatliche Einheit wurde erstmals für das Versailler Friedensdiktat geprägt. Der Artikel 45 dieser verfehlten Friedensordnung bestimmte u. a. folgendes: „Als Ersatz für die Zerstörung der Kohlengruben in Nordfrankreich und als Anzahlung auf den Betrag der von Deutschland geschuldeten Wiedergutmachung der Kriegsschäden, tritt Deutschland das volle und unbeschränkte, völlig schulden- und lastenfreie Eigentum an den Kohlengruben im Saarbecken . . . mit dem ausschließlichen Ausbeutungsrecht an Frankreich ab. . . Die Regierung des Saarbeckens wird einem den Völkerbund vertretenden Ausschuß übertragen."

Bei den Friedensverhandlungen in Versailles wurden in diesem Zusammenhang auch die Grenzen des Saargebietes bestimmt. Es umfaßte 1881 Quadratkilometer mit einer rein deutschen Bevölkerung von 713 000 Einwohnern im Jahre 1925. Fünf preußische und zwei bayrische Landkreise, das waren vier Fünftel der Rheinprovinz, und ein Fünftel der bayrischen Pfalz, wurden damals vom Reich abgetrennt.

Daß die Bestimmungen des Artikels 45 in den Vertrag von Versailles aufgenommen wurden, ist einer geglückten Täuschung Clemenceaus zuzuschreiben. Dieser setzte seine Saarpläne gegen den anfänglichen Widerstand Lloyd Georges und Wilsons mit der lügenhaften Behauptung durch, daß im Saarbecken 150 000 Franzosen leben würden. Die Volkszählung des Jahres 1910 hatte jedoch ergeben, daß in Wirklichkeit unter den rund 650 000 Bewohnern nur 342 Franzosen gezählt wurden.

Gegen diese Täuschungsmanöver Clemenceaus, das an die Fälschungen des tschechischen Außenministers Eduard Beneš in seinem Memoir III erinnert, erhoben die politischen Parteien des Saargebietes alsbald energischen Protest. In einer Denkschrift, die sie am 15. April an den Völkerbund richteten, nahmen sie eindeutig Stellung: „Die Behauptung (Clemenceaus) ist eine der größten Lügen, die jemals ausgesprochen wurden. Wir sind über tausend Jahre Deutsche, und wir bleiben Deutsche.

Wir wehren uns gegen alle von der Regierungskommission betriebenen und von ihr begünstigten Französisierungsbestrebungen!"

Der Industriereichtum des Saargebietes war es auch, was die französischen Friedensmacher in Versailles bewog, das Saargebiet besetzen und fünfzehn Jahre hindurch ausbeuten zu lassen. Der Wert der saarländischen Steinkohlegruben allein überstieg bei weitem den Umfang der Einbußen, die der Kohlebergbau Nordfrankreichs während des Ersten Weltkrieges hinnehmen mußte. Nach Schätzungen von Fachleuten betrug der saarländische Kohlevorrat bis zu einer Tiefe von 1500 Metern sieben Milliarden Tonnen. In den Kohlegruben, die von der französischen Administration im Laufe der Jahre systematisch und gründlichst ausgebeutet wurden, waren etwa 80 000 Bergleute beschäftigt. Bedeutend war auch die saarländische Eisen- und Stahlindustrie mit rund 35 000 Arbeitern, die eisenverarbeitende Industrie sowie die Glas- und Keramikerzeugung.

Unmittelbar nach der Besetzung des Saarlandes machten sich die französischen Behörden die eingesetzte Regierungskommission des Völkerbundes bei den nunmehr einsetzenden Entvolkungsmaßnahmen dienstbar. Durch Einführung der Francwährung, Eingliederung des Landes in das französische Zollgebiet, Überfremdung der gesamten Saarindustrie mit französischem Kapital, Errichtung französischer Schulen, für die auch deutsche Kinder angeworben wurden, Besetzung maßgeblicher Regierungsposten mit Franzosen bei der geförderten Unterwanderung, durch Einführung eines eigenen Saarwappens und besonderer Landesfarben, hofften die französischen Behörden das von ihnen verwaltete Saargebiet im Laufe der Jahre französisch zu machen. Alsbald mußte aber die französische imperialistische Revanchepolitik erkennen, daß alle ihre Entvolkungsmaßnahmen am Widerstand des

größten Teiles der deutschen Saarbevölkerung scheiterte. Um so mehr war deshalb die französische Administration bemüht, die Zeit bis zur festgesetzten Volksabstimmung zu nützen und die Saarkohlegruben ohne Rücksicht auf die Sicherheit der Bevölkerung in verstärktem Maße auszubeuten.
Der Widerstand gegen die französische Politik im Saargebiet begann sich aber schon im Jahre 1919 da und dort zu formieren. Dr. Ing. Hermann Röchling zum Beispiel, der seit dem Jahre 1898 das gleichnamige Hüttenwerk im saarländischen Völklingen leitete, weigerte sich standhaft, einer französischen Beteiligung an diesem Werk zuzustimmen, und wurde wegen seiner aufrechten Haltung im Jahre 1919 in Amiens von einem französischen Gericht in Abwesenheit zu zehn Jahren Kerker und einer Geldstrafe in Höhe von zehn Millionen Francs verurteilt.
Letztlich blieb aber die antideutsche Politik Frankreichs im Saarland erfolglos.
Der Gipfelpunkt der französischen Ausbeutungspolitik im Saargebiet wurde durch jene Bestimmung des Saarstatutes erreicht, wonach Deutschland verpflichtet wurde, im Falle der Rückgliederung des Saargebietes nach einer für Deutschland positiven Volksabstimmung, die schon ausgebeuteten Saarkohlegruben von Frankreich zurückzukaufen.
Tatsächlich mußte das Deutsche Reich nach der Saarabstimmung am 13. Januar 1935, bei der sich 90,8 v. H. der Bevölkerung für die Rückgliederung ihrer Heimat an Deutschland aussprachen, die Gruben innerhalb eines Jahres für 900 Millionen Goldmark von Frankreich zurückkaufen.

Der Verlust der deutschen Schutz- und Pachtgebiete in Übersee

Amtlich wurden die überseeischen Erwerbungen des Zweiten Deutschen Kaiserreiches nicht als Kolonialgebiet, sondern als „Deutsches Schutzgebiet“ bezeichnet. Bei Erschließung des sogenannten Schwarzen Erdteils im 19. Jahrhundert haben viele Deutsche als Wissenschaftler und Forscher eine bedeutende Stellung eingenommen. Zu nennen wären hier Heinrich von Barth (1821 bis 1865), welcher die Sahara und das Flußsystem des Niger erforschte, Eduard Vogel (1829 bis 1856), der bei seinen Forschungsreisen durch den mittleren Sudan ermordet wurde, Gerhard Rohlfs (1831 bis 1856), den seine Forschungsreisen nach Nord- und Westafrika führten, Georg Schweinfurth (1836 bis 1925), dessen völkerkundliche und pflanzengeographische Arbeiten der wissenschaftlichen Welt wertvolle Aufschlüsse vermittelten, Gustav Nachtigal (1834 bis 1885), der bei seiner Forschungstätigkeit Tibesti, Bornu, das Tschadseegebiet, Wadei, Darfur und Kordofa bereiste und sich daneben aktiv in der deutschen Kolonialpolitik (Togo) betätigte, Eduard Schnitzer (1840 bis 1892), unter dem Pseudonym Emin Pascha bekannt, dem es glückte, in Ostafrika deutsche Handelsstationen einzurichten, sowie Hermann von Wissmann (1853 bis 1907), dem es in den Jahren 1880 bis 1882 gelang, Äquatorialafrika zu durchqueren. Besondere Verdienste hat sich in der Reihe der deutschen Forscher Carl Peters (1856 bis 1918) in Ostafrika erworben.

Der erste deutsche Versuch, überseeische Besitzungen zu erwerben und dort Handelsstützpunkte einzurichten, ging auf den Großen Kurfürsten Friedrich Wilhelm (1640 bis 1688) zurück. Er begann im Jahre 1683, an der Goldküste (Ghana) eine deutsche Handelsniederlassung einzurichten, die jedoch im Jahre 1717 wieder aufgelöst wurde.

Spätere deutsche und auch österreichische Seehandelsgesellschaften im 18. Jahrhundert führten nicht zum Erwerb überseeischer Besitzungen. Die Situation änderte sich jedoch, als in den Jahren nach 1815 hanseatische Kaufleute sich erfolgreich in den Welthandel einschalteten. Die Reichseinigung des Jahres 1871 trug auch dazu bei, daß sich in dem nunmehr geschaffenen zweiten Deutschen Kaiserreich Bewegungen bemerkbar machten, deren Ziel es war, überseeische Besitzungen zu erwerben. Im Jahre 1882 wurde der Deutsche Kolonialverein gegründet, der dann 1887 in die Deutsche Kolonialgesellschaft aufging. Fürst Bismarck stand dem Erwerb überseeischer Besitzungen aus strategischen und geopolitischen Erwägungen zunächst reserviert gegenüber. 1884 änderte er jedoch aus Prestigegründen seinen Standpunkt, beharrte aber nach wie vor auf dem Grundsatz der „Saturation“ und wollte keine Rivalität, vor allem mit England, ins politische Spiel bringen.

Die Erwerbungen des Bremer Kaufmannes Franz Adolph Lüderitz (1834 bis 1886) in Südwestafrika wurden als erstes Gebiet auf diesem Kontinent unter den Schutz des Deutschen Reiches gestellt. Bismarcks ursprüngliche Absicht, alle deutschen überseeischen Erwerbungen mit Freibriefen verwalten zu lassen, erwies sich als undurchführbar. Das Deutsche Kaiserreich verwaltete daher alle seine überseeischen Besitzungen ab dem Jahre 1889 unmittelbar. Als oberste Behörde amtierte schon ab dem Jahre 1894 die Kolonialabteilung des Auswärtigen Amtes und seit 1907 das Reichskolonialamt mit einem dem jeweiligen Reichskanzler unterstellten Staatssekretär. Für die Gesetzgebung in den einzelnen deutschen Schutzgebieten waren der Reichstag sowie der Bundesrat zuständig. Das Verordnungsrecht sowie das Kommando über die Schutztruppe fiel in die Kompetenzen des Deutschen Kaisers und seines Reichskanzlers.

Die deutschen überseeischen Besitzungen waren auf Afrika, die Südsee und Asien verteilt:

Schutzgebiet	Fläche in km²	Einwohnerzahl im Jahre 1913	Verwaltungssitz
Deutsch-Südwestafrika	835 100	103 000	Windhuk
Deutsch-Ostafrika	995 000	7 666 000	Daressalam
Kamerun	790 000	2 653 000	Buëa
Togo	87 200	1 033 000	Lomé
Deutsch-Neuguinea mit Kaiser-Wilhelm-Land, Bismarck-Archipel, Karolinen, Marianen, Palau- und Marschallinseln sowie Nauru	242 476	604 000	Rabaul
Samoa	2 572	39 000	Apia
Pachtgebiet			
Kiautschou	552	195 000	Tsingtau
Insgesamt:	2 952 900	12 293 300	

Der Erwerb überseeischer Besitzungen durch das Deutsche Reich erfolgte weder planmäßig noch einheitlich. Jedes der deutschen Schutz- und Pachtgebiete kann auf eine gesonderte Entwicklung hinweisen.

In Deutsch-Südwestafrika waren z. B. schon ab 1829 viele deutsche Missionare seelsorgerisch tätig. Im Jahre 1878 besetzte in diesem Raum zunächst Großbritannien die Walfisch Bai. Fünf Jahre später schloß der Bremer Kaufmann Franz Adolph Lüderitz Verträge mit den im Niemandsland Südwestafrikas lebenden Eingeborenen ab. Auf seine Bitten hin teilte ihm der Reichskanzler Bismarck am 24. April 1884 mit, daß Lüderitz unter dem Schutz des Deutschen Kaiserreiches stehe. Zunächst hatte Lüderitz einen geeigneten Hafenplatz vertraglich erworben, der dann später nach ihm Lüderitzbucht benannt wurde. Von diesem Hafen aus entwickelte sich in der Folgezeit das deutsche Schutzgebiet Deutsch-Südwestafrika. Es war damals ein noch kaum erforschtes Land im Ausmaße von 835 100 Quadratkilometern und schätzungsweise 103 000 Einwohnern. Die im Landesinneren siedelnden Herero- und Hottentottenstämme waren allerdings nicht bereit, Schutzverträge abzuschließen. Außerdem führten ihre Rivalitäten zu dauernden Kämpfen, so daß im Jahre 1889 die Entsendung einer deutschen Schutztruppe nach Südwestafrika erforderlich wurde. Trotz eines im Jahre 1885 abgeschlossenen Vertrages blieben die Hereros unruhig und erhoben sich im Jahre 1904. Ihr Aufstand konnte von der deutschen Schutztruppe erst nach schweren Kämpfen niedergeschlagen werden. Aber auch die Hottentotten erwiesen sich als unruhiges Element, führten gegen die deutschen Ordnungsstreitkräfte einen langwierigen Kleinkrieg, der erst im Jahre 1908 beendet werden konnte. Beide Stämme wurden von den Engländern laufend mit Waffen und Munition beliefert und im hinterhältigen Partisanenkampf ausgebildet. Im Jahre 1907 wurde Deutsch-Südwestafrika die Selbstverwaltung zuerkannt, und das deutsche Schutzgebiet entwickelte sich auf wirtschaftlichem Gebiet zusehends.

In den klimatisch zuträglicheren Höhenlagen des Landes konnten Landwirtschaft und Viehzucht erfolgreich betrieben werden. Daneben trugen Diamantenfunde sowie die Entdeckung von Kupferminen auch dazu bei, Deutsch-Südwestafrika zu einem hoffnungsvollen Land für deutsche Siedler werden zu lassen.

Vor Ausbruch des Ersten Weltkrieges hatte man auf deutscher Seite nicht angenommen, daß sich ein europäischer Krieg auch auf die deutschen Schutzgebiete in Übersee ausdehnen könnte. Gestützt auf bestimmte, in den sogenannten Kongo-Verträgen vereinbarte Abmachungen, wurden die deutschen Streitkräfte in den einzelnen Schutzgebieten des Deutschen Kaiserreiches lediglich für Polizeiaufgaben vorbereitet und waren daher für einen Krieg mit einem starken Gegner in keiner Weise gerüstet. So konnte es nicht ausbleiben, daß nach dem Ausbruch des Ersten Weltkrieges fast alle überseeischen Besitzungen des Reiches, mit Ausnahme von Deutsch-Ostafrika, von den Feindmächten in kurzer Zeit besetzt werden konnten.

In Deutsch-Südwestafrika drangen alsbald stark überlegene südafrikanische und auch portugiesische Verbände ein, und die verhältnismäßig schwache deutsche Schutztruppe mußte schon im Sommer des Jahres 1915 vor der zehnfachen Übermacht im Norden ihres Schutzgebietes kapitulieren.

Vergleicht man die Stärke der deutschen Schutztruppen vor Kriegsausbruch mit dem militärischen Potential der feindlichen Kolonialtruppen, so war auch unter Berücksichtigung des fehlenden Nachschubs aus dem Reich ein hinhaltender Widerstand in den meisten Fällen aussichtslos.

Im Jahre 1914 bestand die Schutztruppe in Deutsch-Südwestafrika aus 120 Offizieren sowie 2000 Soldaten, in Deutsch-Ostafrika aus 73 Offizieren und 2542 farbigen Askari-Soldaten. In der deutschen Musterkolonie Togo waren gar nur zwei Offiziere, vier Polizeimeister und 560 farbige Soldaten stationiert. In Neu-Guinea unterstanden 20 deutschen Polizeimeistern 725 einheimische Polizeisoldaten. Im Pachtgebiet von Kiautschou hatte man überhaupt keine Schutztruppe aufgestellt. Dort lag nur das III. verstärkte Seebataillon der deutschen Reichsmarine, welches das Pachtgebiet zu schützen hatte. Die Inbesitznahme Deutsch-Ostafrikas ist eng mit dem Namen Carl Peters verbunden. In diesem ostafrikanischen Raum beanspruchte in der Mitte des 19. Jahrhunderts der Sultan von Sansibar, Seyyd al-Busaidi (gestorben 1865), die Oberhoheit über das ehemalige portugiesische Küstengebiet der Merima.

Obwohl vom britischen Konsul abhängig, förderte dieser Sultan deutsche Kaufleute in seinem Machtbereich und schloß sogar im Jahre 1859 Handelsverträge mit drei deutschen Hansestädten ab. Im Jahre 1884 gründete Carl Peters die „Gesellschaft für deutsche Kolonisation“ und erwarb anschließend Ländereien in Ostafrika (Usagara, Useguha, Nguru und Ukami). Am 27. Februar 1885 erhielt seine Gesellschaft den kaiserlichen Schutzbrief, und Carl Peters wurde 1891 zum Reichskommissar für Deutsch-Ostafrika ernannt. Nach zweijähriger Amtsdauer wurde er jedoch aufgrund von politischen Machenschaften zum Rücktritt gezwungen.

Da Großbritannien den Besitz von ganz Ostafrika anstrebte, waren dem Empire die deutschen ostafrikanischen Besitzungen a priori ein Dorn im Auge. Schon im Jahre 1866 wurde mit England ein Vertrag abgeschlossen, in welchem zunächst die Einflußgebiete beider Staaten im ostafrikanischen Raum festgelegt wurden. In einem weiteren Vertrag mit dem britischen Empire vom 1. Januar 1886 wurden die deutschen Ansprüche auf Somaliland aufgegeben, wobei auch die Herrschaft des Sultans von Sansibar auf die Merima-Küste beschränkt wurde.

Schließlich anerkannte das Deutsche Reich im Helgoland-Sansibar-Vertrag vom 1. Juli 1890 die britische Oberhoheit über Sansibar und handelte dafür die strategisch wichtige Insel Helgoland ein. Nachdem das Deutsche Reich am 1. Januar 1891 die Verwaltung seiner ostafrikanischen Besitzungen übernommen hatte, erreichte dort die Plantagenwirtschaft alsbald eine beachtliche Höhe. Vor dem Ersten Weltkrieg konnten in diesem Schutzgebiet nicht nur beachtliche Mengen von Sisalhanf geerntet werden, auch die Kautschukgewinnung, die vielen Kaffee- und Kokosplantagen warfen große Erträge ab. Unter deutscher Verwaltung wurden in dieser Zeit nicht weniger als 1654 Kilometer Eisenbahn fertiggestellt.
Der Hauptangriff der Briten auf Deutsch-Ostafrika setzte unter dem Burengeneral J. Smuts allerdings erst im Frühjahr 1916 ein. Obwohl vom Mutterland vollkommen abgeschnitten, leistete der Kommandeur der deutschen Schutzgruppe, General v. Lettow-Vorbeck, mit seiner gut ausgebildeten Truppe aus deutschen Offizieren, Unteroffizieren und den eingeborenen Soldaten (Askari) tapferen und zähen Widerstand. Weder den Engländern noch den Portugiesen und Belgiern gelang es im Verlauf der Kämpfe auch nur ein einziges Mal, diese legendäre deutsche Schutztruppe zu besiegen. Ohne Nachschub aus dem Reich konnte General v. Lettow-Vorbeck den ganzen Ersten Weltkrieg hindurch alle feindlichen Verbände immer wieder erfolgreich bekämpfen. Aus taktischen Überlegungen verlegte er zunächst den Kriegsschauplatz in die südlichen Landesteile seines Schutzgebietes, im Jahre 1917 dann nach Mocambique und im November 1918 sogar nach Rhodesien. Ungeschlagen mußten aber dann auf Weisung der deutschen Reichsregierung 3000 Deutsche sowie 12100 Askaris am 14. November 1918 ihre Waffen strecken.
An der Gründung der deutschen Schutzgebiete von Togo und Kamerun war der deutsche Reeder und Großkaufmann sowie Begründer der Afrika-Linien, Adolph Woermann (1847 bis 1911), wesentlich beteiligt. Im Jahre 1883 wurde in Kamerun bereits ein deutsches Konsulat eingerichtet, und auf Ersuchen deutscher Interessenten wurde am 14. Juli 1884 durch den Reichskommissar Gustav Nachtigal Kamerun zum Schutzgebiet erklärt. Dieser Erwerb wurde auch von Großbritannien gegen Preisgabe deutscher Ansprüche in Nigeria anerkannt. Die

Grenzen zu den benachbarten britischen und französischen Kolonialbesitzungen wurden durch Verträge einvernehmlich geklärt und vorerst abgesichert. Im Marokko-Kongo-Abkommen vom 4. November 1911 trat Frankreich im Osten und Süden (Neu-Kamerun) Gebiete an Deutschland ab, die an zwei Stellen den Kongo-Ubangi erreichten. Auch in Kamerun konnte sich die deutsche Schutztruppe der französisch-englischen Übermacht gegenüber auf die Dauer nicht behaupten. Nach kurzem Widerstand traten ihre Reste am 9. Februar 1916 nach Spanien-Guinea über.

In Togo, der späteren deutschen Musterkolonie, hatten sich schon vor dem Jahre 1870 französische und britische Firmen niedergelassen. Aber auch das Bremer Handelshaus Vietor hatte dort eine Niederlassung gegründet und unterstützte nachhaltig die Norddeutsche Missionsgesellschaft bei der Bekehrung der Landeseinwohner. Nach dem Jahre 1870 ließen sich weitere deutsche Firmen und Kaufleute in Togo nieder. Ein Ansuchen der dort lebenden Deutschen, Togo auch zum Schutzgebiet zu erklären, lehnte die deutsche Reichsregierung zunächst ab. Als jedoch in Togo und Umgebung Negerunruhen ausbrachen, die von England geschürt wurden, erklärte Gustav Nachtigal am 5. Juli 1884 alle jene Küstengebiete, die weder von Großbritannien noch von Frankreich beansprucht wurden, mitsamt dem dazugehörenden Hinterland in Togo zum Schutzgebiet des Deutschen Reiches. Durch weitere Verträge mit Großbritannien in den Jahren 1880 und 1898 und solchen mit Frankreich im Jahre 1897 wurden die Grenzen im Hinterland festgelegt. Aus Togo wurden vor Kriegsausbruch Palmöl, Kakao, Kolanüsse und Kopra in bedeutenden Mengen ausgeführt. Am 25. August 1914 mußte sich dort ebenfalls das schwache deutsche Sicherungskontingent den überlegenen britischen und französischen Kolonialtruppen ergeben.

Die Inselwelt Melanesiens, Mikronesiens und Polynesiens, welche durch Seefahrer, Kaufleute und Missionare aus Spanien, Portugal sowie von dem holländischen Seefahrer Abel Tasman (1603 bis 1659) und dem britischen Weltumsegler James Cook (1728 bis 1779) entdeckt wurde, geriet zu Beginn des 19. Jahrhunderts zunehmend in den Interessenbereich der damaligen Kolonialmächte. Damit wurde das koloniale Zeitalter in der Südsee eingeleitet. Der nordöstliche Teil der

Insel Neu-Guinea wurde allerdings erst im Jahre 1884 vom Deutschen Reich erworben und als Kaiser-Wilhelm-Land bezeichnet. Dort befand sich eine Forschungsstation des deutschen Völkerkundlers und Zoologen Otto Finsch (1839 bis 1927), die damals unter dem Schutze des Deutschen Reiches stand.
Durch den kaiserlichen Schutzbrief vom 17. Mai 1885 wurde die Landeshoheit in Deutsch-Neu-Guinea, wozu auch der Bismarck-Archipel gehörte, der deutschen Neu-Guinea-Gesellschaft übertragen, ging aber dann am 7. Oktober 1898 wieder auf das Deutsche Reich über.
Eine weitere Vergrößerung erfuhr der deutsche Kolonialbesitz in der Südsee durch die in den Jahren 1895 und 1899 erfolgte Aufteilung der Samoa-Inseln zwischen Großbritannien und dem Reich. Schon vorher, im Jahre 1885, hatte Deutschland auf Betreiben der Hamburger Schifffahrtsgesellschaft Godeffroy seine Schutzherrschaft über die Marschallinseln mit Nauru erklärt. In der Streitfrage über den Besitz der Karolinen-Marianen und Palau-Inseln, die im Jahre 1885 zwischen Spanien und dem Deutschen Reich ausgebrochen war, ließ Reichskanzler Bismarck klugerweise Papst Leo XIII. (1878 bis 1903) entscheiden. Durch den päpstlichen Schiedsspruch wurden die politischen Rechte auf diesen Inseln Spanien, die wirtschaftlichen Nutzungsmöglichkeiten Deutschland zuerkannt.
Im Jahr 1899 kaufte dann Deutschland diese Inselgruppe den Spaniern ab. In den Küstengebieten von Deutsch-Neu-Guinea waren es hauptsächlich die Kokos-, Kautschuk-, Kaffee- und Teeplantagen, die große Ernteerträgnisse und ebensolche Gewinne abwarfen. Deutsch-Neu-Guinea und der Bismarckarchipel wurden in den September- und Oktobertagen 1917 von australischen Truppen, die restlichen Inseln von den Japanern besetzt.
Um die deutschen, britischen und amerikanischen Handels- und Plantageninteressen auf den Samoa-Inseln auszugleichen, wurde im Jahre 1889 in Berlin die Samoa-Konferenz einberufen. Die vertragliche Regelung führte zur Aufteilung dieser Inselgruppe zwischen den Vereinigten Staaten und dem Deutschen Reich. Als Ausgleich wurden Großbritannien einige der Salomon- und Tonga-Inseln zugesprochen. Auch dieses Schutzgebiet in der Südsee mußte schon am 29. August 1914 den Neuseeländern übergeben werden.

Nachdem im Herbst des Jahres 1897 in der chinesischen Provinz Shantung zwei deutsche Missionare ermordet wurden, entsandte das Deutsche Reich sein ostasiatisches Geschwader nach Kiautschou und ließ dort ein Expeditionskorps in Stärke von 600 Mann an Land gehen. China mußte sich damals nach seinen erlittenen Niederlagen und außenpolitischen Demütigungen am 6. März 1898 zum Abschluß eines Vertrages bereiterklären und das Gebiet von Kiautschou mit der Hafenstadt Tsingtau auf die Dauer von 99 Jahren an Deutschland verpachten. Dem Deutschen Reich wurden darüber hinaus Konzessionen zum Bau von Eisenbahnen in das Hinterland sowie Bergbaukonzessionen in Shantung eingeräumt.
Das Pachtgebiet von Kiautschou, welches als Flottenstützpunkt dem Reichsmarineamt unterstand, nahm alsbald einen raschen wirtschaftlichen Aufschwung. Durch Errichtung moderner Hafenanlagen sowie durch den schnellen Ausbau der Shantung-Eisenbahn entwickelte sich Tsingtau in kürzester Zeit zu dem bedeutendsten Handelsplatz an der chinesischen Ostküste.
Am 15. August 1914 forderte Japan die Übergabe von Kiautschou und erklärte am 29. desselben Monats dem Deutschen Reich den Krieg. Starke japanische Einheiten schlossen den Hafen Tsingtau ein, dessen deutsche Marineeinheit den für sie aussichtslosen Kampf am 7. November 1914 aufgeben mußte.
Durch das Friedensdikat von Versailles wurde das Deutsche Reich gezwungen, auf alle seine Schutz- und Pachtgebiete in Übersee zu verzichten. Als Völkerbundsmandat wurde Deutsch-Südwestafrika der Südafrikanischen Union zugesprochen, Deutsch-Ostafrika kam zum größten Teil an Großbritannien, und der kleinere Teil fiel an Belgien; Togo wurde zwischen den Engländern und Franzosen aufgeteilt, Deutsch-Neu-Guinea mit dem Bismarck-Archipel nahm der Australische Bund in Besitz, West-Samoa kam an Neuseeland, und die restlichen Südseeinseln, mit Ausnahme von Nauru, wurden von den Japanern, die sich inzwischen schon das Pachtgebiet von Kiautschou angeeignet hatten, besetzt. Begründet wurde der Raub der deutschen Schutz- und Pachtgebiete mit der heuchlerischen Behauptung der Siegermächte, daß das deutsche Volk „unfähig und unwürdig“ sei, Kolonien zu besitzen und diese zu verwalten. Ein kurzer Rückblick auf die

Kolonialmethoden der Engländer, Franzosen, Spanier und Holländer rechtfertigt diese entehrenden und demütigenden Behauptungen der „Friedensmacher" in Versailles in keiner Weise. Im Gegensatz zu den anderen Kolonialmächten hat das Deutsche Reich in seinen Schutz- und Pachtgebieten keine Ausbeutungspolitik betrieben; die dort erzielten Gewinne durften nicht außer Landes gebracht werden, sondern sollten dem Aufbau des betreffenden Schutzgebietes und der einheimischen Bevölkerung zugute kommen.

Auch das Verhältnis der deutschen Behörden in den einzelnen von ihnen verwalteten Gebieten zur einheimischen Bevölkerung in Afrika, der Südsee und im Pachtgebiet von Kiautschou war mustergültig. Die deutsche Kolonialverwaltung hinterließ jedenfalls ein so hohes Ansehen, daß sogar nach dem Zweiten Weltkrieg der Ruhm der Deutschen bei den Farbigen weiterlebte.

Der größte Teil der überseeischen Besitzungen des Deutschen Kaiserreiches mit 2,9 Millionen Quadratkilometern Bodenfläche und einer Gesamtbevölkerung von 11,5 Millionen Menschen befand sich in Afrika. Der gesamte deutsche Kolonialbesitz von rund 3 Millionen Quadratkilometern Bodenfläche mit 12,3 Millionen Bewohnern war aber im Vergleich zu den kolonialen Besitzverhältnissen der anderen Mächte bescheiden. Dies wird aus der vergleichenden Darstellung über die außereuropäischen Besitzungen einzelner Kolonialmächte ersichtlich, wobei das Ausmaß der Flächen des betreffenden Mutterlandes den Unterschied zum Kolonialbesitz verdeutlicht.

Kolonialmacht	Fläche d. Mutterlandes in qkm	Anzahl d. Einw. d. Mutterlandes	Fläche d. Kolonialbes. in qkm	Anzahl d. Einw. in d. Kolonien
Großbritannien	300 000	47 000 000	33 000 000	391 000 000
Frankreich	540 000	39 700 000	7 900 000	48 500 000
Vereinigte Staaten	7 850 000	98 000 000	1 850 000	10 000 000
Italien	290 000	33 300 000	1 600 000	1 400 000
Japan	290 000	53 700 000	380 000	19 300 000
Deutsches Reich	540 000	67 800 000	2 950 900	13 000 000

Der Raub der deutschen überseeischen Besitzungen lag ganz im Interesse der englischen Seemacht, der es gelungen war, ihren vor dem Ersten Weltkrieg so gefährlich gewordenen Handelskonkurrenten, das Deutsche Reich, für Jahrzehnte auszuschalten.

Die Zertrümmerung der Donaumonarchie

Einleitung

„Von allen meinen Idealen ist mir nur mehr eins geblieben: meine Nationalität – diese lasse ich mir nicht nehmen. Ich war, bin und bleibe ein Deutscher." Conrad von Hötzendorf (1852 bis 1925), österreichischer Feldmarschall im Ersten Weltkrieg und Oberbefehlshaber des österreichisch-ungarischen Heeres.

„Vergiss niemals, daß Du als Deutsche geboren bist, bemühe Dich, die guten Eigenschaften zu bewahren, die unser Volk kennzeichnen, die Herzensgüte und Redlichkeit. Du sollst auch die Deutschen fördern, doch ohne Verbindlichkeit und in der Erwägung, daß viele hinter ihrer Landsmannschaft nur ihre Leidenschaft verstecken wollen. Hege weder Abneigung noch Vorliebe für eine bestimmte Nation; sie haben alle ihr Gutes und ihr Schlimmes. Im Herzen bleibe stets eine Deutsche durch Deine Geradheit . . ." Maria Theresia, Königin der habsburgischen Erblande, Gattin des römisch-deutschen Kaisers Franz Stephan in einem Schreiben an ihre Tochter Marie von Neapel im April 1786.

Auf die Bedeutung der politischen und wirtschaftlichen Einheit des Donauraumes für die Stabilität Europas hatte schon der französische Außenminister Charles Maurice de Talleyrand (1754 bis 1838) am 17. Oktober 1805 hingewiesen und Napoleon nach seinem Sieg in der Dreikaiserschlacht von Austerlitz über die Österreicher und Russen vor einer totalen Zerstörung dieses Donaureiches gewarnt. Nach seiner Auffassung war die österreichische Monarchie zwar eine „Kombination stark durcheinander gemischter Völker", stellte aber „ein zweckentsprechendes und notwendiges Bollwerk gegen die Barbaren" dar. Nach Auffassung Talleyrands werde das Habsburger Reich mit dem Rücken gegen Europa, mit dem Gesicht aber gegen Osten stehen und so die westliche Kultur vor russischer Aggression schützen.
Auch der große deutsche Staatsmann, Fürst Otto von Bismarck-Schönhausen (1815 bis 1898), hatte die geopolitische Bedeutung die-

ser Donaumonarchie für Europa erkannt. Am Abend vor dem Abschluß des Vorfriedens von Nikolsburg (26. Juli 1866), als der preußische Generalfeldmarschall Helmuth Graf von Moltke (1800 bis 1891) mit einer Siegesparade in Wien die geschlagenen Österreicher demütigen wollte, konnte Bismarck, dem es darauf ankam, die Kompensationsforderungen Frankreichs und die Einmischung Rußlands auszuschließen und Österreich später als Bundesgenossen zu gewinnen, dieses Vorhaben Moltkes verhindern. Einer politischen Neuordnung im Donauraum stand Bismarck absolut ablehnend gegenüber und meinte damals: „Denn womit sollte man den Raum ausfüllen, den heute von Tirol bis zur Bukowina der österreichische Staat einnimmt?“ Warnend wies er daneben darauf hin, daß neue Formationen (Staatsbildungen) auf dem Gebiet der österreichisch-ungarischen Monarchie einen dauernden revolutionären Charakter tragen würden.

Die völlige Zertrümmung dieser Donaumonarchie durch die Friedensdiktate von St. Germain en Laye und Trianon hat letztlich allen Völkern in diesem Raum nur weitere Qualen und Unsicherheit beschert. Einen wesentlichen Anteil bei den Fehlentscheidungen der Alliierten bei Abschluß der genannten Diktate können für sich der tschechische Exilpolitiker Edvard Beneš sowie sein „humanistischer“ Vordenker Thomas Garrigue Masaryk (1850 bis 1937) verbuchen.

Der Schlachtruf des von Edvard Beneš geführten tschechischen Nationalkomitees „Détruisez l'Autriche“ verhallte bei vielen französischen Politikern nicht wirkungslos. Das von Edvard Beneš tiefgründig gehaßte Österreich sollte nach seinen Vorstellungen durch eine Revolution seiner Völker von innen her zersetzt und vollkommen zerstört werden. Bei den rachelüsternen französischen Revanchepolitikern vom Schlage eines Clemenceau fielen diese Postulate des tschechischen Chauvinisten Beneš auf fruchtbaren Boden.

Auch T. G. Masaryk tat sich bei seinen intensiven Bemühungen, die Vereinigten Staaten für seine Ideen, die auf eine Zerschlagung der Donaumonarchie abzielten, im Exil zunächst schwer. In seinen Memoiren schilderte er die diesbezüglichen Schwierigkeiten, mit denen er bei seinem Aufenthalt in den Vereinigten Staaten konfrontiert war, mit folgenden Worten: „Es war nicht leicht, in Amerika und anderswo die Menschen von der Notwendigkeit der Zerschlagung Österreich-Ungarns zu überzeugen. Österreich wurde überall als ein Gegengewicht zu Deutschland angesehen, als eine notwendige Organisation kleiner Völker und Volkssplitter, als ein Schutz gegen die Balkanisierung. Ich befürchtete, wir würden nichts erreichen, sollte der Krieg rasch zu Ende gehen. Würde sich der Krieg in die Länge ziehen, hätten wir mehr Zeit für Propaganda."

Die damaligen tschechischen Exilpolitiker behaupteten in ihren Reden immer wieder, die k. u. k. Monarchie sei ein imperialistischer Völkerkerker, in dem die bösen Deutschen alle anderen Nationalitäten unterdrücken und ausbeuten würden. Diese Behauptung traf in keiner Weise zu, da alle Völker der Donaumonarchie ihre Landtage hatten, in denen ihre Abgeordneten vertreten waren. Dem Wiener Reichstag gehörten 242 deutsch-österreichische und 197 tschechische Abgeordnete an. Die tschechischen Agrarier hatten im österreichischen Reichsrat neunundzwanzig Sitze, die Sozialisten waren mit dreiundzwanzig, die Jungtschechen mit zwanzig, die Katholiken mit siebzehn, die Radikalen mit zehn, die Konservativen mit sieben Sitzen und die tschechische Fortschrittspartei Masaryks mit nur einem Sitz vertreten. Bemerkt muß aber auch in diesem Zusammenhang werden, daß die übertriebenen nationalen Forderungen der Ungarn in ihrer Reichshälfte und die von ihnen betriebene Madjarisierung das nationale Gleichgewicht gestört haben. Dies traf aber auch für die chauvinistischen Umtriebe der Jungtschechen zu. Ihre ständige Behauptung, daß die Habsburger eine deutsch-nationale Politik ab der Mitte des 19. Jahrhunderts betrieben hätten, ist in den Bereich der Geschichtsklitterung zu verweisen.

Die Zertrümmung nicht nur Mitteleuropas und der Donaumonarchie war das Ziel des internationalen Illuminatentums und fand in der letzten Phase des Ersten Weltkrieges seine Erfüllung.

Schon in den 80er Jahren des 19. Jahrhunderts wurde von diesen im Hintergrund wirkenden Kräften im Westen der Plan entwickelt, ein Bündnis Englands und Frankreichs mit Rußland zustande zu bringen, das auf eine Zertümmerung Mitteleuropas abzielte.

Die Gruppe um den Prinzen von Wales, dem unversöhnlichen Feind des Zweiten deutschen Kaiserreiches und späteren König Eduard VII. (1841 bis 1910), sowie die einflußreiche Anhängerschaft des Lord

Randolph Churchill, unterstützt vom Oberhaupt des Hauses Rothschild, hatten im Jahre 1887 diese verhängnisvolle Weichenstellung beschlossen. Dabei wurden die imperialistischen Bestrebungen der panslawistischen Kreise im Zarenreich und alle panslawistischen Bewegungen in der Donaumonarchie beachtet und genutzt. Obwohl in der Donaumonarchie der sogenannte „Austroslawismus" in jeder Weise gefördert wurde und ein Ausgleich im Hinblick auf nationale Spannungen nach dem Muster des mährischen Übereinkommens vom Jahre 1905 durchaus im Bereich der Möglichkeit lag, wurden von den genannten Kreisen vom Westen her bewußt und zielstrebig antiösterreichische Aktivitäten in der panslawistischen Bewegung gefördert.
Die von ihrem Exil aus agierenden tschechischen Politiker, Beneš und Masaryk, der in der Donaumonarchie wirkende tschechische Hochverräter Dr. Karl Kramář (1860 bis 1937), ein Vorkämpfer des Neo-Slawismus und Einberufer der panslawistischen Konferenz vom 13. Juli 1908 in Prag, deren deutschfeindliches Gepräge offenkundig war, der polnische Pianist und glühende Panslawist, Ignacy Jan Paderewski (1860 bis 1941), welcher im Jahre 1919 das Amt eines polnischen Ministerpräsideten bekleidete und in den Jahren 1920/21 polnischer Völkerbundsvertreter war, gehörten der Freimaurerloge „Grand Orient de France" an, von der sie ihre Weisungen erhielten.
Auch der serbische Ministerpräsident des Jahres 1914, Nikola Pašić (1846 bis 1926), ein Förderer der südslawischen Bewegung und Mitwisser vom geplanten Mord an dem österreichischen Thronfolger Franz Ferdinand am 28. Juni 1914 in Sarajewo, sowie der Führer der großserbischen nationalistischen Vereinigung „Schwarze Hand" und Leiter der Nachrichtenabteilung des serbischen Generalstabs, Oberstleutnant Dragutin Dimitrijević (sein Deckname lautete „Apis") waren Freimaurer und gehörten der Belgrader Loge an. Apis wurde, um die Spuren des Mordes an dem österreichischen Thronfolger zu tilgen, als Organisator des Attentates am 26. April 1917 im Auftrag des jugoslawischen Königs Alexander I. hingerichtet.
In seinem Buch „Der großen Katastrophe entgegen" kommt Dr. Michael Freiherr von Taube, vormals ordentlicher Professor des Völkerrechts an der Universität St. Petersburg und ehemaliger Kaiserlich-Russischer Senator und Mitglied des Reichsrats auf Seite 408 zu fol-

gender Beurteilung: „Tatsache ist jedenfalls, daß die Leiter der serbischen Mörderbande in Sarajewo Freimaurer waren und daß dementsprechende Fäden nach den freimaurerischen Zentren in Westeuropa führten; auch daß ein guter Teil (wenn nicht die Mehrzahl) der Entente-Staatsmänner jener Zeit zu den Logen gehörte, ist ein offenes Geheimnis . . . Nach der Regel ‚is fecit cui prodest' dürfte auch die international politische Freimaurerei nicht einer international-politischen Intrige ferngestanden haben, die schließlich doch gerade das erreicht hat, was mindestens seit der Epoche der französischen Revolution fast offen als politisches Hauptziel der Logen anerkannt war: in ihrem Kampfe gegen die ‚Throne' in Europa war das Verschwinden der Monarchien in Rußland, Deutschland und Österreich gewiß keine unangenehme Überraschung für den ‚Grand Orient de France' und ähnliche Organisationen."

Als Frankreich am 29. Juni 1918 die Tschechoslowakei als alliierten Staat anerkannte und auch England am 9. August, die Vereinigten Staaten am 23. August desselben Jahres die gleiche Anerkennung aussprachen, war noch vor dem Sieg über die Mittelmächte und noch vor den nachfolgenden Friedensdiktaten das Todesurteil über die Donaumonarchie gefällt. Von einer angeblichen Neuordnung bzw. Befriedigung nach dem Zerfall dieser geschichtlich einmaligen Synthese eines gemeinsam empfundenen Staatsbewußtseins im Donauraum konnte nicht die Rede sein.

Nach Abschluß des Waffenstillstandes zwischen Österreich-Ungarn und den Alliierten am 11. November 1918 verzichtete Kaiser Karl auf jeden Anteil an den Regierungsgeschäften. Tags darauf nahm die deutsch-österreichische Nationalversammlung das Gesetz über die neue Staatsform Deutsch-Österreichs mit der Feststellung an: „Deutsch-Österreich ist ein Bestandteil der Deutschen Republik." Aber schon vor Unterzeichnung des Friedensdiktates von St.-Germain-en-Laye am 10. September 1919 nahmen die Übergriffe der Tschechen und Jugoslawen auf deutsch-österreichisches Gebiet in einem bedrohlichen Ausmaße zu. Mit Ausnahme eines Teiles des von Deutschen besiedelten Westungarns (ohne die Hauptstadt Ödenburg) hatte die Republik Österreich, wie sie sich aufgrund der Bestimmungen des Friedensdiktates nennen mußte, erhebliche Gebiets- und Bevölkerungsverluste hinnehmen müssen. Das Ausmaß der Aufteilung Österreich-Ungarns unter die sogenannten Nachfolgestaaten wird aus einer Statistik ersichtlich, der die Ergebnisse der Volkszählung des Jahres 1910 zugrunde gelegt sind.

Österreichische Reichshälfte

	Fläche in qkm	Einwohner lt. Volkszählung 1910
Deutsch-Österreich ohne das Burgenland (Westungarn), das im Jahre 1910 zur ungarischen Reichshälfte gehörte	79 866	6 357 962
Abtretung an Italien	23 410	1 589 472
Abtretung an Fiume	6	2 986
Abtretung an ČSR	78 534	10 026 488
Abtretung an Polen (Galizien)	79 562	8 173 528
Abtretung an Rumänien (Siebenbürgen, Bukowina)	10 388	795 226
Abtretung an Jugoslawien	28 441	1 629 698
Insgesamt:	300 207	28 575 360

Ungarische Reichshälfte

	Fläche in qkm	Einwohner lt. Volkszählung 1910
Königreich Ungarn	92 951	7 577 494
Abtretung an die Republik Österreich (Burgenland)	3 967	291 800
Abtretung an Fiume	21	49 806
Abtretung an ČSR	62 987	3 575 685
Abtretung an Rumänien	102 787	5 265 444
Abtretung an Jugoslawien	63 497	4 121 187
Insgesamt:	326 210	20 881 416

Wenn auch in der österreichischen Reichshälfte bei der Volkszählung im Jahre 1910 nur etwa zehn Millionen Deutsch-Österreicher gezählt wurden, so soll nicht übersehen werden, daß es eine der größten staatlichen Leistungen des deutschen Elementes in diesem Raum gewesen ist, trotz des Aufkommens nationalchauvinistischer subversiver Bewegungen unter den Jungtschechen, Slowenen sowie der italienischen Irredenta und der Madjaren in ihrer Reichshälfte, ausgewogene und lebenswerte Verhältnisse geschaffen zu haben, die es den zwölf Nationen im Vielvölkerstaat ermöglichten, sich auf kulturellem, wirtschaftlichem und wissenschaftlichem Gebiet voll enfalten zu können. Allein die steigende Bevölkerungszahl in den Jahren 1869 bis zum Jahre 1914 zeigt, daß es in diesem einmaligen geopolitischen Wirtschaftsraum für alle Nationen die Möglichkeit einer freien Entfaltung gegeben hat.

Über den beachtlichen Bevölkerungszuwachs informiert eine Gesamtaufstellung, welche der Brockhaus Enzyklopädie (Wiesbaden 1972) entnommen ist.

Reichsteile Kronländer	qkm	Einwohnerzahl in 1000		Hauptstadt
		1869	1914	
Niederösterr.	19 825	1 990,7	3 635,0	Wien
Oberösterr.	11 982	736,6	864,0	Linz
Salzburg	7 153	153,2	221,3	Salzburg
Steiermark	22 425	1 138,0	1 467,8	Graz
Kärnten	10 326	337,7	406,2	Klagenfurt
Tirol	26 683	776,3	979,7	Innsbruck
Vorarlberg	2 602	102,6	150,8	Bregenz
Böhmen	51 947	5 140,5	6 860,0	Prag
Mähren	22 222	2 017,3	2 666,6	Brünn
Österr. Schles.	5 147	513,4	776,0	Troppau
Galizien	78 497	5 444,7	8 211,8	Lemberg
Bukowina	10 441	523,4	818,3	Czernowitz
Krain	9 954	466,3	530,2	Laibach
Küstenland	7 969	582,1	938,0	Triest
Dalmatien	12 831	457,0	667,6	
	300 004	20 379,8	29 193,3	

Reichsteile Kronländer	qkm	Einwohnerzahl in 1000		Hauptstadt
		1869	1914	
	300 004	20 379,8	29 193,3	
Ungarn	282 870	11 530,4	18 810,9	Budapest
Fiume	20	17,9	49,8	Fiume
Kroatien-Slawonien	42 521	1 847,0	2 669,9	
Bosnien-Herzegowina	51 200		2 075,8	Sarajewo
Österreich-Ungarn insgesamt	676 615	33 775,1	52 799,7	

Österreich als Land der Peripherie, Vielvölkerstaat und Schutzwall gegen Südosten unterschied sich von Binnendeutschland, dessen Besitztum nicht in dem Maße unangefochten und bedroht war, durch das deutlichere Bewußtsein seiner deutschen Bewohner zu ihrem Volkstum. Für die geschichtliche Entwicklung in diesem Raum war es bedeutsam, daß auch nichtdeutsche Völker mit dem deutschen Kernvolk vereint und bis zum Ende der Monarchie mit der deutschbestimmten Mitte Europas verbunden blieben.
Obwohl im Jahre 1866 das tausendjährige politische Gemeinschaftsband Österreichs und Deutschlands zerschnitten wurde und sich auch das staatliche Schicksal des Südostdeutschtums vom deutschen Kernvolk trennte, blieb auch nach diesem Schicksalsjahr bis zur Zertrümmerung der Monarchie Österreichs universalistisches Erbe und seine deutsche Sendung verschwistert. Die höchst bedeutsame Aufgabe und Leistung des habsburgischen Kaisertums stellte die Zusammenfassung des vom deutschen Volk geführten Mitteleuropa zur Verteidigung des Abendlandes sowie des deutschen Volks- und Reichsbodens dar.
Wie nachstehend im einzelnen dargestellt wird, wurde seitens der alliierten Siegermächte auch in Deutsch-Österreich das vom Präsidenten Wilson verkündete „Selbstbestimmungsrecht für alle Völker“ gröblichst mißachtet. Es hatte nur Geltung für nichtdeutsche Völker, nicht aber für das deutsche Volk in der zerfallenen Donaumonarchie.

Das Friedensdiktat von St. Germain en Laye sorgte auch in diesem Raum für dauernde Unruhe und Spannungen. Die Verelendung der Bevölkerung in dem verbliebenen Torso Österreich führte zur Klassenspaltung, parteipolitischer Zersplitterung und zur Polarisierung der inneren Gegensätze.
Zusammenfassend und rückblickend kann festgestellt werden, daß die damals durch die Friedensdiktate geschaffene Unordnung in Mitteleuropa, die als „Neuordnung“ in den Geschichtsbüchern teilweise Eingang gefunden hat, Gefahren heraufbeschwor, deren fatale Auswirkungen auch heute noch zu beobachten sind.
Genauso wie nach dem Zweiten Weltkrieg auf Betreiben der Amerikaner die Organisation der Vereinten Nationen (UNO) gegründet wurde, entstand 1919 auf Wilsons Forderung der Völkerbund in Genf. Seine Aufgabe, in einer neuen Ordnung der Weltpolitik die Zusammenarbeit zwischen den Völkern sowie Frieden und Sicherheit zu garantieren, erfüllte er nicht. In Wirklichkeit stellte er eine Organisation dar, welche die Ungeheuerlichkeit der Friedensdiktate garantierte.

Abtretung von Landesteilen der niederösterreichischen Bezirkshauptmannschaft Gmünd im Jahre 1920

Nach dem Zerfall der Donaumonarchie und dem erzwungenen Friedensdiktat von St. Germain setzte es der neugeschaffene tschechoslowakische Staat durch, daß Teile der Gerichtsbezirke Gmünd, Schrems, Weitra sowie die mährische Stadt Feldsberg an ihn abgetreten werden mußten.
Am 31. Juli 1920 wurde der Bahnhof der niederösterreichischen Grenzstadt Gmünd widerrechtlich von tschechischem Militär besetzt. Im Zusammenhang mit dieser Aktion wuden sechzehn Ortschaften dieses Grenzgebietes dem tschechoslowakischen Staat einverleibt. Vor allem waren es verkehrspolitische Gesichtspunkte, welche die Tschechen zu diesem Landraub veranlaßten. Ursprünglich waren ihre Ziele noch viel weiter gesteckt. Beneš und seine Chauvinisten wollten sich auch das gesamte Lainsitzgebiet bis zur europäischen Wasserscheide, die am Südrand des Budweis-Wittingauer Beckens verläuft, aneignen.

In dem der „Friedenskonferenz" vorgelegten Memorandum Nr. 10 hatten Beneš und seine Delegation u. a. folgende Behauptung aufgestellt:
„Der nördlich der Donau gelegene Teil Niederösterreichs kann nicht als deutsches Land anerkannt werden. Er ist der Typus des Übergangsgebietes. Wir fordern daher eine neue Grenzziehung zwischen Mähren, der Slowakei und Niederösterreich."
Dieses Postulat wurde aber bereits schon vor Ausbruch des Ersten Weltkrieges von tschechischen Politikern vertreten. Hanuš Kuffner hatte schon in seiner Schrift „Unser Staat und der Weltfriede" auf einer Landkarte dargestellt, wie die zukünftige tschechoslowakische Grenze in Mitteleuropa „aus Sicherheitsgründen" zu verlaufen habe. Nach seinen Vorstellungen sollte sie über die Donau hinaus bis in das ungarische Alföld, in Niederösterreich ebenso über diesen Fluß, im Westen bis Regensburg und im Norden bis an die Oder bei Frankfurt vorgeschoben werden. Diese Karte wurde von Kuffner im Auftrage des damaligen österreichischen Reichstagsabgeordneten, W. Klofáč, ausgeabeitet und bereits im Mai des Jahres 1914 dem russischen Botschafter in Wien, Šebeko, übergeben.
Es waren bei der Besetzung dieser niederösterreichischen Landstriche bei den Tschechen natürlich auch strategische Überlegungen maßgebend. Als Vorwand für diesen Landraub brachten die tschechischen Machthaber die Tatsache ins Spiel, daß in den Dörfern nördlich von Gmünd bei der Volkszählung im Jahre 1910 eine tschechische Minderheit festgestellt wurde, die jedoch in dem abzutretenden Grenzstreifen nur sechzehn v. H. betragen hat. Im Urbar der Stadt Weitra sind um 1499 in diesem Abtretungsgebiet nur vereinzelt slawische Familiennamen festzustellen. Die volkspolitische Situation sollte sich aber in dem Augenblick ändern, als seitens der adeligen deutschen Grundherrschaften (Schwarzenberg) im 19. Jahrhundert tschechische Verwalter, Beamte sowie landwirtschaftliche Arbeitskräfte bevorzugt in Dienst genommen wurden. Auch die große Eisenbahnwerkstätte beim Bahnhof Gmünd bildete für viele tschechische Arbeiter und Eisenbahner einen ständigen Anziehungspunkt. Eine ähnliche Entwicklung zuungunsten des deutschen Volkstums in Südböhmen konnte auch jenseits der alten niederösterreichisch-böhmischen Grenze im Seengebiet von

Wittingau festgestellt werden. Dort war das tschechische Volkstum ständig im Vordringen und hatte die deutsche Bevölkerung Südböhmens bereits von der grenznahen Stadt Gratzen und der Neuhaus-Bistritzer deutschen Sprachinsel abgetrennt. Bei der gewaltsamen Inbesitznahme von Teilen der niederösterreichischen Bezirkshauptmannschaft Gmünd fielen zum Teil ganze deutsche Ortschaften an die ČSR, andere wurden willkürlich zerstückelt, wie dies aus der nachstehenden Darstellung dreier Gerichtsbezirke der Bezirkshauptmannschaft Gmünd zu entnehmen ist.

Gerichtsbezirk Gmünd, Ortsgemeinden	Fläche in ha (1910)	Gesamtbevölkerung 1910		geschätzte Fläche d. abgetret. Geb.
		Deutsche	Tschechen	
Beinhöfen	1 538	388	227	zur Gänze
Böhmzeil	616	2 362	321	zu $^{5}/_{6}$
Josefschlag	–	395	6	
Erdweis-Sofienwald	1 593	1 037	94	zur Gänze
Naglitz	613	242	–	zur Gänze
Schwarzbach	1 059	432	303	zur Gänze
Tannenbruck Thiergarten	587	315	39	zur Gänze
Weißenbach	1 164	364	–	zur Gänze
Wielands, Unter-Ober-Ehrendorf	1 284	2 399	841	zur Gänze
Witschkoberg	683	504	1	zur Gänze
Zuggers	1 351	529	22	zu $^{2}/_{3}$
Breitensee		246	–	
Insgesamt	10 488	9 213	1 854	

Gerichtsbezirk Schrems, Ortsgemeinden	Fläche in ha (1910)	Gesamtbevölkerung 1910		geschätzte Fläche d. abgetret. Geb.
		Deutsche	Tschechen	
Brand, Nagelberg	1 379	2 025	11	$^{1}/_{5}$
Grundschachen	122	313	–	zur Gänze
Rottenschachen	2 346	1 660	402	$^{4}/_{5}$
Insgesamt	3 847	3 998	413	

Gerichtsbezirk Weitra, Ortsgemeinden	Fläche in ha (1910)	Gesamtbevölkerung 1910		geschätzte Fläche d. abgetret. Geb.
		Deutsche	Tschechen	
Höhenberg, Reinpolz	992	301	11	$^{1}/_{4}$
Gmünd I. u. II. Teil	1 091	2 558	48	Hauptort Gmünd verblieb bei Österreich
Insgesamt	2 083	2 859	59	

Insgesamt mußten von der Republik Deutsch-Österreich im Gebiet von Gmünd-Weitra 113 Quadratkilometer, vom Gebiet Feldsberg in Mähren, das wegen der Eisenbahnlinie von Lundenburg nach Nikolsburg von den Tschechen ebenfalls beansprucht wurde, 82 Quadratkilometer, somit 195 Quadratkilometer Land, das überwiegend von Deutschen bewohnt und kultiviert war, abgetreten werden.

Die Abstimmungskomödie vom 14. Dezember 1921 in Ödenburg und der Verlust dieser Karolingerstadt mit seinem deutschen Hinterland

Im 4. Jahrhundert v. d. Z. gründeten Kelten neben anderen Städten im pannonischen Raume auch die Stadt Ödenburg, welche als eigentliche Hauptstadt des späteren Burgenlandes zu gelten hat. Die Anwesenheit des indogermanischen Volkes der Kelten ist durch mehrere Jahrhunderte durch Ausgrabungsfunde hinlänglich bewiesen. Im 1. Jahrhundert v. d. Z. wurde ganz Pannonien römische Provinz, und die neuen Herren übernahmen dabei auch die keltische Stadtbezeichnung Ödenburgs, Scrabantia, von ihren Vorgängern. Die geopolitische Lage dieser Stadt war aber schon vor der keltischen und römischen Zeit von großer wirtschaftlicher Bedeutung. Vom Adriatischen Meer ausgehend, verlief einer der großen Handelswege über Emona (Laibach), Poetovio (Pettau), Savaria (Steinamanger), Ödenburg (Scrabantia) nach Carnuntum (Deutsch Altenburg), gabelte sich von dort aus in zwei weitere Handelsstraßen, die beide in den Ostseeraum führten. Auf diesen Handelswegen wurde schon im frühen Altertum aus den Ostseegebieten das begehrte Bernsteinharz (Electron) in den Mittelmeerraum gebracht, wo es guten Absatz fand. Die fast 400 Jahre andauernde Römerherrschaft endete nach den Einfällen der germanischen Markomannen, Quaden, Gepieden (526 bis 566 n. d. Z.) und Langobarden (568). Vom 4. bis zum 6. Jahrhundert beherrschten germanische Völker den ganzen pannonischen Raum, in dem nach ihrem teilweisen Abzug das Reitervolk der Awaren eindrang. Nach deren Niederwerfung im Jahre 796 durch Karl den Großen (768 bis 814) setzte eine Wiederbesiedlung dieses Raumes durch Franken und Bajuwaren ein. Die alte Keltenstadt Scrabantia benannten die fränkischen und bajuwarischen Siedler „Odinburch", wovon der Name Ödenburg abzuleiten ist. Der Aufbauarbeit dieser deutschen Siedler, denen die Stadt Ödenburg mit ihrem Hinterland eine erste Blütezeit zu verdanken hatte, wurde nach dem Einfall der räuberischen Madjaren ein jähes Ende bereitet. Erst nach deren Niederlage am Lechfeld im Jahre 955 n. d. Z. konnte sich die Stadt Ödenburg mit ihrer Bürgerschaft und dem bäuerlichen Hinterland wiederum eines wirtschaftlichen Aufschwunges erfreuen. Dies trifft besonders für die Regierungszeit Stephans des Heiligen (997 bis 1038) zu. Seine Ehefrau, die bayrische Herzogtochter Gisela, brachte als Hochzeitsgabe die Gebiete von Ödenburg, Wieselburg und Steinamanger in ihre Ehe mit. Zu der damaligen Zeit sind in den genannten Städten und ihrem agrarischen Hinterland madjarische Siedler noch nicht nachzuweisen. Das blühende Gemeinwesen von Ödenburg wurde später durch den Tatarensturm des Jahres 1241 wiederum vollständig zerstört. Im Laufe der späteren geschichtlichen Entwicklung blieben der Stadt Ödenburg Rückschläge nicht erspart. Unruhen zur Zeit Friedrichs des Streitbaren, die Auseinandersetzungen Ottokars II. (1253 bis 1278) mit seinem Gegenspieler Ladislaus IV. zogen die Stadt in Mitleidenschaft. Auch die Hussitenkriege (1419 bis 1436), Machtkämpfe auf höchster Ebene im Reich, die drohende osmanische Gefahr, die Auswirkungen der Schlacht bei Moosburg (Mohás) im Jahre 1526 sowie die Kämpfe Johann Zápolyas mit Ferdinand I. (1556 bis 1564) ließen eine kontinuierliche Weiterentwicklung der Stadt Ödenburg auf wirtschaftlichem Gebiet nur schleppend zu. Eine fühlbare Erleichterung für das gesamte Gemeinwesen der Stadt trat dann erst wieder nach der Niederlage der Türken vor Wien im Jahre 1683 ein. Unruhige Zeiten stellten sich für die Stadt aber schon zwanzig Jahre später wieder ein, als im Jahre 1703 von den Franzosen der Aufstand der militanten, habsburgfeindlichen Vertreter einer ungarischen Unabhängigkeit (Kuruzzenaufstand) geschürt wurde. Wohl konnte sich die Stadt Ödenburg der Kuruzzen noch erwehren, ihr agrarisches Hinterland war aber noch lange Jahre hindurch den Überfällen seitens der Kuruzzen ausgesetzt. Schlechte Tage brachen für die Bürger Ödenburgs dann wieder während der französischen Besatzungszeit im Jahre 1809 herein. Die Bürger der Stadt wurden während dieser

Zeit von der französischen Besatzung nicht nur drangsaliert, sondern auch in einem Maße ausgebeutet, daß der wirtschaftliche Ruin des Gemeinwesens unausbleiblich war.

Ödenburg (Hauptstadt des Burgenlandes), Benediktinerkirche am Rathausplatz
Quelle: Bildarchiv der Österreichischen Nationalbibliothek Wien

Die liberal-nationale Opposition, die sich gegen den Polizeistaat Metternichs schon vor dem Revolutionsjahr 1848 zu formieren begann und die politische Unabhängigkeit Ungarns anstrebte, fand auch unter den deutschen Bürgern Ödenburgs Anhänger. In den Umsturztagen selbst standen sich innerhalb des gesamten deutschen Bevölkerungsteiles Ungarns zwei Fronten gegenüber. Die eine Richtung, wie z. B. die Sie-

benbürger Sachsen, blieben kaisertreu, die andere lehnte sich an die madjarisch-liberale Opposition an.
Nach der Thronentsetzung der Habsburger am 19. April 1849 wurde der Organisator des ungarischen Widerstandes, Ludwig von Kossuth (1802 bis 1894) zum Reichsverweser gewählt, mußte aber nach der Niederschlagung des von ihm organisierten Aufruhrs außer Landes gehen. In ganz Ungarn wurde eine Militärdiktatur und auch in Ödenburg ein Militärdistriktskommando eingesetzt. In der Ära des Freiherrn Alexander von Bach, der im Jahre 1849 als Innenminister die kaiserliche Autorität zu festigen versuchte und wesentlich am Ausbau des neoabsolutistischen Systems beteiligt war, brachten seine Verwaltungsreformen, verglichen mit dem bis dahin geltenden ungarischen System, wohl eine wesentliche Verbesserung. Die Bevormundungen durch die Bürokratie während seiner Ära (1849 bis 1859), die Beschränkungen der Gemeindeautonomie und auch der Presse ließen in ganz Ungarn auch weiterhin Unzufriedenheit aufkommen und stärkten die antihabsburgischen Kräfte. Nach dem Ausgleich des Jahres 1867 und der vollen Anerkennung der staatlichen Selbständigkeit Ungarns bemächtigte sich bei allen nichtmadjarischen Volksgruppen Ungarns eine ständig wachsende Erregung. Deutsche, Slowaken, Ruthenen, Serben und Kroaten mußten, nicht unbegründet, um ihre nationalen Belange fürchten. Die Entvolkungsmaßnahmen der madjarischen Behörden setzten sich bis zum Ausbruch des Ersten Weltkrieges kontinuierlich fort. Beim Zusammenbruch der Donaumonarchie im Jahre 1918 war das Schicksal der Deutschen in Westungarn dem Wohlwollen der Siegermächte genauso ausgeliefert wie in allen Gebieten der Sprachengrenze im Osten und Südosten. Sowohl für das gesamte Westungarn (Burgenland) wie auch für die Stadt Ödenburg stand die staatliche Zugehörigkeit auf dem Spiel. Als Übergangslösung wurde der Gedanke einer Autonomie für Westungarn erwogen. Die Bestrebungen wurden durch die am 21. März 1919 in Budapest ausgerufene Rätediktatur Béla Kuns (1886 bis 1940) jäh unterbrochen. Den Anschlußbestrebungen der Deutschen in Westungarn an Deutsch-Österreich war die „Provisorische Nationalversammlung Deutsch-Österreichs“ bereits im Absatz fünf ihrer Staatserklärung vom 22. November 1918 entgegengekommen. In dieser Erklärung hieß es:

„Die geschlossenen deutschen Siedlungsgebiete der Komitate Preßburg, Wieselburg, Ödenburg und Eisenburg gehören geographisch, wirtschaftlich und national zu Deutsch-Österreich, stehen seit Jahrhunderten in innigster wirtschaftlicher und geistiger Gemeinschaft mit Deutsch-Österreich und sind insbesonders für Wien und ihrer Lebensmittelversorgung unentbehrlich. Darum muß bei den Friedensverhandlungen darauf bestanden werden, daß diesen deutschen Siedlungen das gleiche Selbstbestimmungsrecht zuerkannt werde, das nach wiederholten Erklärungen der ungarischen Regierung allen anderen Völkern Ungarns eingeräumt ist."
Die österreichische Friedensdelegation in St. Germain en Laye forderte zunächst für Westungarn (Burgenland) eine freie Volksabstimmung für die dort lebende Bevölkerung. In den Friedensdiktaten von St. Germain (10. September 1919) und Trianon (6. Juni 1920) wurde allerdings seitens der Siegermächte entschieden, Ödenburg und ganz Westungarn ohne Volksabstimmung an die Republik Österreich anzuschließen. Aufgrund dieser Regelung wurde die Hauptstadt des Burgenlandes, Ödenburg, am 27. August 1920 von ungarischen Truppen geräumt, die als Sicherheitskräfte von österreichischer Gendarmerie dort abgelöst wurden. Diese zwischenstaatliche Regelung hatte allerdings keinen Bestand. In Ungarn hatten sich, genauso wie in Oberschlesien, Insurgentengruppen formiert, welche manu militari eine Abtrennung Ödenburgs mit seinem Hinterland an Österreich verhindern wollten. Dabei kam es zu Kämpfen, bei denen es auf beiden Seiten Tote und Verwundete gegeben hat. Nach diesen von den ungarischen Freischärlern provozierten Kämpfen richteten die Siegermächte zunächst mehrere dringliche Aufforderungen an die damalige ungarische Regierung, „das Burgenland als Ganzes Österreich zu überlassen". Gleichzeitig wurden aber von ungarischer und tschechischer Seite dem damaligen österreichischen Bundeskanzler Schober (1874 bis 1932) Gegenvorschläge unterbreitet. Ungarn wollte die Stadt Ödenburg mit Hinterland behalten. Die Tschechen gingen bei ihren Gegenvorschlägen noch weiter. Sie wollten das gesamte Burgenland als einen Korridor ihrem Staate angliedern, um so eine Verbindung zu Jugoslawien herzustellen.

Die Bemühungen beider Nachfolgestaaten der k. u. k. Monarchie scheiterten damals an der Haltung des österreichischen Bundeskanzlers.
Bei diesen staatspolitischen Auseinandersetzungen trat der damalige italienische Gesandte in Budapest, Prinz Castagnetto, eindeutig für die Forderungen Ungarns ein. Er übermittelte zunächst dem italienischen Außenminister, Marquis della Toretta, die Bitte Ungarns vom 14. September 1921, Ödenburg und Umgebung, nach erfolgter Übergabe des Burgenlandes an Österreich, der Entente zu unterstellen. Daraufhin wurden Österreich und Ungarn seitens der italienischen Regierung zu Verhandlungen nach Venedig eingeladen. In dem dort am 13. Oktober 1921 unterzeichneten Protokoll verpflichtete sich die ungarische Regierung, ihre militanten Insurgentenverbände zurückzuziehen, um die „Pazifizierung" ganz Westungarns zu erreichen. Die Bevölkerung Ödenburgs und des festgelegten Abstimmungsgebietes sollte in einer Volksabstimmung über ihre Staatszugehörigkeit entscheiden. Eine internationale Kommission, bestehend aus drei Generälen, sollte alle erforderlichen Maßnahmen überwachen. In dem Protokoll von Venedig verpflichteten sich Österreich und Ungarn, das Resultat der Volksabstimmung anzuerkennen. Ihre rasche Abwicklung wurde jedoch durch ein unvorhergesehenes Ereignis unterbrochen. Acht Tage nach der Unterzeichnung des Protokolls erschien der entmachtete König Karl IV. von Ungarn mit seiner Gemahlin Zita, aus der Schweiz kommend, in Ödenburg und versuchte von dort aus die Monarchie in Ungarn wieder herzustellen. Er ernannte am 22. Oktober 1921 eine neue ungarische Regierung, ließ das gesamte Militär auf sich vereidigen und versuchte mit Sonderzügen die ungarische Hauptstadt zu erreichen. Sein Putschversuch endete mit der Gefangennahme und Verbannung des Königs nach Madeira.
Erst am 9. Dezember 1921 wurde das festgesetzte Abstimmungsgebiet von und um Ödenburg von Engländern, Italienern und Franzosen besetzt. Die Interalliierte Generalkommission unter der Führung des italienischen Generals Ferrario überließ die Aufstellung der Abstimmungslisten aber allein den ungarischen Behörden, wodurch die Abstimmung manipuliert werden konnte. Erneut und auch geduldet konnten ungarische Freischärler in das Abstimmungsgebiet eindringen, wo sie dann ungehindert die österreichfreundliche Bevölkerung

terrorisierten. Es wurde auch von der alliierten Generalkommission stillschweigend geduldet, daß vom Ödenburger Bürgermeisteramt an ortsfremde Personen ungarischer Nationalität Heimatscheine ausgestellt wurden, um dadurch bei der Abstimmung die Anzahl der madjarischen Stimmen bei dem Votum zu erhöhen. Die Abstimmung wurde dann von der alliierten Generalkommission auf den 14. Dezember 1921 vorverlegt, das Reklamationsverfahren für abgeschlossen erklärt und der Einspruch der österreichischen Kommission abgelehnt. Diese erhielt daraufhin von der Wiener Regierung den Auftrag, sich an der Abstimmung nicht mehr zu beteiligen, da „in keiner Weise auch nur den primitivsten Begriffen der Unparteilichkeit und Reinheit einer Abstimmung entsprechender Vorgang gewährleistet ist".

Die von den ungarischen Behörden unter dem Schutze der alliierten Generalkommission manipulierte Volksabstimmung brachte für die Stadt Ödenburg mit ihrem Hinterland folgendes Ergebnis:

Stimmbezirke	Stimm-berechtigte	Anz. d. abgegeb. Stimmen	davon ungültig	Stimmen f. Österr.	%	Stimmen f. Ungarn	%
Stadt Ödenburg	18 994	17 298	351	4 620	27,2	12 327	72,8
Landgemeinden:							
Wandorf	1 538	1 177	35	925	81,0	217	19,0
Holling	349	342	11	74	22,3	257	77,7
Wolfs	668	595	17	349	60,4	229	39,6
Kroisbach	1 525	1 370	33	812	60,7	525	39,3
Agendorf	1 148	848	18	682	82,2	148	17,1
Harkau	668	581	9	517	90,4	55	9,6
Kohlnhof	948	813	30	243	31,0	550	69,0
Zinkendorf	1 041	1 039	8	5	–	1 026	100
Insgesamt	26 879	24 063	512	8 227	34,9	15 334	65,1

Gegen dieses manipulierte Wahlergebnis protestierten anschließend Ödenburger Bürger, Burgenländer und Wiener. Aus dem Wortlaut ihrer Entschließung kann der Umfang der Wahlmanipulation ermessen werden. Die Entschließung hat folgenden Wortlaut:

„Die am 18. Dezember 1921 in der Volkshalle des Neuen Wiener Rathauses massenhaft versammelten Ödenburger, Burgenländer und Wiener verwahren sich feierlichst gegen die in den letzten Tagen in Ödenburg unter Duldung der interallierten Generalkommission aufgeführte Komödie, die dem Selbstbestimmungsrecht der Völker hohnspricht. Die Ödenburger interalliierte Generalkommission hat die Abstimmung für den 14. Dezember angesetzt, trotzdem noch am 12. Dezember das Abstimmungsgebiet voll von ungarischem Militär war, trotzdem die Abstimmungslisten, die bis zu 50 % gefälscht waren, auch nicht zum allergeringsten Teil richtiggestellt waren, trotzdem Tausende von Freischärlern und Banditen den unerhörtesten Terror ausübten und noch immer ausüben. Eine Abstimmung unter derartigen Umständen ist eine unwürdige Komödie, ist ein Betrug, den Deutsch-Österreich und das Burgenland nie und nimmer anerkennen werden. Das Venediger Protokoll ist durch diese Komödie zerrissen und hat weder für Deutsch-Österreich noch für das Burgenland Rechtsverbindlichkeit. Es gibt für Deutsch-Österreich nur den Friedensvertrag von Saint Germain, kraft dessen das ganze Burgenland mit Ödenburg Anspruch auf die Vereinigung mit Deutsch-Österreich hat. . ."
Neben dem Verlust der Stadt Ödenburg mit seinen sechs überwiegend deutsch besiedelten Dörfern im Umfeld waren aber schon vor der manipulierten „Volksabstimmung" Teile Westungarns mit deutschen Städten und Streusiedlungen für die Republik Deutsch-Österreich verlorengegangen. Die Tschechen z. B. hatten u. a. die kurzfristige kommunistische Machtübernahme in Ungarn unter Béla Kun im März 1919 später zum Vorwand genommen, in die alte Krönungsstadt der ungarischen Könige, Preßburg, in der Neujahrsnacht des Jahres 1919 einzumarschieren und dabei auch gleich die Große Schüttinsel sowie den Eisenbahnknotenpunkt Engerau zu besetzen. In seinem Ursprung war Preßburg eine deutsche Stadtgründung aus dem 12. Jahrhundert und galt durch Jahrhunderte als wichtigster Grenzplatz des Reiches.
Der strategisch wichtige Verkehrsknotenpunkt Engerau war für die Tschechen als Verbindungskorridor nach Jugoslawien hin von Bedeutung. Im Nachgang zu diesen Ansprüchen forderten sie Gebietsteile der deutschen und gemischtsprachigen westungarischen Komitate an, wobei sie sich auf die dortigen kroatischen Streusiedlungen berie-

fen. Noch bevor also das zum großen Teil deutsch besiedelte Westungarn (Burgenland) im Friedensdiktat von Saint Germain am 2. September 1919 offiziell Österreich zugesprochen wurde, hatten es die Ungarn mit diplomatischer Unterstützung der Italiener erreicht, daß Österreich auch auf die deutschen Städte südlich der Donau, Wieselburg, Güns, Steinamanger und Eisenburg kein Anspruch mehr eingeräumt wurde. Dadurch wurde Westungarn in seiner Gesamtfläche verstümmelt und umfaßte im Zeitpunkt der Abstimmung über Ödenburg nur mehr 4 312 Quadratkilometer mit 341 000 Einwohnern. Auch von den im Friedensdiktat von Saint Germain zunächst Österreich zugesprochenen Teilen Westungarns verblieben noch fünfundzwanzig deutsche Gemeinden mit einer Gesamtbevölkerung von 55 563 Einwohnern bei Ungarn.

Durch diese willkürlichen Abtretungen wurde das gesamte burgenländische Wirtschaftsgefüge empfindlich geschädigt. Abgesehen davon, daß das Burgenland seine eigentliche Hauptstadt verloren hatte, ging dabei auch der wichtige Verkehrsknotenpunkt Ödenburg, in dem das gesamte Bahn- und Straßennetz einmündete, in ungarische Verwaltung über. Durch diese neue Willkürgrenze wurden allein drei Bahnlinien und sieben Verkehrsstraßen auf freiem Felde durchschnitten. Das hatte zur Folge, daß nicht nur der Bahnverkehr zwischen dem nördlichen und südlichen Burgenland fühlbar behindert wurde.

Auch der Neusiedler See, der sich zwischen den ehemaligen altungarischen Grenzkomitaten Ödenburg und Wieselburg in einer Länge von sechsunddreißig Kilometern und einer Breite bis zu fünfzehn Kilometern mit einer Wasserfläche von 335 Quadratkilometern von Norden nach Süden erstreckt, wurde aufgeteilt.

Der größere nördliche Seeteil konnte bei Österreich verbleiben, der kleinere südliche Seezipfel kam zu Ungarn.

Die wirtschaftliche Struktur des Deutschtums zu beiden Seiten der neugezogenen Grenzen war landwirtschaftlich geprägt. Neben der Landwirtschaft lieferte im Bereich des Neusiedler Sees der ihn umsäumende Schilfgürtel das Rohmaterial zur Verarbeitung von Schilf- und Schilfrohrprodukten. In den an den See grenzenden Ortschaften stellte zudem auch der Fischfang für die Bewohner eine ergiebige Erwerbsquelle dar. Das fruchtbare Ackerland zu beiden Seiten des Neusiedler

Sees war daneben nicht nur für den Anbau von Feldfrüchten und Gemüse hervorragend geeignet, eine dominierende Stellung im Wirtschaftsleben nahm seit der Zeit der Römerherrschaft der Weinanbau ein. Ein Privileg Maria Theresias aus dem Jahre 1773 hatte den zahlreichen Weinproduzenten der Stadt Ödenburg das Sonderrecht eingeräumt, ihre Eigenbauweine in bestimmten zeitlichen Abständen im eigenen Hause auszuschenken. Alsbald erfreuten sich die Weine dieser Stadt und aus ihrer Umgebung großer Beliebtheit, und es ist kein Zufall, daß die königlichen Höfe in England und Belgien mit Weinen aus Ödenburg laufend beliefert werden konnten.

Bei der willkürlichen Grenzziehung, gestützt auf das manipulierte Ergebnis der „Volksabstimmung", gingen aber neben der bedeutenden landwirtschaftlichen Produktion für Österreich auch noch andere volkswirtschaftlich bedeutende Werte verloren.

Zu nennen ist hier das in Stadtnähe gelegene Kohlebergwerk in Brennberg. Im Zeitpunkt der Abtrennung war es noch voll im Betrieb, und die dort geförderte Steinkohle übertraf qualitätsmäßig die in Fünfkirchen und Kolmó abgebauten Kohlenflöze.

Zur Gemarkung der Stadt Ödenburg gehörte auch das Heilbad Wolfs. Schon in der Zeit Marc Aurels (169 bis 180 n. d. Z.) waren die schwefelhaltigen Mineralquellen und die Sauerwässer von Wolfs Zielpunkt vieler Heilungsuchender. In neuerer Zeit haben dort viele Rheumakranke dieses Bad aufgesucht, zumal die Stadtgemeinde Ödenburg schon im Jahre 1770 unter großem Kostenaufwand dieses Heilbad ausbauen ließ.

Der im Jahre 1628 erschlossene Steinbruch von Kroisbach, in der Nähe der Stadt, belieferte seit diesem Zeitpunkt in zunehmendem Maße das Bauhandwerk. Der dort gebrochene Leithakalkstein zeichnet sich durch besondere Widerstandsfähigkeit aus und fand bei vielen Bauten in Westungarn, aber auch in der alten Kaiserstadt Wien als Steinmaterial Verwendung. Die neue Wiener Universität wurde z. B. mit diesem Kroisbacher Leithakalkstein erbaut.

Ödenburg war auch eine bedeutende Schulstadt und beherbergte allein dreißig Lehranstalten, darunter eine Hochschule für Forst- und Bergwerkwesen, eine Lehrerbildungsanstalt, Gymnasien und eine evangelische theologische Fakultät. Auch das kulturelle Leben in dieser Hauptstadt des Burgenlandes war bedeutend. Der große Komponist Franz Liszt, der in Raiding bei Ödenburg geboren wurde, konzertierte im Alter von neun Jahren in dieser Stadt, und Franz v. Suppé war drei Jahre hindurch Kapellmeister am Ödenburger Theater.

Die gewaltsame Einverleibung der deutschbesiedelten Räume Böhmens, Mährens und Österreichisch-Schlesiens durch die Tschechoslowakei im Jahre 1918

Um die geopolitische Bedeutung des böhmisch-mährischen Raumes ermessen zu können, lohnt es sich, einen Blick auf die Landkarte Mitteleuropas zu werfen. Zieht man bei dieser Betrachtung eine Linie von der Nordwestecke Deutschlands (Emsmündung) bis zum Goldenen Horn und eine zweite von Königsberg in Ostpreußen bis zu dem Punkt am Mittelmeer, wo Frankreich an Italien grenzt, so liegt genau im Schnittpunkt beider Linien die böhmische Landeshauptstadt Prag. Diese gedachten Linien verbinden darüber hinaus vier europäische Meere: die Nordsee, das Schwarze Meer, die Ostsee und das Mittelländische Meer. Wenn daher Böhmen als die „Zitadelle Europas" bezeichnet wurde, so rechtfertigt ein geschichtlicher Rückblick diese geopolitische Feststellung. Im Altertum wurde der böhmisch-mährische Raum „Herzynia silva" genannt, worunter man aber auch alle Gebiete östlich des mittleren Rheins verstand.
Wie für den ganzen Ostraum, so stellt sich auch für den böhmisch-mährischen Raum die Frage, ob denn während und nach der Völkerwanderung alle germanischen Stämme ihr Siedlungsgebiet verlassen haben. Diese Fragestellung bezieht sich nicht nur auf die germanischen, sondern auch auf die keltischen Bewohner dieser Länder.
Aus Berichten antiker Geschichtsschreiber ist zu entnehmen, daß der Markomannenkönig Marbod (9 v.d.Z. bis 36 n.d.Z.) in Böhmen und Mähren ein mächtiges Reich errichtet hatte. Tacitus erwähnt daneben auch Ansiedlungen der ebenfalls germanischen Quaden in Mähren. Ihr Siedlungsraum, der auch die gesamte Slowakei umfaßte, war dem mächtigen Markomannenkönig ebenfalls untertan. Dasselbe gilt von den Elbe-Langobarden sowie für gotische Stämme weiter im Osten.

Daß die germanischen Stämme der Markomannen und Quaden ein halbes Jahrhundert den böhmisch-mährischen Raum besiedelt und kultiviert haben, wird nicht bezweifelt.
Die Berichte römischer Geschichtsschreiber, die sich mit dem König Marbod und dem großen Markomannenkrieg in den Jahren 166 bis 180 n. d. Z. befassen, sind beweiskräftig genug.
Welches Ereignis die Markomannen und Quaden dann bewogen haben mag, ihre alten Stammsitze teilweise zu verlassen, ist bis heute nicht geklärt. Auch die sogenannte Kolonisationstheorie, wonach der angeblich völlig entblößte Raum Innerböhmens und Mährens nach Abwanderung der Germanen slawisch geworden sei, ist umstritten. Aus den dürftigen Archivalien und mangels unzureichender Ausgrabungsergebnisse konnte bis heute noch kein Beweis für diese Theorie abgeleitet werden. Eher ist aufgrund linguistischer Vergleiche anzunehmen, daß sich in den Randgebieten Böhmens und Mährens germanische Reste bis in das 12. Jahrhundert erhalten haben. Die Wahrscheinlichkeit, daß in diesen Randzonen germanische Volksteile verblieben sind, wird sogar von Vertretern der Kolonisationstheorie zugegeben. Allerdings mit der Einschränkung, daß diese germanische Restbevölkerung alsbald vom Slawentum aufgesogen worden sei.
Über die Landnahme Innerböhmens und Mährens durch nachsickernde slawische Stämme sind uns darüber hinaus keinerlei Nachrichten erhalten geblieben. Auch die tschechische, eher dürftige Sage, weiß nichts von Kämpfen zu berichten, die uns von einer slawischen Eroberung Böhmens und Mährens Kunde geben würde.
Der fränkische Chronist Fredegar, der während der Regierungszeit des Merowingerkönigs Dagobert I. (623 bis 638 n. d. Z.) das Geschichtswerk Gregors von Tours fortsetzte, berichtet von slawischen Stämmen in Böhmen und Mähren, die den Awaren Acker- und Kriegsdienste zu leisten hatten. Im Auftrag des Frankenkönigs wurde um das Jahr 623 n. d. Z. der fränkische Kaufmann Samo zu diesen slawischen Stämmen entsandt, um diese für einen Aufstand gegen ihre awarischen Unterdrücker zu gewinnen und dadurch das Frankenreich von der dauernden Bedrohung im Osten zu befreien. Nachdem sein Feldzug gegen die Awaren erfolgreich beendet war, wurde Samo von den bisher unterdrückten slawischen Stämmen zum Herrscher erhoben. Er dehnte sein

Machtgebiet von Böhmen und Mähren bis nach Karantanien aus und konnte den Versuch seines Königs Dagobert, dieses Reich zu unterwerfen, in der Schlacht von Wogastisburg im nordböhmischen Grenzraum vereiteln. Nach Samos Tod zerfiel aber sein Reich schnell.

Altstädter Ring in Prag: Durchblick zur Teynkirche; links Teilansicht des Altstädter Rathauses mit der Aposteluhr.

Quelle: Bildarchiv der Österreichischen Nationalbibliothek Wien

Die Ostgrenze des Frankenreiches blieb aber weiterhin unsicher. Im Jahre 805 n. d. Z. ließ Kaiser Karl der Große (768 bis 814) einen Feldzug gegen die slawischen Stämme in Böhmen führen, und in einer

Urkunde aus dem Jahre 817 werden die „Beheimi" schon als ein abhängiges Volk genannt.
Wenige Jahre später, im Jahre 845 n. d. Z., wurden in Regensburg bereits vierzehn böhmische Herzöge (Stammesfürsten) getauft, deren Nachfahren fünfzig Jahre später dem vorletzten Karolinger Arnulf von Kärnten (887 bis 899 n. d. Z.) ihre Huldigung darbrachten. Im 9. und 10. Jahrhundert vollzog sich erst die Zusammenfassung der einzelnen böhmischen Gaufürstentümer zu einer Einheit. Diese einzelnen Fürstentümer waren in ihrer Gliederung durch das suevisch-markomannische Vorbild ausgeprägt.
Nach Vernichtung der mächtigen Stammesfürsten der Slawnikiden im Jahre 996 gelang es den in Prag residierenden Przemysliden, durch Heiraten, Verträge und auch Gewaltanwendung die Einigung des Landes Böhmen zum Teil zu erreichen. Der nordwestliche Teil des Landes, das obere Egerbecken, wurde allerdings auch weiterhin noch vom bayrischen Nordgaugrafen verwaltet. Teile von Südböhmen gehörten der Ostmark an, und Bayern übte zu diesem Zeitpunkt seine Hoheitsrechte weithin über den Kamm des Böhmerwaldes aus.
Machtpolitisch wurde das böhmische Fürstenhaus der Przemysliden im Verlaufe seiner Herrscherzeit vom deutschen Königtum gestützt. Wenn auch die böhmischen Herzoge sich wiederholt gegen die deutsche Schutzmacht erhoben hatten, so standen sie im Investiturstreit (1076 bis 1122) auf der Seite des deutschen Königs bzw. Kaisers.
Im Verlaufe der weiteren Geschichte wurde den böhmischen Herzogen dreimal der Königstitel verliehen; 1085 durch Kaiser Heinrich IV., 1158 durch Kaiser Friedrich Barbarossa und 1198 durch seinen Sohn Philipp von Schwaben (1198 bis 1208).
Im Jahre 1212 wurde Böhmen dann durch die Goldene Bulle Kaiser Friedrichs II. (1212 bis 1250) endgültig zum Königreich erhoben, und Przemysl Ottokar I. (1198 bis 1230) wurde der erste Träger der erblichen Königswürde.
Alle diese böhmischen Herrscher hatten ihren Hof und auch die Verwaltung nach deutschem Muster eingerichtet und fühlten sich als deutsche Reichsfürsten. Przemysl Ottokar II. (1253 bis 1278), der während des Interregnums (1256 bis 1273) seine Hausmacht erheblich erweitern konnte und ein Machtzentrum schuf, dem die Sudeten- und Ost-

alpenländer angehörten, fiel bei seinen Bestrebungen, die deutsche Königswürde zu erlangen, im Jahre 1278 in der Marchfeldschlacht gegen König Rudolf von Habsburg (1273 bis 1291).
Der böhmische Großstaat endete mit dem Tode dieses eigenwilligen und begabten Herrschers.
Auch seine Nachfolger, Wenzel II. (1278 bis 1305) sowie Wenzel III. (1305 bis 1306), waren, wie er, dem deutschen Kulturkreis verbunden und ließen an ihrem Hofe dem deutschen Minnesang größte Förderung zuteil werden.
Nach dem Aussterben der Przemysliden in männlicher Linie, heiratete Elisabeth aus diesem Geschlecht im Jahre 1310 Johann von Luxemburg, der von seinem Vater Heinrich VII. (1308 bis 1313) mit der böhmischen Wenzelskrone belehnt worden war.
Über ein Jahrhundert (1310 bis 1437) regierten dann die Luxemburger in Böhmen. Ihr herausragendster Vertreter war ohne Zweifel Kaiser Karl IV. (1346 bis 1378). Nachdem dieser Luxemburger Prag zu seiner Residenz erhoben hatte, begann für Böhmen eine Zeit, die als das „goldene Zeitalter“ dieses Landes in die Geschichte einging. Karls Hauptsorge galt in seiner Regierungszeit seinem Erbland Böhmen, das er zum Kerngebiet seines Reiches machte. Nach dem Vorbild der Pariser Universität stiftete er im Jahre 1348 die Alma Mater Pragensis, die als älteste deutsche Universität auf Reichsboden alsbald eine bedeutende Stellung im europäischen Geistesleben einnahm. Die Universitätssprache an dieser Universität war, der damaligen Zeit entsprechend, die lateinische. Das ganze „Generalstudium“ jedoch, wie auch der Lehrkörper selbst, hatte wohl mitteleuropäisches Gepräge, doch die Mehrheit aller Studierenden und Professoren waren Deutsche.
Kaiser Karl IV. war daneben auch bestrebt, seine Hausmacht ständig zu erweitern. Im Jahre 1353 erwarb er die Oberpfalz, bis zum Jahre 1368 hatte er schon Schlesien und die Lausitz seinem Hausmachtgebiet einverleibt, und ihm Jahre 1373 kaufte er die bis dahin im Besitz der Wittelsbacher befindliche Provinz Brandenburg.
Durch das Reichsgesetz von 1356 (Goldene Bulle) wurde auch die Stellung Böhmens innerhalb des Heiligen Römischen Reiches festgeschrieben. Karls große Verdienste beim Auf- und Ausbau seiner Residenz, seine Bestrebungen, Fachleute aus aller Welt für seine Aufbau-

pläne zu verpflichten, seine Maßnahmen, welche auf eine Förderung des Handels, des Gewerbes und der schönen Künste abzielten, trugen ihm den Namen „Vater Böhmens“ ein.
Während seiner Regierungszeit wurden in der Prager Reichskanzlei auch die Grundlagen der neuhochdeutschen Schriftsprache von seinem Kanzler Johann von Neumarkt erarbeitet.
Auch die Bauten seines genialen Baumeisters Peter Parler, die damals in Prag sowie im Lande Böhmen errichtet wurden, sind Zeugen der geistigen und künstlerischen Blütezeit. Diesem „goldenen Zeitalter Böhmens“ wurde jedoch zu Beginn des 15. Jahrhunderts durch die hussitische Revolution ein jähes Ende bereitet.
Prag, das im 14. Jahrhundert im wesentlichen eine deutsche Stadt war, wurde neben vielen anderen Städten des Landes in wirtschaftlicher und kultureller Hinsicht schwer erschüttert.
Der Nationalitätenstreit nahm seinen Ausgang an der Prager Universität. In dem sogenannten Kuttenberger Dekret des Jahres 1409 wurden auf Anraten des Magisters Johann Hus die Rechte der Universität in einem Maße beschnitten, das den Auszug eines großen Teiles der deutschen Studenten und Professoren nach Leipzig zur Folge hatte.
Johann Hus trat in dieser Zeit nicht nur für eine Reform der Kirche an Haupt und Gliedern ein, er schürte auch geschickt die sozialrevolutionäre Bewegung unter den Tschechen, die sich in erster Linie gegen das wohlhabende deutsche Bürgertum im Lande sowie die Klöster richtete.
Als dann der überzeugungstreue Reformator Hus am 6. Juli 1415 auf dem Scheiterhaufen in Konstanz endete, war dies für seine Anhänger (Utraquisten und Kalixtiner) das Signal, mit Gewalt gegen die Katholiken und besonders gegen die Deutschen im Lande vorzugehen. 1419 stürmten sie das Prager Neustädter Rathaus und warfen die deutschen Ratsherren aus den Fenstern in die Spieße der fanatisierten Menge. Unter den Opfern befand sich auch der Stifter der Bethlehemskapelle in Prag, die dieser eigens für den Magister Hus erbauen ließ, damit der tschechische Reformator dort ungehindert predigen konnte.
Sechzehn Jahre hindurch tobte der hussitische Bürgerkrieg in Böhmen, und während der Jahre 1419 bis 1436 hatten nicht nur das deutsche Bürgertum in Böhmen, sondern auch weite Gebiete Mitteleuropas

schwer zu leiden. Als eigentlicher Sieger ging aus diesem unbarmherzigen Nationalitätenkampf der böhmische Hochadel hervor. Er duldete in der Folgezeit nur schwache und von ihm abhängige Könige sowie ein politisch ohnmächtiges Bürgertum. In die Zeit des steigenden Einflusses des tschechischen Hochadels fällt auch die Einführung der erblichen Leibeigenschaft des niederen Volkes in den Sudetenländern. Viele Deutsche hatten damals Haus, Hof sowie Hab und Gut verloren, und ihr politischer Einfluß war für lange Zeit gebrochen. Die deutsche Amtssprache hatte ihre Geltung eingebüßt, und die deutschen Städte in den Randgebieten durften mit der Landesregierung nur in tschechischer Sprache verkehren. Trotz dieser Unterdrückung haben viele Gemeinwesen im Lande ihren deutschen Charakter erhalten können.
Die absolut deutschfeindliche Ausrichtung der hussitischen Bewegung bedeutete ein Abgehen von der geschichtlichen Tradition der Länder der Wenzelskrone. Spätere Versuche der Tschechen, sich von der politischen und kulturellen Abhängigkeit von Deutschland zu lösen und sich in den Jahren 1438 bis 1526 politisch, kirchlich und national zu isolieren, endeten mit dem Verfall des Landes. Bedingt durch die Ohnmacht des zerrütteten Reiches unter Kaiser Friedrich III. (1440 bis 1493), konnten die Tschechen für eine bemessene Zeit eine gewisse politische Unabhängigkeit erreichen. Allerdings wurde diese Entwicklung durch die drohende Türkengefahr überschattet. Die Unruhen in Böhmen setzten aber schon vorher ein. Nach dem Aussterben der Luxemburger wurde im Reich der Habsburger Albrecht II. (1438 bis 1439) zum deutschen König gewählt. Seit 1421 mit Elisabeth, der Tochter Kaiser Sigismunds (1410 bis 1437) vermählt, meldete er seine Ansprüche auf die böhmische Erbschaft an und wurde gegen große Zugeständnisse an den einheimischen Adel Kaiser Sigismunds Nachfolger in Böhmen und Ungarn. Das war aber wiederum ein Anlaß, daß es in Böhmen erneut zum Bürgerkriege kam. Der radikale Flügel der Hussiten lehnte einen deutschen König ab und wollte den polnischen Prinzen Kasimir zum König von Böhmen krönen lassen.
Doch König Albrecht II. starb schon im Jahre 1439, und aus dem Streit der böhmischen Adeligen um die Reichsverweserschaft für Albrechts Sohn, Ladislaus postumus, ging Georg von Podĕbrad als Sieger hervor, der dann auch im Jahre 1459 von den Adeligen zum böhmischen

König gekrönt wurde. Sein Nachfolger wurde der schwache polnische Jagellone Vladislav II. (1471 bis 1516), der an Mathias Corvinus im Jahre 1479 Mähren, Schlesien und die Lausitz abtreten mußte. Er stand ganz unter dem Einfluß des tschechischen Hochadels, welcher im Jahre 1500 die Vladislavsche Landesordnung beschlossen hatte, wonach die tschechische Sprache allein als Amts- und Gerichtssprache in Böhmen und Mähren zu gelten hatte.
Auch sein Sohn und Nachfolger Ludwig II. (1516 bis 1526) konnte sich bei dem übermächtig gewordenen Adel kaum durchsetzen.
In der Schlacht bei Moosburg (Mohás), am 26. August 1526, wurde er als König von Ungarn und Böhmen von den zahlenmäßig stärkeren Truppen Süleimans II. geschlagen und ertrank auf der Flucht in den Sümpfen am Donauufer. Sein Tod bedeutete auch in der Geschichte der Sudetenländer einen Wendepunkt.
Erzherzog Ferdinand I. von Habsburg war mit der Jagellonin Anna, der Schwester König Ludwigs II., verheiratet und stellte sich aufgrund vertragsmäßiger Rechte in Böhmen zur Königswahl, da ja die Ehe seines Schwagers kinderlos geblieben war. Mähren, Schlesien und die Lausitz hatten aber schon vor dieser Wahl die Erbrechte des Habsburgers anerkannt.
Schon kurze Zeit nach dem Türkensieg bei Moosburg (Mohás) wurde am 23. Oktober 1526 Erzherzog Ferdinand in Prag zum König von Böhmen und am 17. Dezember desselben Jahres in Preßburg zum König von Ungarn gewählt.
Bedeutsam war bei dieser Wahl die Tatsache, daß die Stände in diesen Ländern ganz selbständig entschieden und somit deutlich wurde, daß die staatsrechtliche Konstruktion von einer angeblichen „Einheit der böhmischen Länder“ unrichtig ist und den wirklichen Zuständen sowie damaligen Auffassungen widerspricht.
Nach dieser Königswahl wurden nunmehr die Alpenländer Österreichs mit den Ländern Böhmen, Mähren, Schlesien und der Lausitz vereint. Sie blieben es, mit Ausnahme eines großen Teiles von Schlesien und der Lausitz, bis zum Zerfall der österreichisch-ungarischen Monarchie im Jahre 1918.
Nach dem Hussitensturm (1419 bis 1436), der das goldene Zeitalter Böhmens beendet hatte und dem die hohe geistige Kultur der Prze-

mysliden- und Luxemburger Zeit zum Opfer gefallen war, konnten sich die Länder der Wenzelskrone nur sehr langsam in wirtschaftlicher und kultureller Beziehung erholen.

Auch der tschechische Bauer hatte nach den Hussitenkriegen weder seine Freiheit noch die soziale Gleichberechtigung erhalten. Allgemein hatten sich zudem die Rechtsverhältnisse im Lande deswegen verschlechtert, da das alte deutsche Recht seine Geltung verloren hatte und die neuen harten Satzungen der Landbevölkerung schwere Lasten auferlegten. Erst mit dem Erstarken des Königtums unter den Habsburgern kehrte im Lande wieder eine größere Rechtssicherheit ein, wodurch auch die Lage der Bauern erträglicher wurde.

In den von Deutschen bewohnten Randgebieten Böhmens und Mährens, im Lausitzer- und Isergebirge, begannen sich bald nach den Hussitenkriegen die Leinen- und Tuchmacherei allmählich zu entwickeln. Die Meißnerische Familie Schürer von Waldheim begründete daneben im ausgehenden 15. Jahrhundert und zu Beginn des 16. Jahrhunderts die nordböhmische Glasmacherkunst. Während der Regierungszeit Kaiser Rudolfs II. (1576 bis 1611) nahm der Deutsche Kaspar Lehmann die erste Kristallschleiferei Böhmens in Betrieb, die sich dann später zu einem bedeutenden Industriezweig in der Donaumonarchie entwickelt hat. Braunkohle wurde zu Beginn des 17. Jahrhunderts im nordwestböhmischen Braunkohlebecken ebenfalls schon abgebaut. Ein Brüxer Bürger, Hans Weidlich, verwendete bereits im Jahre 1605 diesen Brennstoff, um sein Alaun- und Vitriolwerk damit beheizen zu können. Die regsame deutsche Bevölkerung hatte nach den hussitischen Zerstörungen sowohl in Nordböhmen wie auch Nordmähren das textile Haus- und Fabriksgewerbe gepflegt und so die Grundlagen geschaffen, auf die sowohl der Herzog von Friedland, Waldstein, während des 30jährigen Krieges als auch ein späteres Unternehmertum aufbauen konnten. Die damaligen Kleinbetriebe, die ohne staatliche Unterstützung sich selbst emporgebracht hatten, erhielten in der Zeit vor Ausbruch des 30jährigen Glaubenskrieges durch das Aufkommen der Reformation neue Impulse. Auch die Lage der Deutschen in Böhmen und Mähren erfuhr eine bemerkenswerte Verbesserung. Martin Luther war es, der eine Verbindung zu den utraquistischen böhmischen Ständen suchte und anbahnte, wodurch diese einen mächtigen Rückhalt im

deutschen Protestantismus gewannen. Zahlreiche Lutheraner begannen nun, ihren Wirkungskreis auf den böhmisch-mährischen Raum auszuweiten. Die Folge war, daß viele Söhne tschechischer Familien in Wittenberg ein Studium aufnahmen. Auch die deutsche Sprache nahm an Geltung und Bedeutung in diesem Zeitabschnitt wieder zu.
Durch die von der Reformation ausgehenden Anregungen bahnte sich ein Aufschwung des geistigen Lebens bei der tschechischen und deutschen Bevölkerung an, und der neue Glaube verbreitete sich nicht nur in den deutschen Städten und Bergwerksorten, sondern auch auf dem Lande rasch.
Der innere Frieden im böhmisch-mährischen Raum hielt aber nicht lange an. Nachdem Kaiser Karl V. (1519 bis 1556) die Schmalkaldener in der Schlacht bei Mühlberg an der Elbe im Jahre 1547 besiegt hatte und dadurch die königliche Macht in Böhmen eine Stärkung erfuhr, setzte die Verfolgung derjenigen Adeligen und auch jener Städte ein, welche den Schmalkaldischen Bund unterstützt hatten. Dabei wurden nicht nur die Vertreter der protestierenden Stände bestraft, sondern es setzte in diesem Zusammenhang auch eine Verfolgung der Sekte der „böhmischen und mährischen Brüder“ ein. Als Vorboten der Gegenreformation erschienen schon im Jahre 1556 die Jesuiten in Prag und eröffneten zu St. Clemens ihre erste Niederlassung. Im Jahre 1616 wurde dann dieses von Kaiser Ferdinand gestiftete Jesuitenkolleg zur Universität erhoben. 1622 übernahmen die Jesuiten auch das Carolinum, das am 30. Juli 1366 von Karl IV. gestiftet wurde.
Die Behauptung einzelner tschechischer Historiker, wonach die voll einsetzende Gegenreformation die Ausrottung des gesamten Tschechentums bezweckt hätte, wird den geschichtlichen Tatsachen schon deswegen nicht gerecht, weil damals im Zuge der Strafmaßnahmen die schmalkaldischen Parteigänger unter den deutschen Adeligen in Böhmen und Mähren ebenfalls enteignet wurden.
Während der Regierungszeit des Kaisers Maximilian II. (1564 bis 1576), der selbst mit dem Protestantismus sympathisierte, durften sich die deutschen und tschechischen Protestanten in Böhmen und Mähren wieder etwas freier bewegen. Unter solchen Voraussetzungen verbreiteten sich die Sekten der „Brüder“ schnell weiter. Unter dem wankelmütigen und schwachen Regenten Kaiser Rudolf II. (1576 bis 1611)

spitzten sich die politischen Verhältnisse in den habsburgischen Ländern in bedrohlichem Maße zu. Im Jahre 1608, also zehn Jahre vor Ausbruch des 30jährigen Krieges, schlossen sich die habsburgischen Erblande mit Ungarn und Mähren unter Erzherzog Matthias gegen Rudolf II. zusammen.
Nur durch die Ausstellung des in der Geschichte berühmt gewordenen Majestätsbriefes, welcher den utraquistischen Herren, Rittern und Städten in Böhmen und Mähren unter bestimmten Bedingungen Religionsfreiheit gewährte, konnte sich Rudolf II., welcher in Prag residierte, der Treue der Landesstände versichern.
Die Ausstellung dieses Majestätsbriefes bedeutete die Unterwerfung des Monarchen unter die Willkür der Landesstände.
Diese trübe Erfahrung blieb auch seinem Bruder und Nachfolger Matthias (1612 bis 1619) nicht erspart. Auch er blieb den Ständen gegenüber völlig machtlos. Seine Regierungszeit war durch den Gegensatz zwischen der gegenreformatorischen Partei und den protestantischen Landständen gekennzeichnet. Neuen Zündstoff erhielt dieser schwelende Konflikt immer wieder durch die verschiedenartige Auslegung des umstrittenen Majestätsbriefes. Die Gegensätze verstärkten sich immer mehr und führten schließlich zum Prager Fenstersturz des Jahres 1618, welcher den 30jährigen unheilvollen Krieg auslöste.
Obwohl Rudolf II. in seinen politischen Entscheidungen eine schwankende bis unberechenbare Haltung einnahm, erfuhren durch ihn Künste und Wissenschaften großzügige Förderung. An seinem Hofe in Prag wirkten Tycho de Brahe und Johannes Kepler, und auch das Bau- und das Graphische Gewerbe konnten sich zur Blüte entfalten. In der rudolfinischen Zeit nahm in den deutschen Städten Böhmens und Mährens unter allen anderen schönen Künsten die Musikpflege eine bevorzugte Stellung ein. Die Gegensätze der böhmischen Stände zum habsburgischen Herrscherhaus traten noch deutlicher hervor, als Kaiser Matthias im Jahre 1619 verstorben war. Der Gipfelpunkt des Konfliktes war aber erst dann erreicht, als die Stände des Landes Böhmen im Jahre 1619 anstelle des Habsburgers Ferdinand II. Friedrich von der Pfalz zum König von Böhmen wählten. Die aufrührerischen Stände unterlagen jedoch mit ihrem „Winterkönig" am 8. November 1620 in der Schlacht am Weißen Berg bei Prag. Über die am Aufstand betei-

ligten deutschen und tschechischen Adeligen und nichtadeligen ständischen Vertreter brach nun ein hartes Strafgericht herein. Siebenundzwanzig von ihnen wurden auf Befehl des Kaisers am 21. Juni 1621 auf dem Altstädter Ring der böhmischen Landeshauptstadt Prag zunächst der Folter unterworfen und anschließend hingerichtet.
Diese Schlacht am Weißen Berg wurde aber nicht, wie so oft behauptet und gedeutet wird, gegen den tschechischen Bevölkerungsteil in den Ländern Böhmen und Mähren geschlagen, sondern gegen Friedrich von der Pfalz und die rebellierenden böhmischen und mährischen Stände.
Schon allein die Tatsache, daß sich an diesem Aufstand der Stände auch viele Deutsche beider Länder, wie z. B. Graf Schlick, Sixt von Ottendorf, Otto von Loos, Dr. Hauenschildt sowie der Rektor der Deutschen Universität in Prag, Jessenius, Martin Fruewein, Kaspar Kappler, Leander Rüppel, Friedrich von Tiefenbach, Hans Kuthnauer u. v. a. beteiligt hatten, verweist solche Behauptungen in den Bereich der Phantasie. Damals starben Deutsche wie auch Tschechen für ihre religiöse Überzeugung oder mußten später bei der verstärkt einsetzenden Gegenreformation unter Verlust ihres gesamten Besitzes ihre böhmische oder mährische Heimat verlassen.
Auch aus den Städten beider Länder wanderten damals viele wertvolle Fachkräfte in andere protestantische Länder ab; unter ihnen die berühmten Ärzte M. Borbonius, A. Haberwaschl sowie der Astronom und Kartograph Paul Aretin von Ehrenfeld.
Auch aus Südmähren wurden alle deutschen Wiedertäufer vertrieben und teilten das Schicksal ihrer nordmährischen Brudersekte. In diesem Zusammenhang kann die Behauptung tschechischer Politiker und Historiker als demagogische Geschichtslüge gewertet werden, wonach die Einziehung von 491 großen Gütern in Böhmen und 145 Liegenschaften in Mähren nach der Schlacht am Weißen Berg nur deswegen erfolgt sei, um dem tschechischen Volk den Boden zu nehmen. Nutznießer dieser verordneten Konfiskationen, die auf eine Erneuerung bzw. Schaffung eines ergebenen, kaisertreuen und katholischen Adels hinzielten, waren neben einheimischen kaisertreuen Adelsfamilien auch andere europäische Adelsgeschlechter (Piccolomini, Colleredo, Clam-Gallas, Buquoy, Beufort, Clary, Dufour, Tarraco u. a.).

Durch die damaligen Vertreibungsmaßnahmen wurde ohne Zweifel auch das gesamte Wirtschaftsleben der Deutschen in Böhmen, Mähren und Schlesien empfindlich getroffen. Eine große Anzahl deutscher Bergleute, viele Friedländer und Reichenberger Tuchmacher, Handwerker und Kaufleute, die damals aus Glaubensgründen abwanderten, hinterließen in der gesamten Wirtschaftsstruktur der böhmisch-mährischen Länder eine nicht so schnell aufzufüllende Lücke. Kaiser Ferdinand II. (1619 bis 1637), der von den Historikern gern als das eigentliche Werkzeug der Gegenreformation bezeichnet wird, führte im Jahre 1627 für Böhmen und ein Jahr darauf für Mähren eine „verneuerte“ Landesordnung ein, in welcher das Erbrecht des Hauses Habsburg in diesen Ländern festgesetzt wurde; daneben errichtete er in Wien eine eigene böhmische Hofkanzlei, über welche die Verschmelzung der habsburgischen Erbländer mit den Ländern der Wenzelskrone eingeleitet werden sollte. Diese neue Landesordnung enthielt aber auch Bestimmungen, die für die Erhaltung und den Schutz der deutschen Sprache in Böhmen und Mähren von nicht zu unterschätzender Bedeutung waren. Noch vor Beginn des Dreißigjährigen Krieges wurde von Vertretern des tschechischen Adels im Jahre 1615 im böhmischen Landtag der Beschluß durchgesetzt, daß ohne Kenntnis der tschechischen Sprache in Böhmen niemand in ein Bürgerrecht aufgenommen werden konnte. Dieser Beschluß richtete sich in erster Linie gegen lutherische Deutsche. Schon damals wurde von tschechischer Seite die Forderung erhoben, deutsche Pfarrer und Lehrer des Landes zu verweisen, und man untersagte auch die Bezeichnung „deutsche Gemeinde“.

Nunmehr wurde aber durch die Bestimmungen der neuen Landesordnung die Gleichberechtigung beider Landessprachen mit der Einleitung: „Und nachdem Wir die teutsche und böhmische Sprach zugleich in Unserem Erbkönigreich Böheimb (Erbmarkgravthum Mähren) gehalten und fortgepflanzt haben wollen . . .“ festgeschrieben.

Nach Beendigung des Dreißigjährigen Krieges, der vor allem im Lande Böhmen katastrophale Zustände hinterließ, konnte sich das Land erst in einigen Jahrzehnten langsam wieder erholen. Fachkräfte konnten zudem nur in den katholisch gebliebenen Ländern des Reiches angeworben werden. Ein stärkerer Zuzug in den böhmisch-mährischen

Raum war aber kaum zu erwarten, zumal die Verwüstungen auch in den anderen Ländern des Reiches groß waren. Schätzungen zufolge war allein in Böhmen die Gesamtbevölkerung von zwei Millionen im Jahre 1618 auf 0,8 Millionen Menschen zusammengeschmolzen.
Die Tschechen Innerböhmens repräsentierten sich in der Zeit nach den 30jährigen kriegerischen Auseinandersetzungen mit der Zeit als ein reines Bauernvolk; die tschechische Sprache verfiel stetig und wurde nach Aussage des tschechischen Chronisten Pessina aus dem Jahre 1660 fast nur mehr vom „gemeinen Mann" im Lande gesprochen.
Soweit der Adel in den Ländern Böhmen und Mähren überhaupt rein tschechischen Geblütes war, wurde er in zunehmendem Maße höfisch und gab der deutschen Sprache, die in den kaiserlichen Zentralämtern und in der Armee gesprochen wurde, den Vorzug. Auch auf wirtschaftlichem Gebiet traten Veränderungen ein. Während der steuerbegünstigte adelige Großgrundbesitzer große Reichtümer sammeln konnte, verkümmerte das geistige und materielle Leben in den nach dem Dreißigjährigen Krieg total verarmten Ländern. Immer noch war der Bauernstand dem Grundherren gegenüber zur Fronarbeit verpflichtet.
Was nun das Deutschtum in Böhmen und Mähren zu dieser Zeit betrifft, so wuchs die Bedeutung des deutschen Elementes, aber auch seiner Sprache, im beginnenden 18. Jahrhundert zusehends. Frühere deutsche Städte, denen während der tschechischen Adelsherrschaft die tschechische Sprache im Amtsgebrauch aufgezwungen wurde, erlangten nun wieder die ihnen zustehende Gleichberechtigung auf sprachlichem und administrativem Gebiet. Um das Jahr 1700 war die deutsch-tschechische Sprachgrenze von beiden Seiten her erreicht und hat sich, wenn man von den Einbrüchen der Tschechen in den deutschen Sprachraum absieht, kaum wesentlich verändert.
In Mähren, wo sich die nationalen Unterschiede zwischen den deutschen und mährisch-slawischen Landesbewohnern auch in den Zeiten des beginnenden Sprachenkampfes nie so zugespitzt hatten wie dies in Böhmen der Fall war, bestand eine zusammenhängende deutsche Zone. Sie reichte von Olmütz aus nach Südosten und von Südmähren aus über Wischau nach Nordosten. In dieser Zone stellte zudem jede Stadt eine deutsche Sprachinsel dar. Das nationale Klima in Mähren war im Gegensatz zu Böhmen gemäßigt. Der sogenannte „Mährische

Ausgleich" vom Jahre 1905 ist auch ein Beweis dafür, daß alle Landesbewohner Mährens friedlich zusammenleben wollten.
Zusammenfassend kann gesagt werden, daß die Zeit der Gegenreformation eine empfindliche Schwächung der geistigen wie auch materiellen Volkskraft aller Landesbewohner Böhmens und Mährens nach sich zog.
Es hat aber, vor allem im nordböhmischen Raum, schon während des Dreißigjährigen Krieges Ansätze gegeben, die später für die industrielle Entfaltung von großer Bedeutung waren.
Albrecht von Waldstein (Wallenstein), Generaloberst und Feldhauptmann des Kaisers, hatte während des Dreißigjährigen Krieges auf seinen nordböhmischen Gütern Manufakturen errichtet und damit der Tuchmacherei, der Leinen- und Schuherzeugung zu großem Auftrieb verholfen. Damals schon entwickelte sich in Nordböhmen eine Art Industrieprovinz, die ein geschlossenes Wirtschaftsgebiet Mitteleuropas darstellte. Wenngleich mehrmals verzögert, leiteten später diese beachtlichen Wirtschaftsaktivitäten des Friedländers zu jenem Höhepunkt der Großindustrie des 20. Jahrhunderts über, der auch für die tschechische Industrie Innerböhmens befruchtend war. Bevor noch in der Regierungszeit Kaiser Karls VI. (1710 bis 1740) eine allgemeine Förderung auf wirtschaftlichem Gebiet in den Sudetenländern einsetzte, wobei dem Straßenbau, der Gründung von Handelshäusern, Freihäfen und staatlichen Fabriken der Vorrang eingeräumt wurde, hatte sich auch die nordböhmische Glaserzeugung beachtlich weiterentwickelt. Gläser aus dem nordböhmischen Steinschönau konnten damals schon auf dem Weltmarkt abgesetzt werden, was auch auf die Erzeugnisse der Reichenberger Tuchmacher und Rumburger Leinenerzeuger zutraf. Bei dieser wirtschaftlichen Aufwärtsentwicklung war das Steueraufkommen dem Fiskus gegenüber sehr hoch. Wenn man bei einer solchen Abgabenlast überhaupt von einem Vorteil sprechen kann, so bestand dieser darin, daß die böhmisch-mährischen Länder, wohl auch wegen ihrer geographischen Lage, von den Türkeneinfällen verschont geblieben sind, denen die anderen österreichischen Erbländer sowie Ungarn so oft ausgesetzt waren.
Nachdem der Friede nahezu ein volles Jahrhundert für die Sudetenländer angehalten hatte (1648 bis 1740) wurden sie in den schlesischen

Kriegen auch wieder in Mitleidenschaft gezogen. Mit Kaiser Karl VI., von dem die Seemächte fürchteten, er könnte durch die Vereinigung aller habsburgischen Länder die Universalherrschaft Karls V. wiederherstellen, erlosch das Haus Habsburg im Mannesstamm.
Noch zu seinen Lebzeiten hatte der Kaiser im Jahre 1713 versucht, durch ein Erbfolgegesetz (Pragmatische Sanktion) die Zukunft seines Hauses zu sichern. Seine Tochter und Nachfolgerin Maria Theresia, Königin von Böhmen und Ungarn und spätere Gemahlin Franz Stephans von Lothringen, konnte nur unter Aufbietung aller Kräfte ihres Reiches die Gefahren des österreichischen Erbfolgekrieges (1740 bis 1748) und der schlesischen Kriege (1740 bis 1742, 1742 bis 1745, 1756 bis 1763) überstehen.
Der Verlust des größten Teiles von Schlesien mit seinem vor allen Dingen in Niederschlesien blühenden Handel und Gewerbe war auch für die Stellung des deutschen Elementes in den böhmisch-mährischen Ländern von folgenschwerer Bedeutung. Beim Verlust der Lausitz, die seinerzeit von dem Luxemburger Karl IV. (1346 bis 1378) zusammen mit Brandenburg erworben wurde und die laut Prager Vertrag vom 31. Mai 1635 an Sachsen fiel, hielten sich im böhmisch-mährischen Raum deutsches und slawisches Volkstum etwa die Waage. Durch die Teilung Schlesiens aber entstand in diesen Ländern eine slawische Mehrheit. Diese Verschiebung des Kräfteverhältnisses war für die Deutschen dieser Länder zunächst von untergeordneter Bedeutung; noch immer bestimmten die privilegierten Stände und der Landesfürst in Böhmen, Mähren und Restschlesien die Politik. Die erfolgte Schwächung des deutschen Bevölkerungsanteiles wirkte sich aber später bei den nationalen Auseinandersetzungen im 19. Jahrhundert für ihn aus.
So schmerzlich der Verlust fast ganz Schlesiens für Maria Theresia auch sein mochte, so sehr versuchte sie durch Hebung des Gewerbes und des Handels einen Ersatz für die verlorene Wirtschaftskapazität zu schaffen.
Auch in den Sudetenländern wurde Flachs angebaut, Holz und Wasserkräfte standen ebenfalls in reichlichem Maße zur Verfügung. Damit waren die natürlichen Voraussetzungen gegeben, um die Textilindustrie zu vergrößern. In Gebieten mit alter gewerblicher Tradition

konnten neue Fabriken auf der schon bestehenden wirtschaftlichen Basis gegründet werden.
Solche Neugründungen wurden nicht nur vom kaiserlichen Hof gefördert. Auch das Bürgertum und der Adel finanzierte diese Betriebe. Wie schnell sich in den Sudetenländern die Textilindustrie damals entwickelte, geht aus statistischen Angaben hervor, denen zu entnehmen ist, daß zum Ende der Regierungszeit Josephs II. (1790) in Böhmen allein 29 000 Baumwollspinner, 51 000 Schafwollspinner, 234 000 Flachsgarnspinner, 3 000 Baumwollweber, etwa 25 000 Schafwollweber und 72 000 Leinenweber tätig gewesen sind. Die Zentren aller dieser Gewerbe sowie der Glas- und Metallindustrie lagen mehrheitlich in den deutschen Randgebieten Böhmens, Nordmährens und Österreichisch-Schlesiens.
Man war sich damals an höchster Stelle auch bewußt, daß neben der wirtschaftlichen Förderung auch die Volksbildung belebt und reformiert werden mußte.
Unter den theresianisch-josephinischen Reformen kann die Gründung der Volksschule als eine der bedeutendsten Erneuerungen im Schulwesen gewertet werden. Neben Normal-, Mädchen- und Hauptschulen wurden in Böhmen und Mähren sowie den anderen habsburgischen Ländern rund 4 000 sogenannte „Trivialschulen" errichtet, in denen um das Jahr 1780 bereits 200 000 Kinder unterrichtet werden konnten. In diesen Schulen lernten die deutschen Kinder deutsch lesen und schreiben, und auch den tschechischen Landeskindern wurde es ermöglicht, ihre Muttersprache zu pflegen. Dieser Hebung der allgemeinen Volksbildung verdanken die Tschechen ihre nationale Wiedergeburt. Bei den josephinischen Verwaltungsreformen erlangte die deutsche Sprache ihren weitesten Geltungsbereich. Diesem Reformeifer des Kaisers eine germanisierende und slawenfeindliche Tendenz unterschieben zu wollen, geht an den Realitäten vorbei. Rationale Überlegungen und ein dem aufgeklärten Absolutismus arteigenes Zweckmäßigkeitsstreben waren es, die bei diesen Reformen Pate standen. Während der Regierungszeit Josephs II. wurde aber schon das politische Übergewicht der Slawen in der Donaumonarchie immer deutlicher spürbar. Nach Aufhebung der Leibeigenschaft im Jahre 1781 waren auch die Zeiten für den slawischen Bauer Innerböhmens

und Mährens vorbei, in denen er in seinen Freiheiten durch die Grundherren eingeengt wurde. Ohne die freiheitliche Denkungsart dieses Reformkaisers hätte sich eine tschechische Renaissance in den Jahren 1791 bis 1848 sicherlich nicht entwickeln können. Die völkische Wiedergeburt der Tschechen war in ihren Anfängen literarisch geprägt, formte sich jedoch später immer mehr politisch aus. Zu Beginn ihrer völkischen Erneuerung wurden die Tschechen durch ihre deutsche Erziehung mit deutscher Literatur und Philosophie bekannt. Wie allen Slawen, so wurde auch den Tschechen durch die Ideen Herders ein handfestes Selbstbewußtsein vermittelt, das jedoch dann bei den Pan- und Neoslawisten in einen überschwenglichen Nationalismus mit stark chauvinistischen Zügen ausuferte. Die Zeit des 18. und beginnenden 19. Jahrhunderts war allerdings noch nicht von einem Nationalitätenhader gekennzeichnet, wie wir ihn ab dem Jahre 1848 vornehmlich in Böhmen feststellen können. Ja, es begann sich sogar da und dort ein zaghafter böhmischer und mährischer Landespatriotismus zu entwickeln, der vielleicht die nationalen Gegensätze hätte entschärfen können. Doch diese Ansätze versandeten alsbald.
In der Folgezeit haben die panslawistischen Ideen, die in ihrer radikalen Variante hauptsächlich bei den Tschechen in Böhmen einen guten Nährboden fanden, die böhmische Landespolitik stark beeinflußt. Der Slawenkongreß des Jahres 1848 in Prag war ein Markstein auf diesem Wege. Die intellektuellen Vertreter des tschechischen Volkes hatten sich in diesem Revolutionsjahr von ihren einstigen Lehrmeistern und Vorbildern abgewandt und suchten neue Wege, die zur nationalen Selbständigkeit im staatlichen, kulturellen und wirtschaftlichen Sinne führen sollten. Je stärker dabei die Deutschfeindlichkeit hervortrat, desto mehr fühlten sich die Deutschen in den Sudetenländern in ihren nationalen Belangen eingeengt und immer mehr zu ihren Nachbarn im Deutschen Reich und zu allen anderen Deutschen in der Donaumonarchie hingezogen.
In dieser Zeit des beginnenden nationalen Unfriedens bahnten sich auch im Kaisertum Österreich Entwicklungen an, die nicht nur für die Deutschen in den Sudetenländern bedeutsam waren. Durch die rasche industrielle Entwicklung und den Siegeslauf der Maschine formten sich die sudetendeutschen Randgebiete sprunghaft zu einer bedeuten-

den Industrieprovinz des österreichischen Staates aus. Zu Beginn des 20. Jahrhunderts wurden im Sudetenraum bereits 6 814 Fabriken mit 787 339 Arbeitern gezählt. Bei Ausbruch des Ersten Weltkrieges hatte sich die Zahl der industriellen Unternehmungen auf 8 919 Betriebe mit einer Arbeiterzahl von 1 123 226 Arbeitern erhöht.
Der Schwerpunkt der Baumwollindustrie lag im Raum von Reichenberg. Dort wurde aber auch, genauso wie in Brünn, Jägerndorf und Ostschlesien, Schafwolle verarbeitet. Die Leinwanderzeugung war in Trautenau und Mährisch-Schönberg, die Seidenindustrie in Nordmähren beheimatet. In der Hausindustrie des Erzgebirges wurden die weltbekannten geklöppelten Spitzen und Strickwaren erzeugt, und im benachbarten nördlichen Böhmerwald war die Filetstickerei zuhause. In den kargen Gebieten des Erzgebirges fanden auch viele deutsche Bewohner in der Handschuhnäherei und der Posamentenerzeugung Arbeit und Brot. Die Herstellung von Musikinstrumenten in Graslitz und Schönbach war weltbekannt, und auch die hölzernen Spielwaren aus dem Erzgebirge erfreuten sich auf den Absatzmärkten zunehmender Beliebtheit. Mittelpunkt der böhmischen Glaserzeugung blieb nach wie vor das Gebiet von Haida und Steinschönau. In der Stadt Gablonz und Umgebung hatte sich die Glasschmuckerzeugung zu einer der größten Exportindustrien der Donaumonarchie entwickelt. Das Steueraufkommen der Stadt Gablonz allein war damals schon höher als das des Kronlandes Dalmatien. Zu Beginn des 20. Jahrhunderts wurden von den 2,5 Millionen Deutschen in Böhmen 5,7 Millionen Kronen staatliche Erwerbssteuer entrichtet, während die 4,2 Millionen Tschechen nur 3,1 Millionen Kronen Erwerbssteuer zahlten. Zum Haushalt des Kronlandes Böhmen trug der deutsche Bevölkerungsanteil mehr als die Hälfte bei. Für ihre kulturellen und wirtschaftlichen Belange wurde den Deutschen allerdings nur ein Viertel des Gesamtbudgets zugestanden. Auch im Adlergebirge war die Heimarbeit für die arme Bevölkerung oft die einzige Möglichkeit, um mit Schachteldreherei ihr Einkommen aufzubessern. Dies gilt auch von der Holz- und Perlmuttdrechslerei sowie der Bildschnitzerei in Westböhmen und im südlichen Böhmerwald.
Begünstigt durch die Nähe der nordwestböhmischen Braunkohlereviere entwickelte sich im Raum von Komotau und Aussig die

Metallwarenerzeugung ebenso schnell wie die chemische Industrie. Weltweiten Absatz und Anerkennung fanden auch die Erzeugnisse der nordböhmischen Strumpfindustrie. Im Elbetal war es die Firma Schicht, welche dort ihre Seifen-, Kerzen- und Kunstfetterzeugung zu einem bedeutenden Industriezweig erweiterte. In Bodenbach hatte sich eine bemerkenswerte Schokoladenindustrie angesiedelt, und bei der Stadt Teplitz entstand die größte Tafelglasfabrik Europas. Diese industrielle Aufwärtsentwicklung in den Sudetenländern hielt bis zum Ausbruch des Ersten Weltkrieges an.
Dabei vermehrte sich zwangsläufig auch die Anzahl der Lohnarbeiter, deren Lebensbedingungen anfänglich äußerst dürftig waren und die sich erst um die Jahrhundertwende zu bessern begannen. Die Entwicklung zum vierten Stand mit all ihren Problemen war in den Industriezentren oft auch vom nationalen Konkurrenzkampf begleitet. Die von manchen tschechischen Politikern und Historikern vertretene Auffassung, das tschechische Volk sei in dem angeblichen österreichischen Völkerkerker im Verlauf eines ganzen Menschenalters wirtschaftlich, politisch und kulturell unterdrückt worden, ist irreführend. Dazu muß festgestellt werden, daß die Tschechen in der Zeit vor Ausbruch des Ersten Weltkrieges die Landesverwaltungen der Kronländer Böhmen und Mähren beherrschten. Im Österreichischen Reichsrat nahmen ihre Vertreter ebenfalls eine starke Stellung ein und hatten die Möglichkeit, im Bunde mit den anderen slawischen parlamentarischen Vertretern, die Deutschen jederzeit niederzustimmen. Allein im Zeitraum zwischen 1900 und 1918 stellten sie in den verschiedenen österreichischen Regierungskoalitionen zweiundzwanzig Minister. Bei einem Bevölkerungsanteil von nur dreiundzwanzig v. H. hatten sie außerdem im Parlament einundzwanzig Mandate. Von Vertretern radikaler Gruppierungen unter den Tschechen abgesehen, hatten ihre Politiker am Vorabend des Ersten Weltkrieges noch nicht die Absicht, einen eigenen Staat außerhalb der Doppelmonarchie zu schaffen. Österreich solle nach ihrer Auffassung als Föderativstaat unter slawischer Vorherrschaft weiterbestehen bleiben.
Im Zeitraum von 1870 bis 1910 zeichnete sich auch bei den Tschechen ein steiler wirtschaftlicher Aufstieg ab. Im Vergleichsjahr 1910 konnte die tschechische Landwirtschaft das Doppelte an Erträgen pro Hektar

einbringen. Auch das Kreditwesen der Tschechen wies bis zum Bankkrach des Jahre 1873 steigende Tendenzen auf. Trotz der Zerstörung des tschechischen nationalen Bankwesens in diesem Krisenjahr erholte sich das Geldwesen bis zum Jahre 1912 sehr rasch. In diesem Jahr arbeiteten schon wieder zwölf tschechische Banken mit einem Aktienkapital von 240 Millionen und einem Reservefonds von 52 Millionen Kronen. Neben diesen Banken waren 780 gewerbliche und 124 landwirtschaftliche Vorschußkassen, 117 Sparkassen in Böhmen, 53 in Mähren und 3 in Österreichisch-Schlesien mit einem Gesamtvermögen von 49 Millionen Kronen eingerichtet worden. Vorsichtigen Schätzungen zufolge dürften vor Ausbruch des Ersten Weltkrieges in den tschechischen Geldinstituten etwa fünf Milliarden Friedenskronen gearbeitet haben. Das Vordringen der Tschechen auf wirtschaftlichem Gebiet ist durch folgende statistische Angabe belegt. Von den fünf Handels- und Gewerbekammern Böhmens wurden drei (Prag, Budweis und Pilsen) noch vor der Jahrhundertwende mehrheitlich tschechisch. In den landwirtschaftlichen Großindustrien (Müllerei, Zuckererzeugung, Brauerei, Mälzerei und Brennerei) errangen sie schon im Jahre 1884 das Übergewicht.
Die meisten Rohzuckerfabriken in Böhmen und Mähren waren zu diesem Zeitpunkt ebenfalls schon in tschechischer Hand. Gleichlaufend mit der Entwicklung der Industrie in den Sudetengebieten prosperierte in den von Tschechen bewohnten Landesteilen die Maschinen-, Textil- und Elektroindustrie. In dem Bestreben, ein möglichst geschlossenes System der nationalen Volkswirtschaft zu schaffen, finanzierten die tschechischen Banken planmäßig einzelne nationale Industriegruppen, während das deutsche Kapital und das Unternehmertum das Geldgebaren vornehmlich nach kaufmännischen Grundsätzen abwickelte und die nationalen Interessen dabei kaum berücksichtigte.
Wie sich im Jahre 1910 im böhmisch-mährisch-schlesischen Raum die einzelnen Industriezweige auf das deutsche und tschechische Sprachgebiet verteilten, zeigt folgende Übersicht, die von der niederösterreichischen Handelskammer im Jahre 1919 erstellt wurde.

Industriezweig	Deutsches Sprachgebiet		Tschechisches Sprachgebiet	
	Anzahl der Betriebe	Anzahl der Arbeiter ohne Angestellte	Anzahl der Betriebe	Anzahl der Arbeiter ohne Angestellte
Baumwollindustrie	819	84794	399	60301
Leinenindustrie	170	36156	72	11003
Wollindustrie	201	53609	80	16787
Seidenweberei	42	17232	11	2601
Jutespinnerei	6	2505	6	3164
Porzellanindustrie	55	16285	4	450
Glasindustrie	64	48600	38	16800
Landwirtschaftl. Maschinenindustrie	26	1650	109	13226
Insgesamt	1383	260831	719	124332

Andere Industriezweige in den Ländern Böhmen, Mähren und Österreichisch-Schlesien zeigten ein Übergewicht des tschechischen Elementes.

Industriezweig	Deutsches Siedlungsgebiet	Tschechisches Siedlungsgebiet
	Zahl der Beschäftigten	Zahl der Beschäftigten
Bergbau- und Hüttenwesen	45000	66000
Metallverarbeitung	54000	98000
Chemische Industrie	9000	14000
Baugewerbe	73000	146000
Papier- und Lederindustrie	17000	27000
Holz- und Schnittstoffe	42000	81000
Textilindustrie (insgesamt)	215000	183000
Industrie der Steine und Erden	76000	72000
Insgesamt	531000	687000

Die Deutschen behaupteten im Hinblick auf die Anzahl der Beschäftigten nur in der Textilindustrie sowie in der Industrie Steine und Erden das Übergewicht. Dabei muß aber berücksichtigt werden, daß der tschechische Bevölkerungsanteil Innerböhmens und Mährens den deutschen um das Doppelte überragte. Neben der bedeutsamen Glasindustrie konnte sich infolge des Vorkommens von Kaolinerde in der Bruchzone des Erzgebirges auch eine keramische Industrie im Karlsbader Bezirk entwickeln. Der Erzbergbau, dem das böhmisch-sächsische Erzgebirge seinen Namen verdankt, hatte seit dem 16. Jahrhundert seine wirtschaftliche Bedeutung verloren. Der Erzabbau erwies sich seit diesem Zeitpunkt als unergiebig. An seine Stelle trat die Ausbeutung der nordwestböhmischen Braunkohlenflöze. Deutschböhmen konnte bis zum Ausbruch des Ersten Weltkrieges allein etwa fünf Sechstel der gesamten österreichischen Braunkohleförderung in einem Gesamtwert von 110 Millionen Friedenskronen liefern. Etwa 30 000 Kumpel fanden in diesem Produktionszweig Arbeit und Brot.

Wenn auch die Landwirtschaft in den von Sudetendeutschen besiedelten Gebieten höhere Erträge erwirtschaftete, als dies in den tschechischen bodenbegünstigten Gebieten der Fall war, so konnte trotzdem die Versorgung und Ernährung der deutschen Bevölkerung nicht im vollen Umfange gewährleistet werden. Die Verluste an Fläche und Bevölkerung, die Deutschösterreich durch die Bestimmungen des Friedensdiktates von Saint Germain hinzunehmen hatte, waren in der Tat enorm. Aus der Vollzugsanweisung des deutsch-österreichischen Staatsrates vom 3. Januar 1919 über die das deutsch-österreichische Staatsgebiet bildenden Gerichtsbezirke, Gemeinden und Ortschaften sind im Hinblick auf Fläche und Bevölkerung der sudetendeutschen Gebiete Deutsch-Österreichs folgende amtliche Angaben zu entnehmen:

Gebiet	Fläche in qkm	Einwohner		
		Deutsche	Tschechen	zusammen
Deutschböhmen	14 496	2 070 438	116 275	2 230 290
Sudetenland	6 534	643 804	25 028	678 880
Böhmerwaldgau	3 281	176 237	6 131	183 158
Südmähren	2 226	180 944	12 477	195 972
Sprachinseln	486	155 791	66 633	226 209
Zusammen	27 023	3 227 214	226 544	3 514 509

Die Verluste, welche durch dieses Diktat der Republik Deutsch-Österreich entstanden, faßte der erste Staatssekretär (Außenminister) der Republik Deutsch-Österreich, Dr. Bauer, in der Sitzung der deutsch-österreichischen Nationalversammlung vom 7. Juni 1919 in seiner beredten Ausdrucksweise zusammen und sagte: „Zehn Millionen Deutsche haben im alten Österreich in geschlossenen Siedlungsgebieten gewohnt. Als das alte Österreich zusammenbrach, als dann auf den Trümmern der alten österreichisch-ungarischen Monarchie unsere junge Republik entstand, gedachten wir, diese zehn Millionen Deutschen in unserem neuen Freistaat zu vereinigen. Aber der Friede, der uns jetzt aufgezwungen werden soll, reißt deutsches Land mit mehr als vier Millionen Deutschen von unserer Republik los. Nicht weniger als zwei Fünftel unseres Volkes sollen ungefragt, sollen gegen ihren unzweifelhaften Willen der Fremdherrschaft unterworfen, ihrer Selbstbestimmung beraubt werden. Verlieren sollen wir vor allem den industriell und kulturell höchststehenden Teil Deutsch-Österreichs, die Teile Deutsch-Österreichs, in denen unsere größte Industrie, unsere intensivste Landwirtschaft liegen und deren Bewohner an Gewerbefleiß und Volksbildung alle anderen Stämme Deutsch-Österreichs übertreffen: unser Deutsch-Böhmen und Sudetenland . . . Die Sieger halten sich nicht mehr für gebunden an die Prinzipien der Demokratie. Anstelle des verheißenen Sieges des Rechtes ist das alte brutale Recht des Siegers getreten. Wird Deutsch-Böhmen, wird das Sudetenland der tschechoslowakischen Republik ausgeliefert, dann werden nicht nur dreieinhalb Millionen Deutsche ihres Selbstbestimmungsrechtes beraubt, dann verliert nicht nur Deutsch-Österreich beinahe seinen ganzen Kohlenbergbau, beinahe seine ganze Textil-, Glas- und Porzellanindustrie, dann werden nicht nur unsere Produktivkräfte, unser Nationalvermögen, unsere wirtschaftliche Tragfähigkeit, unsere Steuerkraft um mehr als die Hälfte reduziert, nein, dann wird zugleich mitten in Europa ein Staat geschaffen, ein Herd des deutschen, des ungarischen, des polnischen Irredentismus, der eine Quelle dauernder Feindschaft zwischen Nachbarvölkern, dauernder Gefahr für den Frieden sein wird."
Diese warnenden Worte blieben allerdings unbeachtet. Als noch vor der Unterzeichnung des Friedensdiktates am 4. März 1919 in mehreren

Orten des Sudetengebietes friedliche Demonstranten gegen die Verhinderung ihrer Vertreter, an den Wahlen zur konstituierenden Nationalversammlung Deutsch-Österreichs teilzunehmen, protestierten, wurden diese Kundgebungen manu militari blutig unterdrückt. Vierundfünfzig Tote waren damals in dem eben geschaffenen Retortenstaat ČSR zu beklagen, dessen Vertreter immer vorgaben, daß dieser Staat eine zweite Schweiz darstelle.

Bezeichnend für die undemokratischen Vorgehensweisen der tschechischen Politiker war auch ihr Anschlag auf die Rechte der ältesten Universität im deutschen Kulturraum im Jahre 1920.

Mit einem Gesetz, das ohne einen einzigen deutschen parlamentarischen Vertreter verabschiedet wurde, versuchten die tschechischen Politiker, die Traditionen der Deutschen Universität zu Prag auszulöschen. Wie sich die deutschen Studenten und ihre Professoren gegen diese Vergewaltigung wehrten, soll nachstehend dargestellt werden.

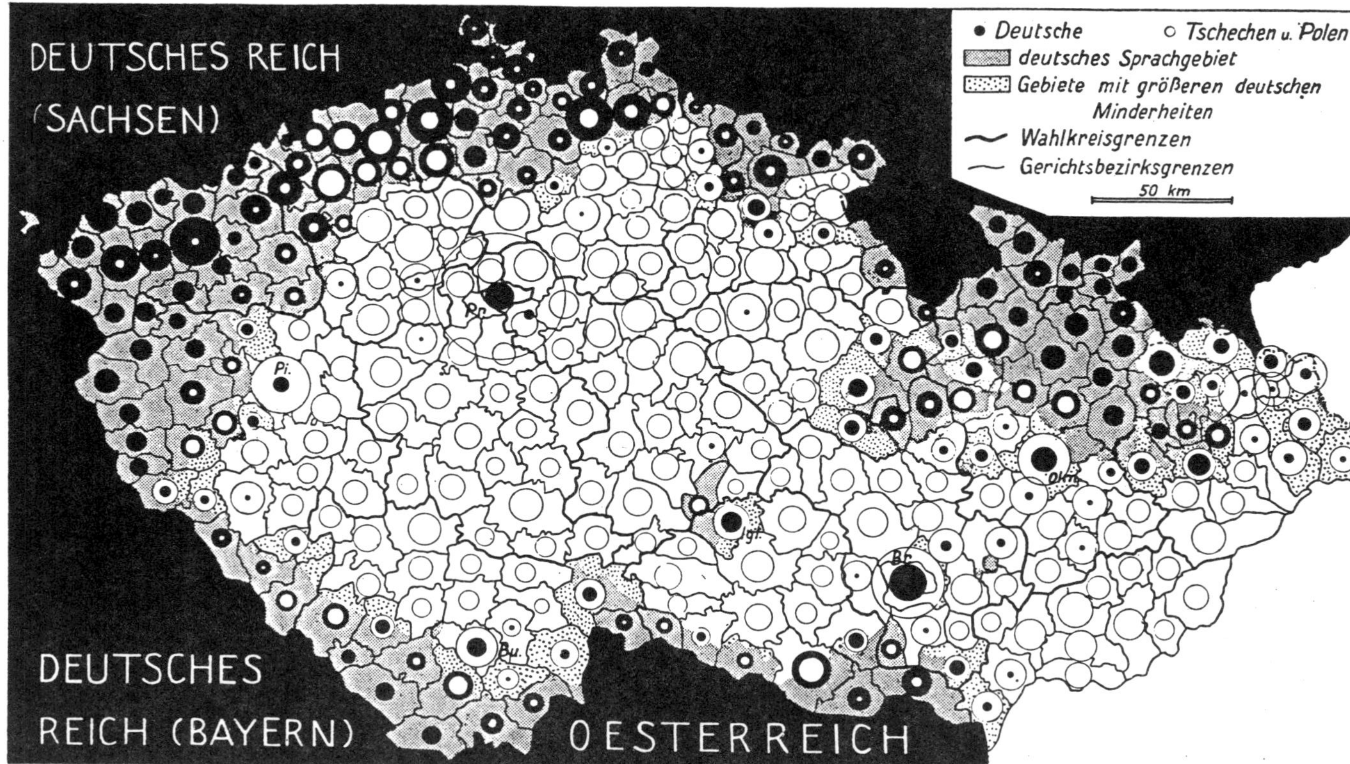

Das Deutschtum in den Sudetenländern. Die Größe der Kreise entsprechen dabei den Zahlen aller Gesamteinwohner der einzelnen Gerichtsbezirke bzw. der einzelnen Nationalitäten. Die Mehrheit wurde dabei als Ring, die Minderheit als Punkt eingezeichnet. Daraus ist deutlich zu erkennen, in welchen Gebieten den Tschechen ein Einbruch in das deutsche Sprachgebiet gelungen ist.

Quelle: Thalheim, K. C.: Das Grenzlanddeutschtum. Mit besonderer Berücksichtigung seines Wirtschafts- und Soziallebens. Berlin-Leipzig 1931 (Sammlung Göschen).

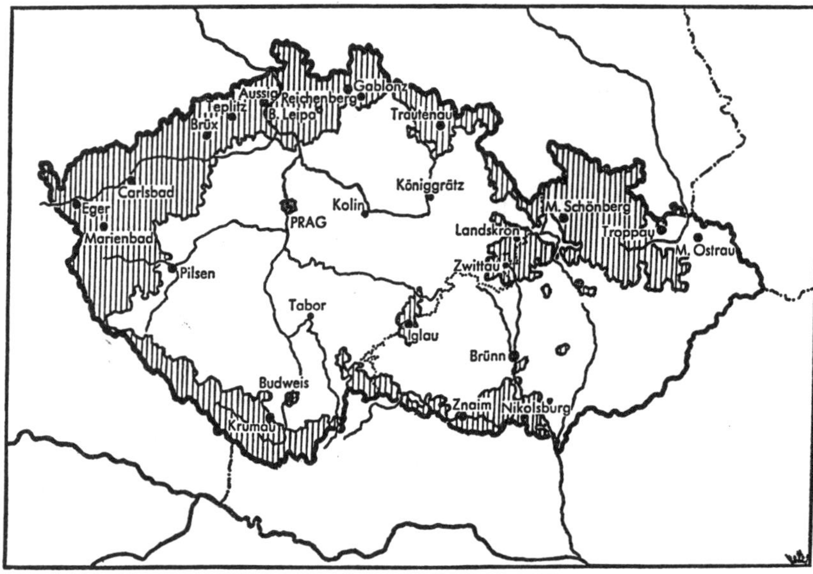

Die Bevölkerungs- und Siedlungskarte der Sudetendeutschen, dargestellt nach den Amtlichen Ergebnissen der tschechoslowakischen Volkszählung des Jahres 1930. Ein Vergleich mit Dr. Beneschs Karte aus dem Jahre 1919 enthüllt die Fälschung.

Quelle: Helmut Gordon: Die Benesch-Denkschriften. Die Tschechoslowakei und das Deutsche Reich 1918/19 – Kommentare und Kritik, Leoni 1990.

LES ALLEMANDS DE BOHÊME.

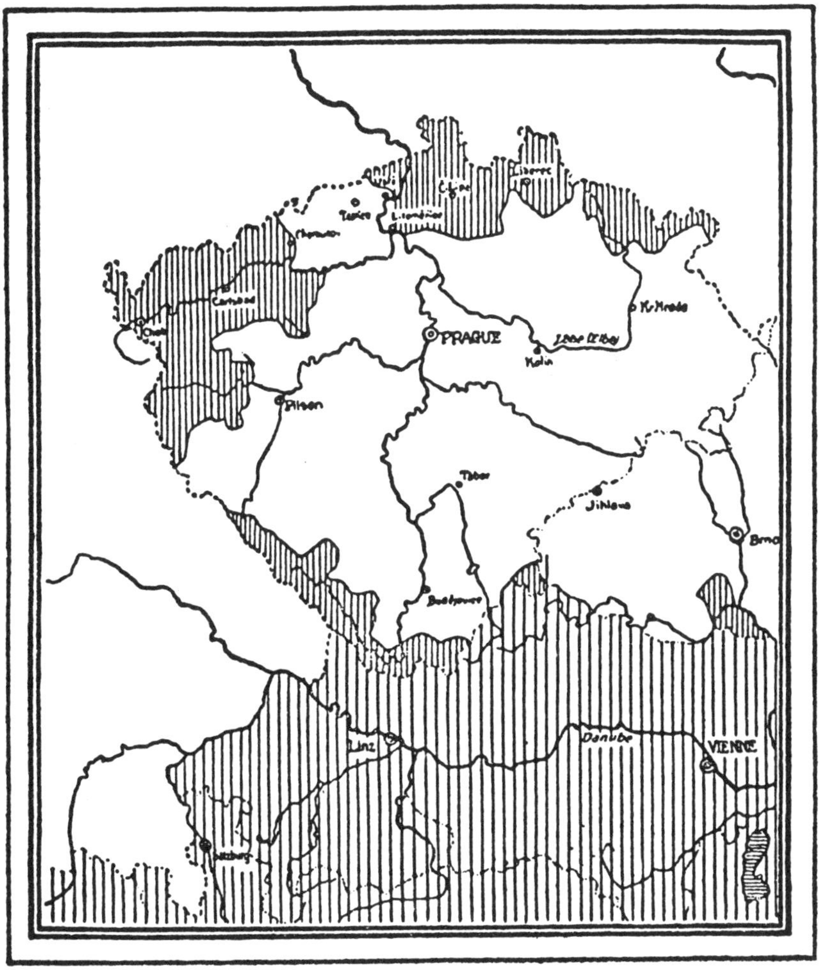

Les Allemands de Bohême (the Germans of Bohemia)

Les Allemands d'Autriche (the Germans of Austria)

Die von Dr. Benesch der „Friedenskonferenz“ von Saint-Germain-en-Laye vorgelegte Bevölkerungskarte, die der Durchsetzung der Ansprüche der Tschechoslowakei auf die deutschen Gebiete Böhmens, Mährens und Schlesiens dienen sollte, war eine bewußte Fälschung, bei der die deutschen Siedlungsgebiete beträchtlich verkleinert und zersplittert dargestellt waren.

Quelle: Helmut Gordon: Die Benesch-Denkschriften. Die Tschechoslowakei und das Deutsche Reich 1918/19 – Kommentare und Kritik, Leoni 1990.

1.
Entschließung der deutschen Abgeordneten des österreichischen Reichsrats
vom 6. Oktober 1918

Wir erkennen das Selbstbestimmungsrecht der slawischen und romanischen Nationen Österreichs an und nehmen das gleiche Recht für das deutsche Volk Österreichs in Anspruch ...
Wir sind bereit, mit den Vertretern des tschechischen und des südslawischen Volkes auf dieser Grundlage über die Umwandlung Österreichs in einer Föderation freier nationaler Gemeinwesen zu verhandeln. Lehnen die Vertreter der slawischen Nationen diese Verhandlungen ab, so erklären wir, daß sich das deutsche Volk Österreichs mit allen Mitteln dagegen wehren wird, daß seine staatsrechtliche Stellung oder diejenige eines seiner Teile über seinen Kopf hinweg durch die Staatsgewalt oder das Schwert eines fremden Eroberers bestimmt wird. Jedem solchen Versuch gegenüber wird das deutsche Volk in Österreich sein unbeschränktes Selbstbestimmungsrecht mit allen Mitteln verteidigen.
Quelle: L. Epstein, Studienausgabe der Verfassungsgesetze der tschechoslowakischen Republik, Reichenberg 1923, S. 52.
Anmerkung: Die obige Entschließung ging auf einen fast wörtlich gleichlautenden Beschluß der deutschen Mitglieder der sozialdemokratischen Fraktion des österreichischen Abgeordnetenhauses vom 4. Oktober 1918 zurück.

2.
Kaiserliches Manifest
vom 17. Oktober 1918

... Österreich soll dem Willen seiner Völker gemäß zu einem Bundesstaat werden, in dem jeder Volksstamm auf seinem Siedlungsgebiet sein eigenes staatliches Gemeinwesen bildet. Der Vereinigung der polnischen Gebiete Österreichs mit dem unabhängigen polnischen Staat wird hierdurch in keiner Weise vorgegriffen ...

Diese Neugestaltung, durch die die Integrität der Länder der Heiligen Ungarischen Krone in keiner Weise berührt wird, soll jedem nationalen Einzelstaat seine Selbständigkeit gewährleisten. . .
Bis diese Umgestaltung auf gesetzlichem Wege vollendet ist, bleiben die bestehenden Einrichtungen zur Wahrung der allgemeinen Interessen unverändert aufrecht. An die Völker, auf deren Selbstbestimmung das neue Reich sich gründen wird, ergeht Mein Ruf, an dem großen Werk durch Nationalräte mitzuwirken, die – gebildet aus den Reichsratsabgeordneten jeder Nation – die Interessen der Völker zueinander sowie im Verkehr mit Meiner Regierung zur Geltung bringen sollen . . .
Quelle: L. Epstein, Studienausgabe der Verfassungsgesetze der tschechoslowakischen Republik, Reichenberg 1923, S. 50f.

3.
Beschluß der Deutschböhmischen Landesversammlung
vom 29. Oktober 1918

Wir, vom deutschen Volk Böhmens auf Grund des allgemeinen, gleichen und unmittelbaren Wahlrechts erwählten Abgeordneten, haben uns zu dieser Vorläufigen Landesversammlung vereinigt, um auf Grund des allgemein anerkannten Selbstbestimmungsrechts der Völker und der Beschlüsse der Deutsch-Österreichischen Nationalversammlung in unserem Siedlungsgebiet eine geordnete Verwaltung aufzurichten und so unser Volk vor Fremdherrschaft und wirtschaftlichem Elend zu bewahren . . .
Im Namen des von ihr vertretenen Volkes und Gebietes erklärt die Landesversammlung hiermit Deutsch-Böhmen zur eigenberechtigten Provinz des Staates Deutsch-Österreich, erkennt bis zur endgültigen Ordnung der Verfassung die . . . deutsch-österreichische Nationalversammlung als ihre einzige und höchste gesetzgebende Körperschaft, die von ihr eingesetzten Behörden als ihre übergeordneten Behörden an und erklärt die Beschlüsse der deutsch-österreichischen Nationalversammlung und die Anordnungen der deutsch-österreichischen Behörden für sich selbst, wie für das vom Landtag vertretene Volk und Gebiet ohne Vorbehalt für bindend. Die Provinz Deutsch-

Böhmen steht somit zu gleichen Rechten und Pflichten den übrigen Ländern Deutsch-Österreichs zur Seite und gelobt, deren Schicksal mit unverbrüchlicher Gemeinschaft und Treue zu teilen . . .
Bestrebt, das Selbstbestimmungsrecht Deutsch-Böhmens zu wahren, ohne berechtigte Ansprüche der Tschechen abzulehnen, beauftragt der Landtag den Landeshauptmann, sich über die Einrichtung einer besonderen vorläufigen Verwaltung in den offenkundig gemischtnationalen Gemeinden des Landes bis zur endgültigen Ordnung der Verhältnisse mit den Vertretern des tschechischen Volkes ins Einvernehmen zu setzen . . .
Quelle: L. Epstein, Studienausgabe der Verfassungsgesetze der Tschechoslowakischen Republik, Reichenberg 1923, S. 55ff.

Anmerkungen:

1) Obige Entschließung wurde von den Abgeordneten des österreichischen Reichsrats und des böhmischen Landtags gefaßt, die deutscher Volkszugehörigkeit waren und (soweit es sich um Reichstagsabgeordete handelte) Wahlkreise vertraten, die in Böhmen lagen.
2) Die deutschen Abgeordneten aus Nordmähren und Österreichisch-Schlesien (die Vertreter der damals sogenannten „Provinz Sudetenland") sowie die deutschen Abgeordneten aus Südmähren, die zu einer „Kreisversammlung" zusammentraten, faßten am 30. Oktober in Troppau bzw. am 3. November in Znaim sachlich, z.T. sogar wörtlich gleichlautende Beschlüsse.
3) Die Provisorische Deutsch-Österreichische Nationalversammlung ratifizierte die obigen Entschließungen durch das Gesetz vom 22. November 1918 über „Umfang, Grenzen und Beziehungen des Staatsgebiets" (StGBl Nr. 40); zu beachten ist ferner, daß diese provisorische Nationalversammlung den deutsch-österreichischen Staat bereits durch das Gesetz vom 12. November 1918 (StGBl. Nr. 5) zum „Bestandteil der deutschen Republik" erklärt hatte (Art. 2) Seite und Nummer 10.

4.
Note der deutsch-österreichischen Regierung an die alliierten Hauptmächte
vom 13. Dezember 1918

Aus einer Mitteilung der tschechoslowakischen Regierung ist zu ersehen, daß die alliierten Mächte angeblich die Absicht haben, die großen, zusammenhängenden Gebiete Böhmens und Mährens, die von mehr als drei Millionen Deutschen bewohnt werden, dem tschechoslowakischen Staat einzuverleiben. Es wird behauptet, daß diese Maßnahme durchgeführt werden soll, ohne die Ergebnisse der Friedenskonferenz abzuwarten. Die deutsch-österreichische Regierung nimmt an, daß diese auf eine unrichtige Unterrichtung der tschechoslowakischen Regierung zurückzuführen ist; dennoch fühlt sie sich verpflichtet, die allgemeine Aufmerksamkeit auf diese Tatsache zu lenken und darauf zu bestehen, daß solche Pläne keine Durchführung finden.

Über den deutschen Charakter der in Rede stehenden Gegenden kann kein Zweifel obwalten. Ihre Bevölkerung hat bei verschiedenen Gelegenheiten ihren heißen Wunsch zu erkennen gegeben, ihre Freiheit aufrechtzuerhalten und vom tschechoslowakischen Staat unabhängig zu bleiben. Dieser Wunsch hat vor allem in einhelligen Erklärungen der auf Grund allgemeinen Wahlrechts erwählten Abgeordneten Ausdruck gefunden [1].

Sollten die alliierten Mächte in dieser Hinsicht jedoch Zweifel hegen, so schlägt die deutsch-österreichische Regierung vor, die Lage unverzüglich durch eine, unter neutraler Aufsicht stattfindende Volksabstimmung, die nicht nur unter Gewährleistung freier Stimmabgabe, sondern auch unter Inachtnahme anderer Garantien stattfinden müßte, zu klären. In jedem Fall ersucht die deutsch-österreichische Regierung die alliierten Mächte, über das Schicksal der fraglichen Bevölkerung nicht anders als auf Grund des Ergebnisses einer solchen Volksabstimmung entscheiden zu wollen . . .

Quelle: Papers relating to foreign relations of the United States 1919 – The Paris Peace Conference, Bd. 2, Washington 1942, Seite 379.

---

[1] s. o. Nr. 3

Anmerkung: Ursache dieser Note war, daß die sudetendeutschen Gebiete ab Mitte November durch tschechische Truppen besetzt wurden. Vgl. u. Nr. 5–7.

5.

Bekanntmachung des Befehlshabers der tschechischen militärischen Besatzungsstreitkräfte für die Stadt und den Bezirk Karlsbad

vom 13. Dezember 1918

Ich habe im Namen der Regierung der tschechoslowakischen Republik gestern von Stadt und Bezirk Karlsbad militärisch Besitz ergriffen. Mit dem heutigen Tag werden sämtliche Volkswehren und alle, welchen Namen immer führenden bewaffneten Organisationen aufgelöst und etwa bestehende Soldatenräte abgeschafft. Sämtliche im Besitz der Bevölkerung befindlichen Armeewaffen und alle Munition sind durch die Gemeinden zu sammeln und sofort an das Kommando der Besatzungstruppe in Karlsbad abzuliefern . . .
Quelle: H. v. Stein, Karlsbad im Tschechenstaat, in: Karlsbader Badeblatt, Jg. 1942.

6.

Aufruf des Bürgermeisters der Stadtgemeinde Karlsbad

vom 14. Dezember 1918

In unserer Stadt sind tschechoslowakische Truppen eingetroffen. Gegen diesen, durch nichts gerechtfertigten Einmarsch habe ich namens der Stadt und Bevölkerung feierlich Protest erhoben und erklärt: „Wir geben lediglich, um unsere Bevölkerung vor Schaden an Leben, Gesundheit und Besitz zu schützen, der wider uns angewendeten Gewalt Raum, verwahren uns aber entschieden gegen die uns zugefügte Vergewaltigung. Wir halten unbedingt fest am Recht auf Selbstbestimmung und auf nationale Freiheit Deutsch-Böhmens, zu dessen Zugehörigkeit sich Karlsbad unbedingt und unverändert bekennt."
. . . Wir setzen der Gewalt keine Gewalt entgegen, ändern aber auch nichts an unserem nationalen Bekenntnis und unserer Stellung zu

unserer Nation. Im Vertrauen auf unser gutes Recht, auf die Treue unseres Volkes und unseren unbeugsamen festen Willen sehen wir dem kommenden mit Ruhe und bester Hoffnung entgegen . . .
Quelle: H. v. Stein, Karlsbad im Tschechenstaat, in: Karlsbader Badeblatt, Jg. 1942.

7.
Entschließung des deutsch-südmährischen Kreistags
vom 12. Januar 1919

. . . Gleich allen übrigen Völkern und Stimmen . . . glaubten . . . auch wir Deutsche Südmährens, über unser ferneres Schicksal selbst bestimmen zu können. Am 3. November 1918 haben wir uns am Kreistag zu Znaim durch unsere berufenen Vertreter zu Deutsch-Österreich bekannt und die Einverleibung unserer Heimat ins Gebiet dieses Staates verlangt.
Kaum hatte, unserem Ruf folgend, die deutsch-österreichische Staatsregierung die Verwaltung unseres Kreises übernommen, als tschechoslowakische Truppen in den Kreis einfielen und Gemeinde für Gemeinde besetzten. Uns der Macht der Entente beugend, die die Tschechoslowakei als ihren Verbündeten betrachtet wissen will, setzten wir der Okkupation unseres Kreises, obwohl sie aus dem Titel seiner Zugehörigkeit zum tschechoslowakischen Staat und damit wider alles Recht erfogt war, keinerlei gewaltsamen Widerstand entgegen.
Anders als die Ententemächte und deren Organe, deren menschenfreundliche Haltung anerkannt werden muß, bedrücken uns die Tschechoslowaken ohne Unterlaß aufs schwerste. Kaum mehr als reguläres Militär zu werten, plündern die tschechoslowakischen Soldaten die Höfe friedlicher Bauern, berauben sie ihres Korns, ihres Viehs und berauschen sich am Wein, den sie von ihnen erpressen. Friedliche Bürger und Bürgerinnen bluten unter den Kolbenstößen und Bajonettstichen der brutalen tschechoslowakischen Soldateska, mit deren Hilfe die Machthaber in Brünn und Prag . . . ein wahres Schreckensregiment errichtet haben, um die Deutschen einzuschüchtern, sie zur Verleugnung ihres Volkstums zu bestimmen und solcherart dem Kreis, der kerndeutsch ist, slawisches Gepräge aufzudrücken. Beamte und Offi-

ziere werden gleich vielen anderen, die Deutsch-Österreich gedient haben, von den Tschechoslowaken wegen Landesverrat gefangengesetzt und in den berüchtigten Kasematten am Spielberg in Brünn festgehalten; Frauen, Mädchen und Kinder hinwiederum wegen nichtiger Anlässe der Prügelstrafe zugeführt.[1]
Auf den Tag vertrauend, an dem die weise Einsicht der großen Mächte des Westens sich unser annehmen würde, haben wir die unmenschliche Behandlung, von der uns kaum ein Tag verschont, bis nun mit Geduld ertragen. Doch nie und nimmer soll das bedeuten, daß wir uns in das Sklavenlos, das uns die Tschechoslowaken bereiten, gefügt, daß wir der Freiheit, daß wir Deutsch-Österreich entsagt hätten. Und so erheben wir denn hier . . . unsere Stimme, um von den Mächten, denen wir unser Schicksal anvertraut haben, unser Recht zu fordern . . .
Quelle: H. Oldofredi, Zwischen Krieg und Frieden, Zürich 1925, S. 132 f.

Anmerkung: Von den 195 Gemeinden des Kreises Deutsch-Südmähren hatten zu dieser Zusammenkunft – die zufolge der Maßnahmen der tschechischen Militärbefehlshaber in der niederösterreichischen Stadt Retz stattfinden mußtc – 114 ihre Bürgermeister, alle übrigen bevollmächtigte Vertreter entsandt.

Das Gesetz vom 19. Februar 1920 über das Verhältnis der Prager Universitäten und seine Vorgeschichte

Im Verlaufe der sich ausweitenden nationalen Gegensätze in Böhmen ab der Mitte des 19. Jahrhunderts wurden schon die Weichen für den in der Folge einsetzenden Streit um den „Alleinbesitz" der Prager Karl-Ferdinands-Universität gestellt. Dieser Streit nahm nach Gründung der

[1] Nach Berichten, die der Kreishauptmannschaft Znaim zugekommen waren, wurde diese Strafe in der Weise vollzogen, daß der Delinquent „an Kopf und Händen niedergehalten – die Frauen in schamlosester Weise entblößt – unter den Augen der (tschechischen) Offiziere mit dem ledernen Waffengurt geschlagen" wurden – vgl. Oldofredi, a. a. O., S. 128.

tschechoslowakischen Republik im Jahre 1918 an Intensität zu und führte zur Verabschiedung des Gesetzes über das Verhältnis der Prager Universitäten vom 19. Februar 1920, das nach seinem Urheber auch als „Lex Maresch“ bezeichnet wurde. Die nationalen Auseinandersetzungen hatten sich vordergründig an der Sprachenfrage im Lande entzündet und in der zweiten Hälfte des 19. Jahrhunderts auch auf akademischen Boden der Prager Universität übergegriffen.

Durch eine von Kaiser Joseph II. im Jahre 1784 erlassene Verordnung, wonach an der Prager Universität an Stelle der bisherigen lateinischen die deutsche Lehrsprache gebraucht werden sollte, erlebten alsbald alle Zweige der Wissenschaften einen bedeutsamen Aufschwung. Dieser Entwicklung war im Jahre 1770 die Gründung der „Königlich böhmischen Gesellschaft der Wissenschaften“ durch den Siebenbürger Ignaz Edlen von Born vorangegangen, und im Jahre 1818 wurde von Kaspar Graf Sternberg das „Vaterländische Museum“ aus der Taufe gehoben.

Beide Anstalten wurden dann im 19. Jahrhundert vollkommen tschechisiert, und dieser Trend setzte sich vor allen Dingen auf dem Gebiete des Schulwesens im Lande fort. Unter diesen Vorzeichen ist auch die Gründung des Deutschen Schulvereines im Jahre 1880 zu erklären. Das vielfach erfolgreiche Vordringen des tschechischen Elementes auf allen Gebieten des öffentlichen Lebens in den Ländern der Wenzelskrone setzte in den letzten Jahrzehnten des 19. Jahrhunderts verstärkt ein. Schon im Jahre 1860 verloren die Deutschen die Gemeindeherrschaft in Prag, 1883 im böhmischen und 1895 im mährischen Landtag die Mehrheit.

Bei Erreichung ihrer nationalen Ziele waren die Tschechen auch insofern im Vorteil, als sie aufgrund ihrer Ausbildung an deutschen Lehranstalten die deutsche Sprache gut beherrschten.

Wie im Falle der „Königlich böhmischen Gesellschaft der Wissenschaften“ und des „Vaterländischen Museums“ versuchten die Tschechen sich auch des Prager „Ständischen polytechnischen Institutes“ durch gezielte Unterwanderung zu bemächtigen.

Dieses Institut, das ab dem Jahre 1879 die Bezeichung „Deutsche Technische Hochschule“ führte, konnte aufgrund langjähriger Vorarbeiten des Professors für Mathematik an der Prager Universität,

Franz Joseph Ritter von Gerstner, geschaffen werden und wurde am 11. November 1806 im „St. Wenzels-Seminarium“ feierlich eröffnet. Das Vordringen des tschechischen Elementes in dieser Anstalt konnte nicht übersehen werden, und die deutschen Professoren setzten diesen Bestrebungen energischen Widerstand entgegen. Ihre Abwehrmaßnahmen waren dann insofern erfolgreich, als im Jahre 1868 zwei national getrennte polytechnische Institute errichtet wurden.

Nachdem dieser Versuch der Tschechen, sich unter dem Deckmantel der Gleichstellung und Gleichberechtigung der Landessprachen den Alleinbesitz des Prager Polytechnikums zu sichern, gescheitert war, richteten sie ihr Augenmerk auf die Karl-Ferdinands-Universität. Gestützt auf einen Ministerialerlaß aus dem Jahre 1848, wonach alle Sprachen als Lehrsprachen an der Prager Universität zugelassen waren, bemühten sie sich, durch Vorträge in tschechischer Sprache an der Universität an Boden zu gewinnen. Als politische Konzession wurden sodann im Jahre 1861 zwei Professuren mit tschechischer Lehrsprache an der Prager Universität errichtet, und im Jahre 1866 empfahl die Mehrheit des böhmischen Landtages dem tschechenfreundlichen Ministerium Belcredi eine weitere Begünstigung der nationalen Gleichstellung.

Das konsequente Vorgehen der Tschechen im Bereich der Prager Universität war auch von Erfolg gekrönt. Unter dem tschechischen Unterrichtsminister Jiráček konnten im Jahre 1871 weitere Professuren mit tschechischer Unterrichtssprache errichtet werden. Jedem vorurteilslosen Betrachter wurde damals klar, daß die von den Tschechen geübte Vorgangsweise zur vollständigen Tschechisierung der Prager Universität führen müßte.

Der Privatdozent an der Prager Universität, Dr. Philipp Knoll, wies angesichts dieser Entwicklung in einer Rede vor dem Verfassungsverein der Deutschen in Böhmen im Jahre 1871 darauf hin, daß dem tschechischen Volk ein historisches Recht auf die Prager Universität nicht zustehe, daß aber die Entwicklung der sprachlichen Verhältnisse im Lande die Errichtung einer selbständigen tschechischen Universität erforderlich mache. Von einer Zweiteilung der Karl-Ferdinands-Universität war aber damals noch keine Rede. Nach vielen Vorsprachen und Eingaben deutsch-böhmischer Reichstagsabgeordneter, welche darauf abzielten, eine eigene tschechische Universität zu gründen, entschied sich zunächst die Kommissionsmehrheit des Herrenhauses in Wien dafür, eine zweite Universität mit tschechischer Unterrichtssprache neben der bestehenden zu gründen. Die Besitzrechte der Karl-Ferdinands-Universität sollten dabei in vollem Umfange gewahrt bleiben. Dieses Ziel konnte jedoch nicht erreicht werden, und im Jahre 1882 wurde dann die Teilung der Alma Mater Pragensis in eine deutsche und eine tschechische Universität gesetzlich verfügt, wobei die volle Selbständigkeit der ersteren gewahrt blieb.

Diese Universitätsteilung fand indes nicht die ungeteilte Zustimmung aller tschechischer Kreise, hatte man sich doch bis zum letzten Augenblick der Hoffnung hingegeben, über den Weg der Gleichstellung beider Unterrichtssprachen Alleinbesitzer der Prager Universität zu werden. So blieb auch nach dem Teilungsgesetz die Lage an den Hohen Schulen Prags angespannt.

Schon nach dem Sturze Badenis, am 28. November 1897, kam es in Prag zu schweren Ausschreitungen gegen deutsche Hochschullehrer, Studenten, Universitätsinstitute, gegen das Deutsche Theater und das Deutsche Haus, die einen derartigen Umfang annahmen, daß eine Abordnung des akademischen Senates der Prager deutschen Universität am 2. Dezember 1897 bei dem Ministerpräsidenten Baron Gautsch in Wien um Schutz für die deutschen Hohen Schulen in der böhmischen Landeshauptstadt bitten mußte. Zu ähnlichen gewaltsamen Ausschreitungen gegen deutsche Studenten, an denen sich vielfach auch die Prager Gasse beteiligte, kam es in den Jahren 1904 und 1908.

Wie im Jahre 1887, so konnten Ruhe und Ordnung in Prag auch in diesen Jahren nur durch den Einsatz von Militär wieder hergestellt werden. Bis zum Ausbruch des Ersten Weltkrieges war Prag oft Schauplatz solcher Tumulte, die sich gegen das deutsche Studententum richteten. Nach Ausrufung der tschechoslowakischen Republik am 28. Oktober 1918 setzten dann die Angriffe tschechischer Parlamentarier in vollem Umfang ein. Aber schon vor der Proklamierung der ČSR wurden im Auftrage des späteren Oberbürgermeisters von Prag, Dr. Baxa, sämtliche deutsche Aufschriften in Prag und natürlich auch die Hinweistafeln in deutscher Sprache an den einzelnen Universitätsgebäuden der Prager Universität entfernt. Zwei Tage nach der Proklamierung der ČSR erschien unter der Führung des Professors Dr. Srdinko von der tschechischen Universität eine Abordnung des Národní Výbor (Nationalausschuß) beim Rektor der deutschen Karl-Ferdinands-Universität, Prof. Dr. August Naegle, und verlangte die sofortige Herausgabe der wichtigsten Archivalien, darunter auch die Gründungsurkunde Karls IV. vom 7. April 1348.

Zunächst weigerte sich der deutsche Rektor, die verlangten Archivalien herauszugeben, mußte sich aber letztlich, bei Androhung militärischer Gewaltanwendung, dem Begehren der tschechischen Abordnung beugen. Außerdem wurde er von den Eindringlingen auf akademischem Boden gezwungen, die Schlüssel des von der deutschen Universität verwalteten Universitätsarchivs auszuhändigen.

Daraufhin rief Rektor Naegle am 29. Oktober 1918 den akademischen Senat zusammen und ließ eine Resolution nachstehenden Inhaltes veröffentlichen: „In dieser Schicksalsstunde des deutschen Volkes sieht sich die deutsche Universität in Prag verpflichtet, zu betonen, daß sie unabhängig von politischen Wechselfällen an dem Ideal des geistigen Zusammenhanges des gesamten deutschen Volkes festhält und auch fürderhin in alter Treue den geistigen und völkischen Zusammenhang zu wahren und für deutsche Wissenschaft und Kultur einzutreten entschlossen ist.“

Die Antwort auf dieses Bekenntnis erfolgte von tschechischer Seite umgehend. Sie bestand in der vorläufigen Wegnahme der Universitätssternwarte und ihrer Eingliederung in die tschechische Karl-Ferdinands-Universität, bei gleichzeitiger Dienstenthebung ihres bisherigen deutschen Leiters. Diese Vorgangsweise der tschechischen Machthaber sowie Gerüchte einer staatsrechtlichen Trennung der deutschbesiedelten Gebiete von der tschechoslowakischen Republik veranlaßte die deutschen Studenten in einer allgemeinen Studentenversammlung am 16. Januar 1919, die Verlegung der deutschen Hohen Schulen von Prag nach Deutsch-Böhmen zu fordern. Diese Forderung, die dann später jedoch fallengelassen wurde, war aber schon zu dem damaligen Zeitpunkt, wenn auch nicht juristisch, so doch praktisch deswegen überholt, weil seit Mitte Dezember des Jahres 1918 tschechische Militäreinheiten und Legionärsverbände das gesamte deutsche

Siedlungsgebiet in den Ländern der Wenzelskrone überfallartig okkupiert hatten. Auch waren die blutigen Ereignisse vom 4. März 1919 nicht dazu angetan, auf eine Durchsetzung des Selbstbestimmungsrechtes für die Sudetendeutschen auch nur zu hoffen.
Rektor Dr. August Naegle, er wurde auch infolge seiner Standhaftigkeit die „Eiserne Magnifizenz" genannt, erkannte die Gefahren, die nun der deutschen Universität drohten, und ließ in den deutschen Zeitungen am 6. April 1919 einen Aufruf an alle deutschen Studenten veröffentlichen, in dem diese aufgefordert wurden, der Alma Mater Pragensis die Treue zu bewahren. Dieser Aufruf wurde sofort von einigen Professoren der tschechischen Universität, an ihrer Spitze Prof. Dr. Maresch, zum Anlaß genommen, bei einer Anfrage an den Unterrichtsminister der deutschen Universität und ihrem Rektor staatsfeindliches Verhalten zu unterstellen. Dabei spielte es auch eine nicht unbedeutende Rolle, daß sich die Rektoren der beiden deutschen Hochschulen in Prag (Karl-Ferdinands-Universität und Deutsche Technische Hochschule) kurze Zeit vorher geweigert hatten, den Diensteid auf die tschechoslowakische Republik abzulegen, weil zu diesem Zeitpunkt die Friedenskonferenz in Saint Germain noch nicht endgültig über das Schicksal der Deutschen im neuen Staat entschieden hatte.
Die Angriffe seitens Professor Maresch und Genossen gegen die deutschen Hochschulen hielten in der tschechischen Nationalversammlung ab diesem Zeitpunkt unvermindert an, und so sahen sich die Rektoren und Professoren beider deutscher Hochschulen bei massivem Druck des tschechischen Unterrichtsministeriums gezwungen, am 29. April 1919 den Diensteid abzulegen. Dabei überreichte Rektor Naegle folgende Erklärung des akademischen Senates:
„Der akademische Senat der Prager Deutschen Universität beklagt es, daß seinem Ersuchen, von der Ablegung des Gelöbnisses der Universitätsangehörigen bis zur Regelung der deutsch-böhmischen Verhältnisse abzusehen, seitens der Regierung der tschechoslowakischen Republik nicht willfahrt worden ist. Indem die deutsche Universität nunmehr im Hinblick auf die gegebenen Verhältnisse das Gelöbnis ablegt, fühlt sich der akademische Senat verpflichtet, zu erklären, daß er festhält an dem deutschen Charakter der Hochschule und an dem Verlangen, daß sie in deutsch-böhmisches Siedlungsgebiet verlegt

werde. Die Deutsche Universität muß das Schicksal des Deutschen Volkes in Böhmen teilen.

Prag, am 28. April 1919

Der Rektor
Dr. Naegle m. p."

Auch der Rektor der Deutschen Technischen Hochschule in Prag, Prof. Niethammer, gab damals eine ähnlich lautende Erklärung ab.
Mit der Ablegung des Diensteides der deutschen Professoren allein gab sich allerdings der „tschechoslowakisch-demokratische Klub" im Parlament noch nicht zufrieden. Er kündigte eine erneute Anfrage an den Unterrichtsminister an, mit deren Ausarbeitung wiederum der Abgeordnete Professor Maresch beauftragt wurde. Gleichzeitig setzte, angeregt von Professor Maresch und seinen Parteifreunden, eine Zeitungs- und Parlamentskampagne gegen die deutschen Hochschulen und deren Vertreter ein, die erst nach der Ratifizierung des Universitätsgesetzes vom 19. Februar 1920 allmählich nachließ. Am 7. Januar 1920 wurde vom Kulturausschuß der tschechischen Nationalversammlung ein Entwurf des Universitätsgesetzes vorgelegt, der dann am 13. Januar 1920 angenommen wurde. Dieser in aller Eile zusammengebastelte Entwurf hatte folgenden Wortlaut:
„Gesetz vom 13. Januar 1920 über das Verhältnis der Prager Universitäten.

§ 1. Die böhmische Universität ist (die) Fortsetzung der alten Prager Universität und es wird ihr der Name ‚Karls-Universität' zurückgegeben. Die deutsche Universität in Prag wird von der alten Prager Universität als ‚Deutsche Universität der tschechoslowakischen Republik' abgetrennt.

§ 2. Das Karolinum, das Universitätsarchiv, die alten Insignien, Siegel, Bücher und andere Andenken der alten Prager Universitäten stehen im Eigentum der Karls-Universität.
Ferner sind der Karls-Universität die für die geschichtliche Entwicklung wertvollen Gegenstände zu übergeben, welche infolge der Durchführung des Gesetzes vom 28. Feber 1882 Z. 24 RGBl. in den Besitz der verschiedenen Institute der deutschen Universität gelangt sind.

§ 3. Die durch das Gesetz vom 28. Feber 1882 Z. 24 RGBl. begründete Gemeinschaft des Vermögens beider Universitäten wird aufgehoben. Das Ministerium für Schulwesen und Volkskultur wird ermächtigt, dieses Vermögen und die Stiftungen nach Anhörung beider Universitäten zu verteilen, wobei es die historischen Rechte und die aus den Stiftsbriefen fließenden Rechte zu wahren hat.

Das Gut Michle ist in das Eigentum des tschechoslowakischen Staates zu übertragen, welcher die Verpflichtung übernimmt, den Zweck dieser Stiftung zu erfüllen.

Das Ministerium für Schulwesen und Volkskultur wird die Zuteilung der Kranken an die Kliniken und der Leichen an die anatomischen Institute neu regeln.

§ 4. Dieses Gesetz erlangt Wirksamkeit mit dem Tage der Kundmachung, und das Ministerium für Schulwesen und Volkskultur wird es im Einvernehmen mit den übrigen obersten Verwaltungsbehörden durchführen."

Zu diesem Gesetzentwurf nahm der akademische Senat der deutschen Universität am 17. Januar 1920 Stellung, legte Verwahrung ein und faßte seinen Standpunkt wie folgt zusammen: „Das von der Nationalversammlung am 13. Jänner 1920 beschlossene Gesetz über das Verhältnis der beiden Prager Universitäten zueinander geht über die Macht und Befugnis eines Gesetzgebers nach verschiedenen Richtungen hinaus. Es behauptet, daß die tschechische Universität (und zwar sie allein) die Fortsetzung der alten Prager Universität darstelle. Es handelt sich dabei um eine Beurteilung geschichtlicher Tatsachen, zu welcher die Gesetzgebung weder berufen noch befähigt ist. Das Urteil der Gesetzgebung hierüber ist auch in keiner Weise maßgebend, und die deutsche Universität kann es auch nie und nimmer anerkennen. Sie kann sich dabei übrigens auf die Äußerung eines ungenannten tschechischen Sachverständigen berufen, welcher dem Berichte des Kulturausschusses (Drucksachen 2112) zufolge diesen aufmerksam gemacht hat, daß sich die Geschichte nicht wegdekretieren lasse, daß der tatsächliche Zusammenhang der deutschen Universität mit der ursprünglichen Karls-Universität aus der Geschichte nicht beseitigt werden könne und daß eine solche Verfügung ihren Zweck verfehle, dafür aber überflüssige Vorwände und sogar Belege für Klagen wegen Bedrückung schaffen werden. Das Gesetz verfügt weiter über die

Abtrennung der deutschen Universität in Prag von der alten Prager Universität und verordnet damit etwas Unmögliches. Denn die alte Universität besteht seit dem Jahre 1882 nicht mehr und mit der tschechischen Universität, welche von der Nationalversammlung als alleinige Fortsetzung der alten Universität angesehen wird, ist die deutsche Universität nicht verbunden. Sie ist nach dem Gesetz von 1882 eine selbständige, der tschechischen durchaus ebenbürtige und gleichberechtigte Hochschule. Auch in dieser Hinsicht beruft sich der akademische Senat auf die Äußerung des tschechischen Sachverständigen.
Des weiteren greift das Gesetz in die Rechtssphäre der deutschen Universität ein, indem es ihr Vermögen teils konfisziert, teils einer Neuregelung im Verwaltungswege unterwirft. Damit verletzt es gewiß die staatsgrundgesetzlich gewährleistete Unantastbarkeit des Eigentums, aber dem Gesetze als dem obersten Willen des Staates muß sich jedermann fügen, insofern er sich nicht auf dessen Nichtigkeit berufen kann.
Das ist aber gerade bei dem in Rede stehenden Gesetz der Fall. Der bereits von der Nationalversammlung genehmigte und vom Präsidenten der Republik unterschriebene Vertrag der fünf Hauptmächte mit dem tschechoslowakischen Staat vom 10. September 1919 erklärt im Artikel acht, daß die einer ethnischen Minderheit zugehörigen tschechoslowakischen Staatsbürger rechtlich und tatsächlich die gleiche Behandlung und die gleichen Bürgschaften genießen werden, wie die anderen Staatsbürger. Zu der tatsächlich gleichen Behandlung gehört auch die gleiche Behandlung der für die einzelnen Nationalitäten des Staates bestimmten Schulen und Anstalten. Zu den gleichen Bürgschaften gehört auch die gleiche Sicherstellung des Hochschulunterrichts. Durch das Universitätsgesetz wird aber die deutsche Universität schlechter behandelt als die tschechische, von zwei gesetzlich bisher gleich behandelten Hochschulen wird die tschechische emporgehoben und bereichert, die deutsche degradiert und kostbarer Schätze beraubt, deutsches Eigentum wird in tschechisches verwandelt. Nach Artikel sieben desselben Vertrages genießen alle tschechoslowakischen Staatsbürger die gleichen bürgerlichen und politischen Rechte ohne Unterschied der Rasse und Sprache. Zu den gleichen politischen Rechten gehört in allererster Linie die Teilnahme an der Gesetzge-

bung. Wenn aber ein Gesetz, welches die Rechtslage der deutschen Universität schmälert, geschaffen wird, ohne daß den Deutschen Gelegenheit gegeben worden ist, an dieser Gesetzgebung mitzuwirken, so liegt darin sicherlich eine dem Vertrage zuwiderlaufende Verletzung der politischen Rechte der deutschen Staatsbürger.
Nach Artikel eins des bezogenen Vertrages verpflichtet sich der tschechoslowakische Staat, die Artikel zwei bis acht desselben als Grundgesetze anzuerkennen, und er erkennt an, daß kein Gesetz, keine Verordnung und keine Amtshandlung ihnen gegenüber Geltung haben kann. Damit ist ausgesprochen, daß das die Minderheitenrechte verletzende Universitätsgesetz der Gültigkeit entbehrt.
Der Minister des Äußeren hat in der Sitzung der Nationalversammlung vom 30. September 1919 unter dem Beifall des Hauses seiner Überzeugung Ausdruck gegeben, daß die Republik das gegebene Wort in vollem Maße halten werde. Der akademische Senat stellt fest, daß das Universitätsgesetz mit dem Vertrage im Widerspruch steht und geeignet ist, im deutschen Volke die größte Erbitterung und die schlimmsten Befürchtungen für die Zukunft zu erwecken. Erschwerend kommt in Betracht, daß die Nationalversammlung von sachverständiger tschechischer Seite ausdrücklich gewarnt und darauf aufmerksam gemacht worden ist, daß das Gesetz Belege zu Klagen wegen Bedrückung geben wird.
Der akademische Senat der deutschen Universität würde sich einer schweren Pflichtverletzung schuldig machen, wenn er es unterließe, auch jetzt wieder wie bei früheren Anlässen in aller Form gegen die Vergewaltigung der deutschen Universität, welche sofort nach dem 28. Oktober 1918 begonnen hat, seither ununterbrochen fortgeführt wurde und nunmehr in dem Universitätsgesetz einen Höhepunkt erreicht hat, angesichts der gesamten deutschen und tschechischen Öffentlichkeit feierliche Verwahrung einzulegen.
Die Würdigung der gegen die deutsche Universität und gegen das deutsche Volk gerichteten gehässigen und beleidigenden Ausführungen des Berichtes des Kulturausschusses überläßt der akademische Senat getrost jedem, der unbefangen und sachkundig ist."
Die feierliche Verwahrung des akademischen Senates der deutschen Universität blieb nicht ohne Wirkung. Obwohl dem Staatspräsidenten

Th. G. Masaryk die Hauptforderung im Gesetzentwurf, wonach die historische Kontinuität der tschechischen Universität mit der ursprünglichen Karls-Universität anerkannt werden sollte, „sehr sympathisch“ war, hatte er gegenüber der Stilisierung des Gesetzentwurfes sowohl in formaler wie auch in sachlicher Beziehung einige Bedenken, die er in vier Punkten zusammenfaßte:

1. Es sei nicht klar, ob durch dieses neue Gesetz das Gesetz vom Jahre 1882 aufgehoben oder nur ergänzt werde.
2. Aus der Landtafel habe er entnommen, daß das Michler Gut nicht der Universität, sondern dem Prager Universitätsfond gehöre.
3. Das Karolinum sei, wie man ebenfalls aus der Landtafel entnehmen könne, bereits zur Hälfte der tschechischen Universität zugeschrieben worden.
4. Wenn schon im § 2, Absatz 1 das Karolinum als Eigentum der Karls-Universität erklärt wurde, so wäre nach Rechtskraft des neuen Gesetzes für die Übergangszeit eine Bestimmung über die Benützung des angeführten Eigentumes zu erlassen.

Das von der tschechischen Nationalversammlung am 13. Januar 1920 beschlossene Gesetz, gegen das der akademische Senat am 17. Januar seine Verwahrung eingelegt hatte, war vom Präsidenten der Republik wohl deswegen auch nicht bestätigt worden, weil es zu wenig gründlich vorbereitet war und erhebliche Mängel aufwies. Wenngleich der Protest des akademischen Senates vom 17. Januar nicht berücksichtigt wurde, mußte immerhin ein neuer Gesetzentwurf ausgearbeitet und vorgelegt werden. Eine neuerliche Verhandlung in der Nationalversammlung war somit notwendig geworden.

Deswegen faßte der akademische Senat am 28. Januar unter Festhaltung an seinem Beschluß vom 17. Januar einen erneuten Beschluß, und verlangte dabei, daß ihm ein etwaiger neuer Gesetzentwurf zur Begutachtung übermittelt und bis zur Erstattung einer Äußerung die parlamentarische Verhandlung ausgesetzt werde. Der Minister für Schulwesen und Volkskultur teilte daraufhin in einem Schreiben vom 31. Januar 1920 den Rektoren beider Universitäten den Inhalt des vom Kulturausschuß inzwischen angenommenen zweiten Entwurfs mit. Er drückte in diesem Schreiben auch seine Bereitwilligkeit aus, Einwände und Wünsche beider Universitäten, die bis zum 4. Februar um 9.00

Uhr vormittags ihm vorgelegt würden, an den Kulturausschuß weiterzuleiten.

Diese Frist war äußerst kurz bemessen und bestand aus einem Sonntag, einem Feiertag und einem Werktag. Im Hinblick auf diese kurze Frist, ersuchte die deutsche Universität um Gewährung einer Fristverlängerung, die jedoch vom Unterrichtsminister abgelehnt wurde. Es wurde auch eine gemeinsame Beratung beider Universitäten, wie sie das Ministerium für Schulwesen und Volkskultur ursprünglich in Aussicht gestellt hatte, nicht anberaumt. Dem akademischen Senat der deutschen Universität war somit aufgegeben, in kürzester Zeit und in offener Frist zu dem neuen Gesetzentwurf unter Beiziehung von Gutachten von Fachleuten Stellung zu nehmen. Der fristgerecht erfolgten Eingabe an den Unterrichtsminister waren Gutachten der Professoren Emil Werunsky und Adalbert Prey beigegeben.

Der zweite Entwurf des Universitätsgesetzes in der dem Rektor der deutschen Universität am 31. Januar 1920 übergebenen Fassung hatte folgenden Wortlaut:

„Gesetz vom 13. 1. 1920 über das Verhältnis der Prager Universitäten.

§ 1 Die durch das Gesetz vom 28. Feber 1882, Z. 24 RGBl., festgesetzten Namen beider Prager Universitäten:
‚Böhmische Karl-Ferdinands-Universität‘ und ‚Deutsche Karl-Ferdinands-Universität‘ werden aufgehoben. Der böhmischen Universität wird als Fortsetzerin des altertümlichen, von dem böhmischen König Karl gegründeten Hochschulstudiums der Name ‚Karls-Universität‘ zurückgegeben.
Die deutsche Universität dauert weiterhin fort als deutsche Universität der tschechoslowakischen Republik. Über ihren Namen wird nach Anhörung ihrer Vertreter entschieden werden.

§ 2 Die durch das Gesetz vom 28. Feber 1882, Z. 24 RGBl., festgesetzte Gemeinschaftlichkeit des Vermögens und der Rechte beider Universitäten und ihrer Fakultäten wird aufgelöst.
Das Ministerium für Schulwesen und Volkskultur wird ermächtigt, nach Anhörung der beteiligten Faktoren das bisher gemeinsame Vermögen und die bisher gemeinsamen Rechte dieser oder

jener Universität oder Fakultät zuzuteilen oder sie unter dieselben zu verteilen unter Wahrung der historischen Rechte.
Insofern dadurch einzelne aus der durch das Gesetz vom 28. Feber 1882, Nr. 24 RGBl., begründeten Gemeinschaftlichkeit fließenden Privatrechte berührt werden würden, soll eine Ausgleichung dessen in den Neubauten, die beide Universitäten erhalten, erblickt werden.

§ 3 Der altertümliche Teil des Karolinums, welcher beide Aulen umfaßt, wird der tschechischen Universität zum ausschließlichen Eigentum zuerkannt. Der deutschen Universität wird das Recht vorbehalten, diesen Teil des Karolinums im bisherigen Umfange insolange zu benützen, als für sie nicht ein Neubau errichtet sein wird.

§ 4 Das Archiv und die Registratur der alten Prager Universität bis zum Jahre 1882 wird in das Eigentum und in die Verwaltung der tschechischen Universität zugewiesen, der deutschen Universität soll aber die Benützung durch ein Statut gesichert werden, welches das Ministerium für Schulwesen und Volkskultur nach Anhörung beider Universitäten erlassen wird.

§ 5 Die altertümlichen Insignien, Siegel, Bücher, Bilder und andere Erinnerungen, welche der Prager Universität vor Wirksamkeit des Gesetzes vom 28. Feber 1882, Z. 24 RGBl., gehört haben, sind Eigentum der tschechischen Universität. Über die Art der Übergabe wird das Ministerium für Schulwesen und Volkskultur entscheiden und es wird bestimmen, inwieweit die deutsche Universität für sie angemessene Ersatzgegenstände bekommt.

§ 6 Die Sammlung, Gegenstände und Einrichtungen der wissenschaftlichen Anstalten beider Universitäten werde ihnen belassen werden. Der tschechischen Universität aber sollen aus denselben die für die historische Entwicklung der Prager Universität wertvollen Sachen übergeben werden, welche in den Besitz der verschiedenen Anstalten der deutschen Universität bei Durchführung des Gesetzes vom 28. Feber 1882 Nr. 24 RGBl. gelangt sind.

§ 7 Die Prager Sternwarte mit dem bisherigen Inventar ist eine selbständige Staatsanstalt, welche mit den Universitäten nicht zusammenhängt.

§ 8 Das in der Landtafeleinlage Z. 910 für den Universitätsfond eingetragene Landtafelgut, Michle, Maleschitz und Štěrbohol ist in das Eigentum des tschechoslowakischen Staates zu überführen, welcher die Verpflichtung übernimmt, den Zweck, dem dieses Gut gewidmet ist, zu erfüllen.

§ 9 Das Ministerium für Schulwesen und Volkskultur hat die Zuteilung der Kranken an die Kliniken und der Leichen an die anatomischen Institute neu zu regeln.

§ 10 Alle Bestimmungen des Gesetzes vom 28. Feber 1882, Nr. 24 RGBl., werden aufgehoben.

§ 11 Dieses Gesetz erlangt Wirksamkeit mit dem Tage der Kundmachung, und der Minister für Schulwesen und Volkskultur wird es im Einvernehmen mit den übrigen obersten Verwaltungsämtern durchführen."

In der bereits erwähnten Zuschrift des akademischen Senates vom 2. Februar 1920 an das Ministerium für Schulwesen und Volkskultur wurde mitgeteilt, daß nach Prüfung des Gesetzentwurfes alle Mitglieder des Senates zu folgender Entschließung gelangt sind: „Der Entwurf verfolgt die gleiche Tendenz wie der Beschluß der Nationalversammlung vom 13. Jänner d. J. und infolgedessen gelten die im Proteste des akademischen Senates vom 17. v. M. geltend gemachten Einwendungen in vollem Umfange auch gegenüber dem neuen Entwurf. Indem der akademische Senat seinen Protest in aller Form aufrecht hält und insbesondere darauf beharrt, daß über die Rechtsstellung der deutschen Universität nicht ohne Mitwirkung des deutschen Volkes entschieden werden kann und daß das geplante Gesetz auch inhaltlich den von den Hauptmächten mit der tschechoslowakischen Republik abgeschlossenen Vertrag vom 10. September 1919 verletzt, führt er im folgenden auch noch jene besonderen Einwendungen aus, die er gegen die einzelnen Bestimmungen des Entwurfes zu erheben genötigt ist:

§ 1

1. Der akademische Senat muß sich entschieden dagegen verwahren, daß der deutschen Universität ohne ihre Zustimmung, ja sogar gegen ihren Willen ihr alter, durch die Tradition von Jahrhunderten geheiligter Name entzogen werde. Unter ihrem alten Namen ist die Universität im In- und Ausland bekannt, sie hat ein Recht darauf, ihren Namen,

der zugleich ihre Geschichte repräsentiert, weiter zu führen und stets neu zu Ehren zu bringen, die staatliche Gesetzgebung muß das Recht der Universität auf ihren Namen respektieren und darf nicht mit einem Federstrich diesen Namen beseitigen. Es ist wohl auch kein Präzedenzfall für einen derartigen Vorgang ausfindig zu machen. Der landesfürstliche Absolutismus hat in die Selbständigkeit der Universitäten oft sehr tief eingegriffen, aber ihren Namen hat er doch unangetastet gelassen. Es ist tief bedauerlich, daß eine demokratische Republik etwas unternimmt, was nicht einmal die absolutistische Monarchie für zulässig gehalten hätte.

2. Vollends muß aber gegen die formelle Behandlung des vom Kulturausschuß beabsichtigten Namenswechsels der deutschen Universität Stellung genommen werden. Während der tschechischen Universität der Name ‚Karls-Universität' durch das Gesetz selbst gegeben wird, so zwar, daß dieser Name der administrativen Regelung entrückt ist, soll die deutsche Universität ihren Namen im Verordnungswege (!) erhalten. Mit der Autonomie der Universität, aber auch schon mit ihrer Würde ist es ganz unvereinbar, daß eine administrative Stelle ihr den Namen verleihe und dabei die Vertreter der Universität bloß anhöre. Die Universität wurde von den höchsten Machtfaktoren der mittelalterlichen Welt gegründet, auf Kaiser und Papst führt sie ihren Bestand und ihre Privilegien zurück, es wäre tief beschämend, wenn sie jetzt etwa gleich einer Mittelschule behandelt würde und von der Unterrichtsverwaltung einen Namen imperativ zugeteilt bekäme. Ein so verliehener Name könnte auch wieder im Verordnungswege abgeändert werden. Gegen eine so unwürdige Behandlung muß sich der akademische Senat entschieden verwahren, der Schimpf, der unserer Universität zugedacht ist, würde auf den Staat selbst zurückfallen.

3. An dem Namen der tschechischen Universität sind wir nicht interessiert. Wenn sie also den Namen ‚Karls-Universität' erhält, so berührt das nicht die Rechte und Interessen unserer Universität. Wohl können wir es aber nicht ohne Widerspruch hinnehmen, daß sich das Gesetz anschickt, zum Nachteile der deutschen Universität, geschichtliche Fragen unrichtig oder einseitig zu beantworten. Das geschieht vor allem durch die Behauptung, daß die tschechische Universität (und zwar geht der Sinn dahin: sie allein) die Fortsetzerin des von Karl IV.

begündeten Hochschulstudiums sei. Beide Universitäten, die deutsche wie die tschechische, stellen in gleicher Weise die Fortsetzung der Karl-Ferdinands-Universität dar und diese (nicht die tschechische Universität) ist die unmittelbare Nachfolgerin der Karls-Universität. Aber auch der Hinweis darauf, daß die Prager Universität vom böhmischen König Karl gegründet wurde, ist geeignet, den richtigen Sachverhalt zu trüben. Karl IV., welchem der Entwurf die Ordnungszahl verweigert, unter der er in der Geschichte fortlebt, nennt sich in der Gründungsurkunde Romanorum rex semper Augustus et Bohemiae rex. In einer späteren Urkunde vom 14. Jänner 1349, welche ohne Zweifel eine deutsche Königsurkunde darstellt, hat Karl IV. dem Prager Generalstudium neuerlich alle Freiheiten, Rechte und Privilegien verliehen, welche andere Generalstudien von römischen Kaisern oder Königen erhalten haben. Es kann also keinem Zweifel unterliegen und wird auch in der tschechischen Literatur (vgl. Nováček, Prameny zakládací listiny university Pražké) zugegeben, daß das Oberhaupt des deutschen Reiches bei der Entstehung der Prager Hochschule die maßgebende Rolle gespielt hat, und es wird dem Entwurf nicht gelingen, die Gründung der Prager Universität aus der deutschen Geschichte auszumerzen. Ein Gutachten des Professors Dr. Emil Werunsky, dessen Spezialstudium die Zeit Karls IV. ist, wird als Beilage I beigegeben.

§ 2

1. Der Eingriff in die Vermögensrechte der deutschen Universität und ihrer Fakultäten widerspricht der durch Art. 5 des Staatsgrundgesetzes über die allgemeinen Rechte der Staatsbürger gewährleisteten Unverletzlichkeit des Eigentums. Die Ermächtigung aber, die dem Ministerium erteilt wird, hebt die Rechtssicherheit vollkommen auf.

Es wird vollständig in das Belieben der Verwaltung gestellt, mit dem Vermögen und den Rechten der Universitäten und Fakultäten zu Gunsten der einen oder anderen Universität oder Fakultät zu verfügen, eine Vermögensverteilung vorzunehmen oder zu unterlassen, was sicherlich mit den Grundsätzen eines Rechtsstaates unvereinbar, aber auch eines Kulturstaates, der seine Universitäten hochhält, unwürdig ist.

2. Die einzige Bindung, die das Gesetz selbst ausspricht, ist die, daß die Verwaltung die historischen Rechte wahren soll. Allein diese Bindung ist in Wahrheit eine contradictio in adjecto. Denn wenn das

Gesetz selbst die historischen Rechte verletzt – und nichts anderes ist Zweck und Inhalt des Gesetzes vom Anfang bis zu Ende –, wie soll dann das Ministerium die historischen Rechte wahren, ohne sich mit dem Gesetz in Widerspruch zu setzen?

3. Die Versicherung, daß die Ausgleichung des Rechtsverlustes, den eine Universität erleiden wird, in den Neubauten zu erblicken ist, die beide Universitäten erhalten werden, ist ganz unverständlich. Denn da beide Universitäten Neubauten erhalten, so wird dadurch ein Ausgleich nicht herbeigeführt. Es beweist wenig Achtung vor Privatrechten, wenn man über Vermögensverschiebungen mit einer nichtssagenden Bemerkung hinweggeht.

§ 3

1. Der akademische Senat verwahrt sich dagegen, daß an den Eigentumsverhältnissen am Karolinum irgend etwas geändert wird. Auch hier beruft er sich auf Artikel 5 des Staatsgrundgesetzes über die allgemeinen Rechte der Staatsbürger.

2. Aber auch abgesehen davon ist der erste Satz juristisch vollkommen verfehlt. Das Karolinum bildet eine einzige Baustelle (K. Z. 600 Universitätsgebäude der Katastralgemeinde Prag-Altstadt). Wenn nun ein Teil dieser Bauparzelle der tschechischen Universität zufallen soll, so bedeutet das eine physische Teilung des Eigentumsobjektes und diese setzt wiederum eine genaue Beschreibung der Trennstücke voraus. Ob sich aber das Karolinum bautechnisch wirklich in zwei Eigentumsobjekte zerlegen läßt, steht überhaupt in Frage, und vollends geht aus dem Entwurf nicht hervor, um welche Trennstücke es sich handelt. Der bloße Hinweis darauf, daß die beiden „Aulen" zum tschechischen Teil gehören sollen, ist ganz und gar ungenügend. Überdies gibt es nicht zwei Aulen, sondern nur eine einzige, die bisher von beiden Universitäten abwechselnd benützt wird. (Ministerialerlaß vom 25. Oktober 1901, Z. 21.916, Beck-Kelle S. 47.)

3. Eine auffallende Lücke enthält der Entwurf, indem er nicht bestimmt, wem das andere Trennstück des Karolinums, das nicht in das ausschließliche Eigentum der tschechischen Universität übergehen soll, gehört.

§ 4

In der vollständigen Entziehung des Archivs und der Registratur der alten ungeteilten Universität erblickt der akademische Senat eine durch nichts gerechtfertigte Rechtsverkürzung, gegen die er protestieren muß. Er nimmt nach wie vor Miteigentum und Mitverwaltung des Archivs für die deutsche Universität in Anspruch.

§ 5

1. Die deutsche Universität verwahrt sich gegen die Wegnahme der hier genannten Gegenstände und macht überdies aufmerksam, daß es ganz und gar unsicher ist, um welche Gegenstände es sich eigentlich handelt. Was soll z. B. unter den ‚Büchern' zu verstehen sein? Wird an Bücher gedacht, die in das Archiv oder in die Registratur gehören, so findet auf sie ohnedies der vorausgehende Paragraph Anwendung. Und wie soll die Abgrenzung zwischen den Gegenständen des § 5 und jenen des § 6 erfolgen, die bei den wissenschaftlichen Anstalten jeder Universität verbleiben? Diese Anstalten bilden doch selbst wieder Bestandteile der Universität, so daß ihr Eigentum zugleich Universitätseigentum ist.

2. Der Entwurf sagt nicht, daß der deutschen Universität für die ihr entzogenen Gegenstände Ersatz zu leisten ist, sondern überläßt es dem Ministerium zu entscheiden, inwieweit Ersatz zu leisten ist. Das Ministerium kann also auch entscheiden, daß kein Ersatz oder daß nur ein teilweiser Ersatz zu leisten ist. Hierin liegt, wie in anderen Bestimmungen zugleich eine Rechtsverkürzung und eine Entwürdigung der deutschen Universität.

3. Sowie es Erinnerungsgegenstände gibt, die dem tschechischen Volk wertvoll sind, wie etwa diejenigen, die sich um die Persönlichkeit Purkyněs konzentrieren, so gibt es andererseits auch Bilder, Büsten und dergleichen, die an deutsche Gelehrte erinnern oder die von deutschen Professoren, Studenten usw. herrühren. Der Entwurf trifft keine Vorkehrung, um der deutschen Universität Gegenstände, die für sie ein pretium affectionis besitzen, zu sichern.

§ 6

Die deutsche Universität hat sich schon längst bereit erklärt, die dem tschechischen Volk wertvollen Erinnerungsgegenstände der tschechischen Universität herauszugeben. Dazu bedarf es einer gesetzlichen Bestimmung überhaupt nicht. Der akademische Senat wird selbstverständlich das gegebene Wort einlösen.

Allein der Entwurf beschränkt sich nicht auf Gegenstände, an denen ein nationales Affektionsinteresse hängt, sondern er spricht ganz allgemein von Sachen, welche für die geschichtliche Entwicklung der Prager Universität überhaupt wertvoll sind. An solchen Gegenständen hat aber die deutsche Universität genau das gleiche Interesse wie die tschechische. Es wurde schon gelegentlich der am 24. Jänner d. J. bei dem Herrn Staatssekretär abgehaltenen Besprechungen von deutscher Seite der Vorschlag gemacht, ein Universitätsmuseum zu schaffen, welches die Geschichtsdenkmäler der Prager Universität sammelt. Ein solches für beide Nationalitäten gleich zugängliches Museum könnte ohne Verletzung der Rechte und Interessen der deutschen Universität eingerichtet werden. Aber einer ungleichen Behandlung der beiden Universitäten in bezug auf diejenigen Objekte, die ihre Vergangenheit verkörpern, kann die deutsche Universität nie und nimmer zustimmen.

§ 7

1. Ein ganz unerwarteter Angriff auf die Integrität unserer Hochschule ist die Bestimmung, daß die Sternwarte nebst Inventar von der Universität abgetrennt werden soll. Scheinbar werden dabei allerdings beide Universitäten gleich behandelt, indem beide die Sternwarte verlieren. Tatsächlich ist es aber nur die deutsche, die einen Verlust erleidet. Denn die Sternwarte ist ein Bestandteil der deutschen Universität, der ihr erst nach dem 28. Oktober 1918 streitig gemacht wurde. Die tschechische Universität verfügt über ein modernes und reich ausgestattetes Observatorium in Smichow, welches der deutschen Sternwarte weitaus überlegen ist. Durch Entziehung der letzteren wird der astronomische Unterricht an der deutschen Universität vollständig in Frage gestellt, der Professor der Astronomie verliert überdies die Möglichkeit der wissenschaftlichen Forschung. Dagegen muß der akademische Senat im Interesse des ungestörten Vorlesungs-, Studien- und Forschungsbetriebes auf das entschiedenste Stellung nehmen.

2. Nicht unerwähnt kann aber bleiben, daß die Sternwarte in ihrer heutigen Gestalt die Lebensarbeit deutscher Lehrer verkörpert, daß sie Erinnerungen an deutsche Gelehrte birgt, daß ihre ganze Ausstattung auf Anregung deutscher Professoren zurückgeht und daß es schon aus diesem Grunde nicht angeht, sie kurzerhand für den Staat zu konfiszieren und die deutsche Universität um die Früchte der von ihr geleisteten Arbeit zu bringen.

3. Während der Entwurf im allgemeinen den Standpunkt einnimmt, daß der deutschen Universität bloß entzogen werden darf, was aus der Zeit vor 1882 herrührt, soll ihr in bezug auf die Sternwarte auch das seit 1882 angeschaffte Inventar verloren gehen, wofür nicht einmal ein geschichtlicher Scheingrund vorgebracht werden kann.

Eine Äußerung des Professors der Astronomie Dr. Prey ist als Beilage II angeschlossen.

§ 8

1. Der Präsident der Republik hat gegenüber dem Beschluß der Nationalversammlung vom 13. v. M. bemerkt:

a) . . daß aus der landtäflichen Eigentumsvorschreibung für den Prager Universitätsfond zu folgern wäre, daß eine Bestimmung über das Michler Gut in das Universitätsgesetz überhaupt nicht hineingehört,

b) daß es sich ferner darum handle, ob zu dem Michler Gut auch die ursprüngliche Stiftung des Recek aus dem Jahre 1438 gehört.

Diesen Bemerkungen wird in dem neuen Entwurf nicht Rechnung getragen. Wegen der Kürze der Zeit ist der akademische Senat nicht in der Lage, auf die unter b) aufgeworfene Frage einzugehen.

2. Der Entwurf übersieht vollständig, daß die vier weltlichen Fakultäten, die beiden juristischen und die beiden medizinischen Fakultäten, als Eigentümer des Gutes Michle, Maleschitz und Štĕrbohol das Mitpatronat bezüglich der Pfarrbenefizien in Michle und Podol ausüben und daß sich daraus auch Rechte hinsichtlich der beim Michler Pfarrbenefizium bestehenden Karl Leopold Bepta'schen Messenstiftung ergeben, folglich würde die Verstaatlichung des Landtafelgutes die Fakultäten um Rechte bringen, in deren unbestrittenem Besitz sie sich befinden, ohne daß dafür nur die geringste Veranlassung besteht.

§ 9

1. Das Universitätsgesetz von 1882 bestimmt, daß die Beziehung der klinischen und anatomischen Institute zu den Heilanstalten nach dem Grundsatz des gleichen Anspruches beider Universitäten zu regeln sind. Wenn es nun der Entwurf dem Ministerium überläßt, die Zuteilung der Kranken und der Leichen an Kliniken und Institute neu zu regeln, so läßt das nur die eine Deutung zu, daß der Grundsatz des gleichen Anrechtes nicht mehr gelten soll. Darin liegt wiederum eine

Rechtsverkürzung der deutschen Universität, die dadurch nicht gemindert wird, daß sie zwischen den Zeilen versteckt ist.

2. Das Ministerium erhält auch keine Richtschnur, auf welcher Grundlage es die Zuteilung der Kranken und der Leichen vornehmen soll, so daß die deutsche Universität in dieser Hinsicht vollkommen schutzlos dasteht und keine Gewähr für die Aufrechterhaltung des Unterrichts- und Forschungsbetriebes erhält.

3. Der Grundgedanke des Gesetzes ist der, die tschechische Universität in alle Rechte als vermeintlich alleinige Nachfolgerin der alten Karls-Universität einzusetzen. Die Zuteilung von Kranken und Leichen steht damit in keinem Zusammenhange. Wenn der Staat zwei Universitäten in Prag erhält, so muß er gleichmäßig für beide sorgen, mögen sie nach Ansicht der Nationalversammlung geschichtlich gleiche Wurzeln haben oder nicht. Es besteht nicht die geringste Veranlassung für die Gesetzgebung, der deutschen Universität das ohnehin knappe Kranken- und Leichenmaterial noch zu schmälern.

§ 10

1. Der Präsident der Republik hat gegenüber dem Beschlusse vom 13. v. M. bemerkt, daß es zweifelhaft sei, ob durch das neue Gesetz das Gesetz vom Jahre 1882 aufgehoben oder bloß ergänzt werden soll. Der Entwurf glaubt diesen Zweifel dadurch zu beheben, daß er alle Bestimmungen des alten Gesetzes ausdrücklich für aufgehoben erklärt. Er übersieht aber, daß er sich dadurch mit den vorausgegangenen Paragraphen in Widerspruch setzt, welche das Gesetz vom Jahre 1882 bloß teilweise aufheben, im übrigen aber unangetastet lassen. Der Bestand zweier Universitäten in Prag beruht auf dem Gesetz vom Jahre 1882. Wenn nun § 1 bestimmt, daß die bisherigen Namen der beiden Universitäten aufgehoben werden, daß die tschechische Universität Karls-Universität heißen und die deutsche Universität einen neuen Namen erhalten soll, wenn weiter gesagt wird, daß die deutsche Universität fortbestehen soll, so geht doch der Entwurf davon aus, daß das alte Gesetz nicht mit Stumpf und Stiel beseitigt wird. Die Aufhebungsklausel des § 10 ist demnach gesetztechnisch verfehlt.

2. Abgesehen davon werden aber durch die Aufhebung des Gesetzes vom Jahre 1882 Lücken geschaffen, die für die deutsche Universität verhängnisvoll werden können. Die deutsche Sprache als Unterrichts-

sprache der deutschen Universität beruht auf dem Gesetz vom Jahre 1882. Dieses Gesetz bestimmt ferner, daß ein Professor oder Privatdozent nur einer der beiden Universitäten angehören könne; daß ein Studierender nur an einer der beiden Universitäten immatrikuliert werden darf usw. Es ist nicht abzusehen, aus welchem Grunde diese Bestimmungen aufgehoben werden sollen. Die deutsche Universität hängt, wenn das Gesetz, auf Grund dessen sie besteht, aufgehoben wird, vollkommen in der Luft. Sie ist nicht davor gesichert, daß ihre Unterrichtssprache etwa im Verordnungswege geändert oder daß ein tschechischer Professor im Nebenamte mit Vorlesungen an der deutschen Universität betraut wird. Der akademische Senat muß neuerlich darauf hinweisen, daß sich ein derartiger Rechtszustand weder mit den Grundsätzen eines Rechtsstaates noch mit jenen eines Kulturstaates verträgt.

§ 11

Während das Gesetz vom Jahre 1882 verfügt hat, daß seine Bestimmungen nach Maßgabe der Aktivierung der Fakultäten der böhmischen Universität durchzuführen sind, erklärt der Entwurf, daß das Gesetz mit dem Tage der Kundmachung Wirksamkeit erlangt. Die Beseitigung der vacatio legis schafft aber einen vollkommen chaotischen Rechtszustand. Die alten Bestimmungen gelten nicht mehr und die neuen können mangels einer Durchführungsverordnung, die ja nach verschiedenen Richtungen eine Anhörung der Universitäten voraussetzt, nicht angewendet werden. Es verstößt gegen die Würde des Gesetzgebers und des Staates, die Nichtanwendung des Gesetzes durch solche Bestimmungen förmlich zu provozieren.

Die vorstehenden durchaus sachlichen Bemängelungen des Entwurfes lassen das Gesamturteil gerechtfertigt erscheinen, daß es sich um ein Gesetzwerk handelt, welches die geschichtliche Entwicklung verleugnet und vergewaltigt, mit den Grundsätzen von Recht und Gerechtigkeit in Widerspruch steht, die Befriedigung nationaler und kultureller Bedürfnisse in Frage stellt und überdies an schweren gesetztechnischen und juristischen Mängeln leidet.

Wir geben die Hoffnung nicht auf, daß die Nationalversammlung davon absehen wird, die deutsche Universität zu entrechten und zu entehren.

Sollte sich aber diese Hoffnung nicht erfüllen und das Gesetz in der vom Kulturausschuß beantragten Weise zustande kommen, so behält der akademische Senat sich und allen Angehörigen der Universität vor, gegen die damit erfolgte Rechtsverletzung mit allen gesetzlichen Mitteln anzukämpfen und die breiteste Öffentlichkeit über den wahren Sachverhalt aufzuklären.
Der akademische Senat ersucht, die vorstehende Äußerung zur Kenntnis zu nehmen und dem Kulturausschusse der Nationalversammlung zu Kenntnis zu bringen."
In dieser Stellungnahme hat der akademische Senat der deutschen Universität zu den einzelnen Punkten des Gesetzentwurfes eindeutig auf die geplante Vergewaltigung der deutschen Universität hingewiesen, die sachlichen und juristischen Mängel des Entwurfes herausgestellt und die Rabulistik den tschechischen Politikern in der Nationalversammlung dargestellt.
Aber auch das diesem Antwortschreiben beigegebene Gutachten des Prof. Dr. Emil Werunsky war bestimmt, der gesamten tschechischen Nationalversammlung einen geschichtlichen Nachhilfeunterricht zu erteilen. Dabei verwies der Gutachter nochmals darauf, . . . daß in der Gründungsurkunde des Prager Generalstudiums Karl IV. den Titel „Romanorum rex semper Augustus et Bohemiae rex" geführt hat und daß bei der Gründung seine Machtvollkommenheit als Römischer König ausschlaggebend war. Als König von Böhmen allein hätte er die Privilegien den älteren Generalstudien gar nicht verleihen können, die in seiner zweiten Urkunde vom 14. Januar 1349 nochmals festgeschrieben wurden und worin alle Freiheiten, Rechte und Privilegien, welche andere Generalstudien von römischen Kaisern und Königen erhalten hatten, aufgezählt sind. „Die Würde und Machtvollkommenheit des Rex Romanorum semper Augustus in imperatorem postmodum promovendus stand eben über der aller anderen Könige und wurde der des gekrönten Römischen Kaisers gleich geachtet", betonte der Gutachter unter Hinweis auf das Kurfürstliche Weistum von Rense vom 16. Juli 1338 und das Frankfurter Reichsgesetz „Licet juris" Kaiser Ludwigs vom 6. August 1338. In Punkt zwei seines Gutachtens verwies Prof. Werunsky darauf, daß die Gründungsurkunde des Prager Generalstudiums in feierlicher Art, nämlich mit der Gold-

bulle, besiegelt war und die Goldbullen Karls IV. den Kaiserbullen Friedrich II. entsprachen. Dies bedeute, daß es sich bei dieser Gründungsurkunde um einen Akt „römisch-königlicher“ Machtvollkommenheit gehandelt hat. Es wurde in diesem Zusammenhange auch daran erinnert, daß es unter Karl IV. keine selbständige, von der römischen Reichskanzlei getrennte, selbständige böhmische Kanzlei gegeben hat und daß der Luxemburger auch niemals ein besonderes Siegel für Böhmen führte.

Die Streitfrage, ob Karl IV. als römischer oder böhmischer König die Stiftung des Generalstudiums vollzogen und die auf jener Stelle seiner Gründungsurkunde basiert, wo er den Wunsch aussprach, daß sein Königreich Böhmen, dessen Wohl ihm zumeist am Herzen liege, eine Fülle einsichtsvoller Männer erhalten möge, damit seine Bewohner ihren Wissensdurst nicht bei fremden Völkern zu stillen gezwungen seien, sondern ihn daheim befriedigen und darüber hinaus Fremde anzulocken vermöchten, beantwortete der Gutachter mit dem Hinweis, daß der Wortlaut dieser Stelle nicht original, sondern zwei Urkunden des römischen Königs Konrad IV., für das Generalstudium in Salerno, und einer Urkunde Kaiser Friedrichs II., für das gleiche Studium in Neapel, entlehnt wurde; er folgerte dann weiter, daß Karl IV. die Gründung des Generalstudiums in Prag nur deshalb durchführen konnte, weil er nicht nur König von Böhmen, sondern auch römischer König war und daß nach der Theorie des späten Mittelalters nur der Papst und der Kaiser zur Gründung von Generalstudien berechtigt waren.

Der irrigen Meinung, daß Karl IV. das Thronfolgegesetz als König von Böhmen erlassen habe, begegnete Prof. Werunsky im Punkt drei seines Gutachtens mit dem Hinweis, daß Karl IV. am 7. April 1348 auch die Urkunde des römischen Königs Friedrich II. aus dem Jahre 1212, die sich auf die böhmische Königswahl bezog, mit der Goldbulle besiegelte, und betonte dabei nochmals, daß der römische König als höherer Gesetzgeber eben über dem böhmischen König stand. In einem zweiten Gutachten vom 28. Februar 1920 behandelte Prof. Werunsky auch noch die Namensgebungen der Prager Universität seit ihrer Gründung im Jahre 1348.

Allgemein stellte er dazu fest, daß die Generalstudien oder Universitäten des Mittelalters noch nicht nach dem Namen ihres Gründers bezeichnet wurden. Nur das Collegium Carolinum, welches Karl IV. im Jahre 1366 für zwölf magistri artium gegründet hatte, war nach ihm benannt. Später, im Zeitalter des Humanismus, wurde die Universität (universitas studii Pragensis) auch Academia Carolina genannt. Um die Gegenreformation zu beleben, übergab Ferdinand I., der am 24. Februar 1527 zum böhmischen König in Prag gekrönt worden war, das Dominikanerkloster Sankt Clemens den Jesuiten, die dann seit 1556 die sogenannte Academia Clementina, die bisweilen auch als Academia oder Universitas Ferdinandea bezeichnet wurde, für Studenten der Philosophie und Theologie begründeten. Der Stiftsbrief wurde von Kaiser Ferdinand im Jahre 1562 ausgestellt.

Am 14. November 1622 wurde die Karolinische Akademie wegen ihres Anteils an der Rebellion der protestantischen Stände aufgelöst und ebenfalls den Jesuiten übergeben. Die nunmehr vereinigten beiden Akademien trugen nun die Bezeichnung „Academia Carolo-Ferdinandea". Differenzen zwischen dem Prager Erzbischof und den Jesuiten führten später dazu, daß die Jesuiten auf Befehl Kaiser Ferdinands III. die Güter der ehemaligen karolingischen Akademie herausgeben mußten.

Am 13. Februar 1654 verfügte dann der Kaiser nochmals die Zusammenlegung beider Akademien, und seit diesem Zeitpunkt führte die Prager Universität die Bezeichnung Carolo-Ferdinandea, und dieser Name ging nach der Teilung der Prager Universität im Jahre 1882 sowohl auf die deutsche wie auch auf die böhmische (tschechische) Universität über. Seine diesbezüglichen Betrachtungen schloß Professor Werunsky mit folgenden Sätzen ab:

„Der deutschen Universität ihren alten geschichtlichen Namen entziehen heißt: den historischen Zusammenhang, die Kontinuität mit der alten ungeteilten Universität aufheben, während es doch sattsam bekannt ist, daß nach Auflassung der lateinischen die deutsche Sprache als Unterrichtssprache der weltlichen Fakultäten im Jahre 1784 ganz allgemein und für manche Fächer schon früher eingeführt wurde, daß also das wichtigste Moment, der unmittelbare lückenlose Anschluß an die alte Universität mit lateinischer Vortragssprache, die historische Kontinuität der deutschen Universität mit der alten lateinischen evident beweist, wogegen zwischen dem Aufhören der lateinischen

Vortragssprache eine weite Lücke klafft. Der deutschen Universität den alten Namen wegzunehmen heißt: leugnen, was noch Tomek anerkannt hat, daß seit der Gründung der Prager Universität jederzeit deutsche Doktoren, Magister und Professoren an ihr erfolgreich gewirkt haben; heißt: sie ihrer beinahe sechs Jahrhunderte zählenden Geschichte berauben; heißt: die große, nicht genügend geschichtskundige Öffentlichkeit des In- und Auslandes absichtlich irreführen.
Die deutsche Universität zur Annahme eines modernen Namens aus der Blütezeit der deutschen National-Literatur zwingen, heißt: den historisch grundfalschen Schein erwecken, als ob die Deutschen der Sudetenländer sich bis gegen Ende des 18. Jahrhunderts an den gelehrten Studien der Prager Universität in keiner Weise beteiligt hätten; heißt: glauben machen, daß die deutsche Universität im Gegensatze zu dem alten ausgewachsenen Stamme der tschechischen Universität eine verhältnismäßig junge Pflanze sei, die mit der ersteren keinen Vergleich aushalten könne.
Die deutsche Universität kann ihren althistorischen Namen nicht aufgeben, ohne ihre ganze Vergangenheit preiszugeben. Sie erblickt in der Entziehung ihres Namens eine mutwillige Herausforderung und brüske Vergewaltigung.
Prag, 28. Februar 1920 Emil Werunsky m. p.“

Noch bevor T. G. Masaryk durch seine Unterschrift dem von der tschechoslowakischen Nationalversammlung am 19. Februar 1920 verabschiedeten Gesetz Rechtskraft verleihen sollte, richtete Prof. Dr. Naegle als Rektor und Überbringer der Glückwünsche der deutschen Universität zum 70. Geburtstag des Staatspräsidenten am 6. März 1920 an diesen ungewöhnlich offene Worte. Die Lage, in der sich zu dem damaligen Zeitpunkt die deutsche Universität und das Gesamte Deutschtum in der ČSR befanden, verdeutlichte der deutsche Rektor dem Präsidenten der Republik mit folgenden Worten: „. . . Wir tun dies (Darbringung der Glückwünsche) allerdings in dem Bewußtsein, sicherlich in Übereinstimmung mit sämtlichen deutschen Bewohnern der tschechoslowakischen Republik, daß wir Deutsche hierzulande zur Zeit an sich gar keinen Grund haben, uns zu freuen und an rauschenden Festen teilzunehmen. Herr Präsident wissen ja ganz genau, wie das deutsche Volk über seine derzeitige Lage in der Republik denkt ... Insbesondere fühlt sich durch das in der Nationalversammlung zum zweiten Male angenommene Universitätsgesetz unsere deutsche Universität schwer getroffen und verletzt. Die gesamte Professorenschaft der deutschen Universität, vertreten durch den akademischen Senat und den Rektor, die gesamte Studentenschaft, Hunderte von Entschließungen aus allen Teilen und Kreisen Deutsch-Böhmens haben wiederholt gegen die der deutschen Universität durch das neue Universitätsgesetz zugedachte Entwürdigung und Entrechtung in aller Schärfe protestiert. Es soll uns gegen unsern ausdrücklich und feierlich erklärten Willen, auf Grund einer falschen und tendenziösen Geschichtsauffassung unser Name, den die Universität seit Jahrhunderten ehrenvoll führt, entzogen werden; es soll uns unser Mitbesitz am gemeinsamen Universitätsarchiv und am Hauptgebäude der Universität, am Karolinum, genommen, unser sonstiges Vermögen geschmälert werden. Unsere Universität soll unter Verleugnung aller Anforderungen eines Rechts- und Kulturstaates durch völlige Aufhebung des Gesetzes vom Jahre 1882 administrativem Belieben preisgegeben werden. Die Prager deutsche Universität fühlt sich nicht mehr als eine freie in einem freien Staate, sondern als geknechtet und entrechtet, wie es der Bedeutung einer Hochschule innerhalb eines modernen Kulturstaates eigentlich unwürdig ist. Wir hoffen wohl, daß die Weisheit des Herrn Präsidenten und sein Gerechtigkeitsgefühl, so weit er sich innerhalb der chauvinistischen Tendenzen der Gesetzgebung dieses Staates Geltung verschaffen kann, alles daran setzen wird, um unsere Universität zu schützen. Erlangt aber das Universitätsgesetz Geltung, dann könnte selbst das größte nachträgliche Entgegenkommen und Wohlwollen nicht mehr die Tatsache aus der Welt schaffen, daß unsere deutsche Universität durch das neue Universitätsgesetz, um es noch einmal zu sagen, dem administrativen Belieben von in ihren Tendenzen und Ansichten wechselnden Regierungen ausgeliefert ist. Trotz ungezählten Einschreitens bei allen in Betracht kommenden Behörden ist es seit eineinhalb Jahren bis zum heutigen Tage nicht gelungen, zu erwirken, daß nicht einmal an den Hörsälen und Laboratorien der Universität, die ausschließlich unseren deutschen Unterrichtszwecken dienen, viel weniger noch an den Kliniken und

Krankenhäusern deutsche Aufschriften und Orientierungstafeln, wie es eigentlich selbstverständlich ist, wieder angebracht werden. Infolge dieser kleinlichen und lächerlichen Orientierungstafelpolitik, die namentlich vom Landesverwaltungsausschuß mit aller chauvinistischer Schärfe geführt wird, ist die Erbitterung unter der deutschen Professoren- und Studentenschaft fast bis zum Siedepunkt gestiegen.
Habe ich bisher nur von der Bedrückung gesprochen, die unsere Universität allein betrifft, so muß ich nicht weniger ernste Bedenken und Beschwerden darüber äußern, daß z. B. das von der Nationalversammlung beschlossene Sprachengesetz der deutschen Sprache in Prag überhaupt jede Existenzberechtigung abspricht, wonach unsere Universität an ihrem jetzigen Standorte tatsächlich eine anachronistische Einrichtung wird. Wie sollen deutsche Professoren und deutsche Studenten hier überhaupt ihr Leben fristen können, wenn die Behörden die deutsche Sprache nicht kennen wollen, nicht kennen dürfen, wenn die ganze Vergangenheit Prags, das einst der Sitz deutscher Kaiser und Könige, die Stätte deutschen Fleißes, deutscher Arbeit, deutscher Kultur, Wissenschaft und Kunst war und letzteres noch ist, verleugnet wird? Im Vertrauen auf die Zusagen der tschechischen Friedensdelegation wurde durch den Friedensvertrag Deutsch-Böhmen der tschechoslowakischen Republik zuerkannt. Es gehört zu den schmerzvollsten Erfahrungen des deutschen Volkes, daß dieses Vertrauen – ich sage es offen – getäuscht wurde und daß die Deutschen hierzulande als Staatsbürger minderen Rechtes behandelt und entgegen den völkerrechtlichen Vereinbarungen an dem ihnen zukommenden Gebrauch ihrer Sprache behindert werden.
Es wäre meinerseits eine Pflichtverletzung, würde ich selbst bei dieser festlichen Gelegenheit diese Klagen und Beschwerden, die nur eine Stichprobe darstellen, mit Stillschweigen übergehen. Ich glaubte, sie umsoweniger unterdrücken zu können, um nach keiner Seite hin irgend ein Mißverständnis aufkommen zu lassen . . ."
Trotz des Einschreitens und der Vorhaltungen des deutschen Rektors und des akademischen Senats erlangte das Gesetz vom 19. Februar 1920 über das Verhältnis der Prager Universitäten mit einigen Abänderungen durch die Unterschrift des Staatspräsidenten Gesetzeskraft. Die endgültige Gesetzesfassung hatte folgenden Wortlaut:

„Gesetz vom 19. Februar 1920 über das Verhältnis der Prager Universitäten.

§ 1 Die tschechische Universität ist Fortsetzerin der alten Karlshochschule.

Die durch das Gesetz vom 28. Feber 1882, Z. 24. RGBl., festgesetzten Namen der beiden Prager Universitäten: ‚Böhmische Karl-Ferdinands-Universität' und ‚Deutsche Karl-Ferdinands-Universität' werden aufgehoben. Der tschechischen Universität wird der Name ‚Karls-Universität' zurückgegeben. Über den Namen der deutschen Universität wird durch ein besonderes Gesetz entschieden werden.

§ 2 Die Gemeinschaft des Vermögens und der Rechte beider Universitäten und ihrer Fakultäten ist aufzulösen.

Das Ministerium für Schulwesen und Volkskultur wird ermächtigt, nach Anhörung der beiden Faktoren das Vermögen und die Rechte, welche bisher gemeinsam waren, dieser oder jener Universität oder Fakultät zuzuteilen oder sie unter dieselben zu verteilen, wobei alle Umstände gerecht zu bewerten sind.

Die Einbuße, welche für die beiden Universitäten durch die neuen Vorkehrungen auf Grund dieses Gesetzes im Bereiche der Vermögensrechte etwa hervorgerufen würde, ist durch Neubauten auszugleichen, die beiden Universitäten zuteil werden sollen.

§ 3 Das in der Landtafeleinlage Z. 159 eingetragene Karolinum wird der Karls-Universität als ausschließliches Eigentum zuerkannt. Der deutschen Universität wird das Recht vorbehalten, einen Teil des Karolinums im bisherigen Ausmaße insolange zu benützen, als nicht für sie ein Neubau hergestellt oder ihr ausreichende Ersatzräumlichkeiten zugewiesen sein werden.

§ 4 Das Universitätsarchiv und die Registratur bis nach dem Jahre 1882 sind infolge der Bestimmung des § 1 Eigentum der Karls-Universität. Dieser obliegt auch ihre Verwaltung. Ihre Benützung seitens der deutschen Universität wird durch ein Statut geregelt werden, welches das Ministerium für Schulwesen und Volkskultur nach Anhörung beider Universitäten herausgeben wird.

§ 5 Aus demselben Grunde sind die alten Insignien, Siegel, Bilder und sonstige Andenken, welche der Prager Universität vor der Wirksamkeit des Gesetzes vom 28. Feber 1882, Z. 24 RGBl., gehört haben, Eigentum der Karls-Universität. Über die Art der Übergabe dieser Gegenstände an die Karls-Universität wird das Ministerium für Schulwesen und Volkskultur entscheiden und es wird bestimmen, inwieweit die deutsche Universität für dieselben Ersatzgegenstände erhalten wird.

§ 6 Die wissenschaftlichen Anstalten beider Universitäten, ihre Gegenstände und Einrichtungen werden ihnen belassen. Der Karls-Universität sind aber von denselben denkwürdige oder für die geschichtliche Entwicklung der Prager Universität wertvolle Sachen, die infolge der Durchführung des Gesetzes vom 28. Feber 1882, Z. 24 RGBl., an verschiedene Anstalten der deutschen Universität gelangt sind, zu übergeben. Bei Zweifeln darüber, ob diese Sachen die gerade angeführten Eigenschaften haben, entscheidet das Ministerium für Schulwesen und Volkskultur, dem auch die Entscheidung über die Art der Übergabe dieser Sachen an die Karls-Universität zusteht.

§ 7 Die Prager Sternwarte mit dem bisherigen Inventar ist eine selbständige Staatsanstalt, die mit den Universitäten nicht zusammenhängt.

§ 8 Das in der Landtafeleinlage Z. 910 für den Universitätsfond eingetragene Landtafelgut Michle, Maleschitz und Štěrbohol wird als Eigentum des tschechoslowakischen Staates erklärt, der die Verpflichtung übernimmt, den Zweck zu erfüllen, dem dieses Gut gewidmet ist.

§ 9 Das Ministerium für Schulwesen und Volkskultur wird die Zuteilung von Kranken an die Kliniken und von Leichen an die anatomischen Institute neu regeln.

§ 10 Auch alle übrigen Bestimmungen des Gesetzes vom 28. Feber 1882, Z. 24 RGBl., werden aufgehoben.

§ 11 Dieses Gesetz erlangt Wirksamkeit mit dem Tage der Kundmachung, und der Minister für Schulwesen und Volkskultur wird es im Einvernehmen mit den übrigen obersten Verwaltungsbehörden durchführen.“

Obwohl Präsident T. G. Masaryk dieses Gesetz nach der Annahme durch die tschechoslowakische Nationalversammlung unterschrieb, blieben die Worte des deutschen Rektors Prof. Dr. Naegle, welche dieser zu ihm anläßlich der Überbringung der Geburtstagswünsche gesprochen hatte, nicht ohne Wirkung.

Er versicherte dem Rektor der deutschen Universität, daß er dafür sorgen werde, daß die Härten dieses Universitätsgesetzes durch entsprechende Durchführungsbestimmungen eine Milderung erfahren. Diese Antwort des Staatspräsidenten wurde dann, sehr zum Ärger der damaligen tschechischen Parlamentarier und chauvinistischen Gruppierungen, auf Betreiben des deutschen Rektors der Presse zur Veröffentlichung übergeben.

Diese beschwichtigende Erklärung hat Präsident T. G. Masaryk damals sicherlich auch deswegen abgegeben, weil ihm bekannt war, daß Rektor Naegle noch vor Annahme des zweiten Entwurfes des Universitätsgesetzes öffentlich erklärt hatte, daß die Durchführung desselben nur über seine Leiche möglich sei.

Der Staatspräsident zweifelte auch nicht daran, daß dieser unbeugsame Rektor der deutschen Universität gegebenenfalls auch die europäische Öffentlichkeit mobilisieren könnte, was seinem Ruf als Wissenschaftler sicherlich abträglich gewesen wäre.

Vergleicht man den Entwurf des Universitätsgesetzes vom 31. Januar 1920 mit der endgültigen Fassung vom 19. Februar 1920, so kann festgestellt werden, daß dieses Gesetz dank der unermüdlichen Bemühungen des akademischen Senates der deutschen Universität und ihres standhaften Rektors ohne parlamentarische Rückendeckung einige Milderungen erfahren hat. Vorerst wurde der deutschen Universität ihr Name noch nicht genommen; sie konnte sich notgedrungen als „Deutsche Universität“ bezeichnen. Von der Namensgebung durch Verordnungsgewalt wurde ebenfalls abgesehen, wobei auch die tendenziöse Behauptung, die Prager Universität sei von einem nicht näher beschriebenen „böhmischen König Karl“ gegründet worden, fallengelassen wurde. Die deutsche Universität wurde auch nicht förmlich von der alten Prager Universität „abgetrennt“, sondern das Gesetz ging über die Beziehungen der beiden Universitäten ohne klare Aussage hinweg und überließ es somit dem Ausleger, sich darüber ein eigenes Urteil zu bilden.

Das Karolinum ging ebenfalls nur quo ad jus an die tschechische Universität über, und der deutschen Universität wurde das Recht der Benützung bis zur Beistellung eines ausreichenden Ersatzbaues eingeräumt. Es wurde ihr auch rechtlich zugesichert, das Archiv zu benützen und auf das vom Ministerium für Schulwesen und Volkskultur zu erlassende Archivstatut Einfluß zu nehmen.

Was die Frage des Ersatzes für die der deutschen Universität entzogenen beweglichen und unbeweglichen Vermögenswerte betraf, so wurde diese nicht entschieden, sondern lediglich nur angeschnitten; auch wurde der Besitzstand beider Universitäten im Zeitpunkt der Verabschiedung des Gesetzes im wesenlichen anerkannt.

Die deutsche Öffentlichkeit und mit ihr der akademische Senat der deutschen Universität waren sich aber damals durchaus im klaren, daß diese wenigen „Erleichterungen" im Universitätsgesetz die schweren Nachteile, die der deutschen Universität entstanden, nicht aufwiegen konnten.

Auch das neue Gesetz war geprägt vom Geist der Unversöhnlichkeit und stellte eine enorme ideelle und materielle Einbuße für die deutsche Karl-Ferdinands-Universität dar. Es wurde ihr der alte Name genommen, ihre Geschichte und Tradition wurden angezweifelt, ihr Heim, das Karolinum, wurde ihr entzogen, ihre Rechtsgrundlage, das Universitätsgesetz von 1882, wurde getilgt, die altehrwürdigen Insignien sollte sie in absehbarer Zeit der tschechischen Universität ausliefern, und ihre Lehrkanzel wurde durch Wegnahme der Sternwarte obdachlos. Diese „gesetzliche" Regelung verdiente ihren Namen nicht, und der akademische Senat der deutschen Universität erklärte am 24. März 1920 in einer Publikation folgendes: „Dabei darf es nicht bleiben. Sache der deutschen Volksvertreter wird es sein müssen, der deutschen Universität wieder zu ihrem Rechte zu verhelfen, ihre Demütigung und Entrechtung wieder wett zu machen, damit sie ihren hohen Aufgaben, unbeirrt durch äußere Bedrängnis und Schädigung, nachleben könne. Dem Minderheitsschutzvertrage muß entsprochen werden, welcher eine rechtliche und tatsächliche gleiche Behandlung aller Staatsbürger fordert, der aber durch das Universitätsgesetz, welches die einzige deutsche Universität des Staates nach so vielen Richtungen zu Gunsten der tschechischen Universität schädigt, aufs empfindlichste verletzt wird. Die Grundsätze der Gerechtigkeit und Sittlichkeit müs-

sen wiederum zur Geltung gebracht werden, welche dadurch verleugnet worden sind, daß das von beiden Völkern im Jahre 1882 vereinbarte Universitätsgesetz nunmehr unter Ausnützung der augenblicklichen Machtverhältnisse durch ein einseitiges Oktroi ersetzt wurde..."
Die Deutschen in der ČSR beteiligten sich zwar an den ersten tschechoslowakischen Gemeindewahlen im Frühjahr 1919, zu einer Vertretung im Parlament kam es aber erst nach den Wahlen zur Nationalversammlung im April 1920. Die tschechischen und slowakischen Parteien hatten aber schon vor diesem Zeitpunkt nach einem zwischen ihnen vereinbarten Schlüssel ihre Vertreter in die verfassungsgebende Nationalversammlung delegiert, der kein einziger Vertreter des böhmischen, mährischen und schlesischen Deutschtums angehörte. Von dieser Nationalversammlung wurden aber bereits, wie im Falle der deutschen Universität in Prag, Gesetze über das gesamte Schulwesen, die Bodenreform, das Sprachenrecht, die Wahlordnung erlassen, und sie verabschiedete auch die Verfassung.
Die Fundamente des neuen Staates wurden somit ohne Beteiligung von dreiundzwanzig Prozent der Gesamtbevölkerung gelegt, was nicht ohne Folgen bleiben konnte.
In führenden tschechischen Kreisen war man sich aber dessen durchaus bewußt, welches Unrecht den Deutschen durch dieses Universitätsgesetz zugefügt wurde. Dies betonte z. B. Dr. Kramář in einer Rede vor der tschechoslowakischen Nationalversammlung am 22. Januar 1920, als er sagte: „Die Deutschen werden sich niemals mit dem abfinden, was geschehen ist. Ich, als tief national fühlender Mensch, würde mich über die Deutschen wundern und würde sie nicht begreifen, wenn sie vergessen und sich versöhnen würden."
Es sollten aber noch vierzehn Jahre vergehen, bis alle Bestimmungen des Universitätsgesetzes aus dem Jahre 1920 von tschechischer Seite mit Gewalt durchgesetzt und somit erfüllt werden konnten. In den Jahren nach 1920 konnte die „Eiserne Magnifizenz" durch viele Interventionen beim Staatspräsidenten erreichen, daß das Universitätsgesetz nicht vollkommen durchgeführt wurde.
Aber schon zwei Jahre nach dem Ableben Prof. Naegles begann im Frühjar 1934 der Rektor der tschechischen Universität, Prof. Domin, die „vollkommene Durchsetzung" der Bestimmungen des Universi-

tätsgesetzes wieselig zu betreiben. Zunächst beantragte er beim Zivilkreisgericht Prag die Eintragung des Karolinums in der Böhmischen Landtafel auf den Namen der tschechischen Universität. Rechtskräftig ging dadurch das Karolinum in den Besitz der tschechischen Universität über. Ein Einspruch seitens der deutschen Universität wurde am 28. März 1934 abgewiesen. Triumphierend ließ daraufhin Prof. Domin in der tschechischen Presse nachstehende Erklärung veröffentlichen: „Das Herz jedes guten Tschechen und Slowaken lachte bei der Nachricht, daß die Karls-Universität die tatsächlich und bücherlich eingetragene Besitzerin des ehrwürdigen Karolinums, das durch so viele teure Erinnerungen seit dem 14. Jahrhundert geheiligt ist, geworden ist. Vierzehn Jahre nach Erlaß des Universitätsgesetzes sind der tschechischen Universität endlich die Hoheitsrechte zurückgegeben worden. Als ich das Amt des Rektors übernommen habe, mußte ich dafür sorgen, daß der Karls-Universität die Rechte eingeräumt werden, die ihr nach dem Universitätsgesetz und nach der Gerechtigkeit zustehen. Der 28. März ist also ein goldener Tag in der Geschichte der Karls-Universität, die nach dem Umsturz (1918) die ihr aufgezwungene Benennung nach ihrem größten Schädling – dem Habsburger Ferdinand – abgelegt hat. Das Karolinum, das der Sohn des Vaterlandes, König Wenzel IV. (gemeint ist der Luxemburger Karl IV.), dem Karlskolleg gewidmet hat, gehört uns und nur uns!"
In der Folgezeit war Professor Domin, welcher der tschechischen nationaldemokratischen Partei angehörte, unentwegt bemüht, durch Veröffentlichungen in der tschechischen Presse sowie durch Vorsprachen bei Regierungsstellen auch die Auslieferung der altehrwürdigen Insignien an die tschechische Universität zu fordern.
Seine Anstrengungen führten im Herbst des Jahres 1934 zum Erfolg. Professor Domin war schon nicht mehr Rektor der tschechischen Universität, da wurde am 21. November 1934 dem Rektorat der deutschen Universität ein Erlaß des Unterrichtsministeriums zugeleitet, wonach die Insignien am 26. November 1934 zwei Vertretern der tschechischen Universität in den Räumen des deutschen Rektorates auszuhändigen seien.
Diese Vorgangsweise überraschte insofern, als schon Prof. Dr. San Nicolo während seiner Rektoratszeit aussichtsreiche Verhandlungen

mit dem Rektor der tschechischen Universität, Prof. Dr. Pekař, geführt hatte, die darauf abzielten, die alten Insignien in ein Museum zu verbringen. Wäre dies geschehen, so hätte der Insignienstreit vermieden werden können.
Aber nicht nur die Insignien sollten aufgrund dieses Erlasses des damaligen Schulministers Dr. Krčmář ausgeliefert werden, man begehrte noch andere Denkwürdigkeiten, darunter alte Bilder aus dem 17. und 18. Jahrhundert, alle Ölgemälde von den Rektoren der Universität bis zum Jahre 1882 und sogar den alten Rektorenstuhl.
Der ideelle Wert der alten Insignien war nicht nur für die Deutschen in den Sudetenländern, sondern darüber hinaus auch für das ganze deutsche Volk unschätzbar.
Das kostbarste Stück unter den Insignien war sicherlich das alte silberne Siegel aus dem Gründungsjahr 1348, das die Aufschrift „Sigillum universitatis scolarium studii Pragensis" trug. Das aus Rotguß gefertigte und vergoldete Rektorenzepter, welches aus der Mitte des 16. Jahrhunderts stammte, wurde als ein Meisterstück böhmischer Renaissance gewertet. Die Zepter der vier alten Fakultäten waren Barockarbeiten aus dem 17. Jahrhundert. Die Zepter der juristischen und medizinischen Fakultät trugen auf ihren Stäben fünf Emailwappen aus der Zeit des Kaisers Sigismund: den schwarzen Doppeladler des Reiches auf gelbem, den weißen, doppelgeschwänzten Löwen von Böhmen auf rotem Grund, die weiß-blauen Rauten von Bayern, den schwarz-gelb gestreiften Schild mit dem grünen Rautenkranz von Sachsen und den weißen polnischen Adler ebenfalls auf rotem Grund. Das Zepter der theologischen Fakultät war mit Adler und Sonne gekrönt, das der juristischen Fakultät mit der Kaiserkrone und gekreuzten Schwertern über dem Erdball geziert, das Zepter der medizinischen Fakultät krönte die Figur des Vogels Pelikan sowie die Gestalt des Erzengels Raphael als Wandersmann mit einem Fisch, und das Zepter der philosophischen Fakultät war mit der Weltkugel sowie Mond und Stern geschmückt. Die Rektorenkette aus dem Jahre 1850 war ganz aus Gold und bestand aus dreihundert aneinandergereihten böhmischen Dukaten und wurde an ihrem unteren Ende durch eine Medaille von zweiundfünfzig Millimetern abgeschlossen. Der bekannte Graveur Wenzel Seidan hatte diese Medaille geschaffen, die auf

der einen Seite das Bild der Karlsbrücke und die Inschrift „Universitas Carolo-Ferdinandea", auf der anderen Seite die Inschrift „Rectori Magnifico" trug. Die Dekanatsketten, wovon der philosophischen, der theologischen und der juristischen je drei, der medizinischen nur zwei gehörten, bestanden aus vergoldetem Silberblech und hatten verschiedene, aus dem Ende des 18. Jahrhunderts stammende Medaillen angehängt. Eine der Dekanatsketten der philosophischen Fakultät trug als Abschluß einen sogenannten „Prager Taler" Ferdinands II. aus dem Jahre 1637.

Der akademische Senat der deutschen Universität tagte nach Eingang des ultimativen Erlasses in Permanenz und lehnte, genauso wie die beunruhigte deutsche Studentschaft, die entwürdigende Form einer Übergabe der Insignien sowie auch die Bestimmung des Übergangszeitpunktes ab. Aufgrund eines Beschlusses des akademischen Senates begab sich am nächsten Tag eine Abordnung, der neben dem Rektor Prof. Dr. Grosser auch Prof. San Nicolo angehörte, zum Unterrichtsminister sowie zum Vorsitzenden der Regierung, um die Zurücknahme des ultimativen Übergabeerlasses zu erreichen. Dabei wurden sie auch von mehreren deutschen Abgeordneten unterstützt, die im Namen ihrer Partei ebenfalls im Unterrichtsministerium und beim Regierungsvorsitzenden Protest erhoben. Die deutsche Universitätsabordnung war noch nicht von ihren vergeblichen Vorsprachen zurückgekehrt, da verdichteten sich die Nachrichten, daß die aufgehetzte tschechische Studentenschaft beabsichtige, sich der alten Insignien mit Gewalt zu bemächtigen. Um dies zu verhindern, besetzte am 24. November 1934 ein Aufgebot deutscher Studenten das Karolinum.

Unterdessen hetzte die tschechische Boulevardpresse gegen die deutsche Universität, ihre Professoren und Studenten weiter. Schlagzeilen wie „Die deutsche Universität rebelliert!", oder „Wie wird sich die Regierung den Rebellen gegenüber durchsetzen?" und, nicht zu vergessen, „Burschenschaftler besetzen das Karolinum!", trugen in diesen unruhigen Tagen wesentlich zur Verschärfung der Situation in Prag bei. So uferten die Unruhen in der Landeshauptstadt immer mehr aus und erreichten einen vorläufigen Höhepunkt, als sich ein Demonstrationszug tschechischer Studenten, der von dem Prorektor der tschechischen Universität, Professor Domin, und seinem Amtskollegen,

Dr. Vajs von der theologischen Fakultät, angeführt wurde, dem Karolinum in der Absicht näherte, die alten Insignien mit Gewalt in ihren Besitz zu bekommen. Die Angreifer fanden allerdings die Tore zum Karolinum geschlossen, gelangten aber durch einen Nebeneingang in das Innere des Gebäudes, wo sie von den deutschen Studenten abgehalten wurden, das gesteckte Ziel zu erreichen. Nach dem Erscheinen des deutschen Rektors und einer Ansprache Prof. Domins, ließen die tschechischen Angreifer zunächst von ihrem Vorhaben ab. Der Belagerungszustand des Karolinums, in dem sich die deutschen Studenten verschanzt hatten, war aber damit noch nicht beendet. Der Polizeipräsident von Prag sah sich angesichts dieser Lage am 25. November 1934 veranlaßt, ein allgemeines Verbot „jedweder Ansammlung und Zusammenrottungen" im Stadtbereich der Landeshauptstadt zu verfügen.

Dieses Verbot hielt jedoch die aufgeputschten Massen der Tschechen nicht ab, ihre Aggressionen munter fortzusetzen. Von den tschechischen „Ordnungshütern" kaum behindert, richteten sie ihre Angriffe auf alle deutschen Mittelschulen, auf das Deutsche Theater, das Deutsche Haus am Graben und einzelne Universitätsinstitute.

Da ein Ende dieser Aggressionen nicht abzusehen war und sich die Nachrichten von schweren Mißhandlungen, begangen an deutschen Passanten und Studenten, stündlich mehrten, sah sich der Rektor der deutschen Universität letztlich veranlaßt, die alten Insignien einer Ministerialkommission, nicht aber den Vertretern der tschechischen Universität, auszuliefern. Dies geschah in den Vormittagsstunden des 26. Novembers 1934.

Damit waren zwar alle Bestimmungen des Universitätsgesetzes vom 20. Februar 1920 erfüllt, sie bargen allerdings neuen Zündstoff, der im Jahre 1939 neue Konflikte heraufbeschwor.

Der Kärntner Abwehrkampf nach dem slowenisch-serbischen Überfall in den Jahren 1918 bis 1920

Die Seele des Kärntner Abwehrkampfes nach dem Zusammenbruch der k. u. k. Armee im November 1918 war Oberleutnant Dr. Hans Steinacher (1892 bis 1971), ein hervorragender und treuer Sohn seiner bedrohten Heimat. Im Ersten Weltkrieg mehrfach hoch ausgezeichnet, führte er bis zu seiner schweren Verwundung am 6. Mai 1919 das Volkswehrbataillon Nr. 2, das sich aus kampferprobten ehemaligen Angehörigen des inzwischen aufgelösten k. u. k. Infanterieregimentes Nr. 7 und Freiwilligen zusammensetzte, im Abwehrkampf gegen die slowenisch-serbischen Eindringlinge, die versuchten, große Teile des Kronlandes Kärnten gewaltsam dem neugeschaffenen Retortenstaat Jugoslawien einzuverleiben.

Auch nach seiner Genesung war Oberleutnant Dr. Hans Steinacher ab März des Jahres 1920 bis zu der von den Amerikanern gegen den Widerstand ihrer alliierten Bundesgenossen durchgesetzten Ausschreibung einer Volksabstimmung am 10. Oktober des Jahres 1920 als Organisator und Mentor des Widerstandes im Kärntner Heimatdienst unermüdlich tätig.

In der Festschrift „50 Jahre Kärntner Volksabstimmung“ Nr. 10, Jahrgang 1970, leitete er, rückblickend auf die Abwehrkämpfe, diese Gedenkschrift mit folgenden Worten ein: „Die Dynamik des Kärntner Abwehrkampfes ruhte auf zwei Pfeilern. Einmal auf den heimkehrenden Soldaten des Ersten Weltkrieges, deren Aufgabe bis zuletzt in den Schlußkämpfen an der italienischen Front es nicht verhindert hat, daß sie auch noch der Heimat eine Stütze in der Not waren. Die andere Kraft erwuchs aus dem Boden des Grenzlandes, unmittelbar aus den bedrohten Heimatgemeinden. So ist es bemerkenswert, daß eine deutsche und windische Grenzgemeinde schon in der ersten Hälfte des November 1918 in den Kampf getreten sind: Die Gemeinde Maria Gail . . . auf windischer Seite und die Gemeinde Pustritz . . . von deutscher Seite.“

Von den nationalchauvinistischen Slowenen wurde bei ihren Ansprüchen auf große Teile des ehemaligen Kronlandes Kärnten immer wieder behauptet, daß die sogenannten „Windischen“, welche neben der deutschen Sprache einen slowenischen Dialekt sprechen und die bei der Volkszählung des Jahres 1910 das Slowenische als Muttersprache angegeben hatten, dem slowenischen Volk angehören würden. Somit seien nach ihrer Auffassung ihre Gebietsansprüche auf große Teile des Landes Kärnten gerechtfertigt. Aber schon der Geschichtsschreiber Megiser stellte bei seinen demoskopischen Untersuchungen in seinen „Annales Carinthiae" im Jahre 1612 folgendes fest:

Originalholzschnitt von Switbert Lobisser

„Es haben sich die windischen Khärndter mit den deutschen Khärrndtern also gewaltiglich vereinigt, daß aus beyden einerley volck ist worden."
Auch die etwa hundert Kilometer lange Alpenkette der Karawanken südlich der Drau bewirkte als Trennungsmauer zwischen Kärnten und Krain, daß die Berührung der Kärntner Windischen mit ihren slowenischen Nachbarn auf der anderen Seite des Gebirges im Laufe der Zeit mehr und mehr nachgelassen hat. Eine weitere Folge war die allmähliche Angleichung in bezug auf Sitten, Gebräuche und Sprache der deutschen Bevölkerung des Landes Kärnten. Auch heute noch sprechen die windischen Kärntner neben der deutschen Sprache einen slowenisch-deutschen Mischdialekt, der nur noch eine entfernte Ver-

wandtschaft mit dem Slowenischen aufweist. Das in Krain gesprochene Neuslowenisch war und ist den windischen Bewohnern Kärntens zum großen Teil unverständlich.
Eine Abtretung großer Kärntner Landesteile an Jugoslawien, wie dies die Slowenen im Sinne hatten, hätte aber sowohl für die windischen wie auch deutschen Landesbewohner nicht abzusehende wirtschaftliche Nachteile mit sich gebracht.
Die slowenischen Einigungsbestrebungen haben ihre Wurzeln in der deutschen Romantik mit ihrer Schwärmerei für Volkstum und Vergangenheit, welche J. G. Herder (1744 bis 1803) mit seinen Schriften nicht nur bei den Slowenen ausgelöst hatte. Die Idee eines vereinigten Sloweniens, die eine Teilung des Landes Kärnten bedeutet hätte, stieß allerdings schon im Jahre 1848 auf einen breiten Widerstand der Bevölkerung. Bei der Neuordnung der Reichsverfassung durch das kaiserliche Manifest vom 4. März 1849 wurde Kärnten selbständiges Kronland, und aufgrund der Durchführungsbestimmungen zu diesem Manifest vom 11. März 1849 wurden der Villacher und Klagenfurter Kreis vom Gubernium Laibach, dem sie nach 1814 bzw. 1826 angehört hatten, endgültig getrennt.
Die Idee eines vereinigten Sloweniens blieb aber weiterhin virulent und wurde vom katholischen Klerus der Slowenen nachhaltig unterstützt. Dem tschechisch-panslawistischen Vorbild folgend, wurde von den Slowenen am 8. August 1868 die erste Volksversammlung im Freien (Tabor) abgehalten. In einer Resolution, bei der historische und geopolitische Gesichtspunkte keine Beachtung fanden, wurde der Artikel des Staatsgrundgesetzes von 1867, der sich auf die Gleichberechtigung der Volksstämme in Österreich bezog, verworfen und die Vereinigung aller Slowenen, wozu auch die in Kärnten lebenden Windischen gezählt wurden, gefordert.
Auch ein historischer Rückblick auf die Geschichte Kärntens verweist die slowenischen Gebietsansprüche auf Kärntner Landesteile in den Bereich der Utopie. Viel früher als die im Gefolge der Awaren eingesickerten slawischen Stämme sind in Kärnten Germanen nachzuweisen. Im 5. und 6. Jahrhundert n. d. Z. gehörte Kärnten im geschichtlichen Ablauf zu den Reichen der Ostgoten, Franken sowie Langobarden. In der Mitte des 8. Jahrhunderts begann dann die bayrische Herr-

schaft und mit ihr die Einwanderung Deutscher, die durch Jahrhunderte anhielt. Die deutschen Einwanderer gründeten aber nicht nur Städte, sondern es kamen auch Bauern aus Bayern, Schwaben und Franken ins Land. Bei einer Betrachtung der bevölkerungspolitischen Verhältnisse im 20. Jahrhundert muß aber auch daran erinnert werden, daß in manchen Gebieten Kärntens die ursprünglich deutsche bäuerliche Bevölkerung im windisch-slowenischen Volkstum aufgegangen ist. Es soll aber auch darauf hingewiesen werden, daß die sogenannten Windischen in ihrer Haltung zum Deutschtum und der damit verbundenen Achtung vor der deutschen Kultur im mitteleuropäischen Raum durchaus keine Einzelerscheinung darstellen. Die romanischen Ladiner in Südtirol, die Heimatdeutschen in Nordschleswig, die einen polnischen Mischdialekt sprechenden Masuren, die Wasserpolen in Oberschlesien sowie die slawisch sprechenden Bewohner des Hultschiner Ländchens blieben dem deutschen Kulturkreis stets eng verbunden.
Die Abwehrkämpfe gegen die slowenischen Eindringlinge begannen bereits am 1. Dezember des Jahres 1918 mit einem Angriff des Kärntner Aufgebotes auf die Stadt Völkermarkt, die überfallartig am 30. November 1918 von militanten slowenischen Eindringlingen besetzt wurde. Am 13. und 14. desselben Monats konnten slowenische Kräfte, die von diesem Stützpunkt aus in Richtung Klagenfurt vorgestoßen waren, erfolgreich von den Kärntner Abwehrkämpfern zurückgedrängt werden. Durch diesen Teilerfolg war aber die latente Gefahr für die Freiheit Kärntens noch nicht gebannt. Am 9. Dezember 1918 hatten die Slowenen St. Paul im Lawantal besetzt, und es drohte die Gefahr einer weiteren Besetzung des Landes südlich der Drau. Ein Aufstand gegen die slowenischen Verbände am 28. Dezember 1918, die Rückeroberung von St. Paul, die Befreiung von Arnoldstein am 7. Januar 1919 sowie die Einnahme von Ferlach führten zu einem vorläufigen Waffenstillstand, der am 14. Januar 1919 in Graz unterzeichnet wurde. Bei diesen Verhandlungen waren auch amerikanische Beobachter anwesend. Dem bedrohten Land Kärnten brachte diese brüchige Vereinbarung keine Ruhe. An der noch nicht genau festgelegten Demarkationslinie waren laufend Schießereien und andere Zwischenfälle an der Tagesordnung.
Sie waren ein untrügliches Zeichen dafür, daß die slowenischen Okku-

panten diesen „Waffenstillstand“ nur als eine Pause für die von ihnen geplanten erneuten An- und Übergriffe verstanden.
Die Feuerpause sollte auch nicht lange anhalten. Der berüchtigte slowenische „General“ Majster befahl in der Nacht auf den 29. April 1919 den allgemeinen Überfall seiner Verbände auf die Postierungen der Kärntner Abwehrkämpfer. Für das Land Kärnten entstand durch diesen Überfall erneut eine gefährliche Situation. Bei den nun wieder auflebenden Kämpfen erzielten die deutschen Abwehrkämpfer beachtliche Teilerfolge. Die slowenischen Einheiten konnten aus dem unteren Rosental vertrieben werden, der Kessel um die Ortschaft Ferlach wurde ebenfalls von den Eindringlingen gesäubert, und auch ein zweiter slowenischer Einfall in das Rosental endete für die Aggressoren mit einer Niederlage. Der Hauptort des Rosentals, St. Jakob, konnte zurückerobert werden.
Die militärischen Aktionen der Slowenen waren zunächst einmal abgewehrt. Die Empörung der gesamten Kärntner Bevölkerung über den von den Slowenen gebrochenen Waffenstillstand war groß, und die Forderung nach Beendigung der slowenischen Aggression und Säuberung des Landes von der eingedrungenen Soldateska wurde immer lauter.
Daraufhin gab der Landesbefehlshaber für Kärnten, Oberstleutnant Ludwig Hülgerth, am 2. Mai 1919 den Befehl zum Angriff auf den slowenischen Brückenkopf Völkermarkt, der dann auch unter Verlusten der Abwehrkämpfer genommen werden konnte. Bei den weiteren Angriffsunternehmungen im Mießtal, im Rosental, in und um Bleiburg konnten weitere Abwehrerfolge erzielt werden, und mit dem Sieg der Kärntner Abwehrkämpfer bei Gutenstein war der letzte slowenische Widerstand auf Kärntner Boden gebrochen. Oberleutnant Dr. Hans Steinacher war zwar bei den Kämpfen um das Schloß Gamsenegg am 6. Mai 1919 schwer verwundet worden, doch die Freiwilligenverbände, die unter seinem Befehl gestanden hatten, konnten nach den Niederlagen der slowenischen Aggressoren Unterdrauburg kampflos besetzen und drangen bis Windischgraz vor. Nach Marburg in der Untersteiermark wäre es für die vorrückenden Abwehrkämpfer nun nicht mehr weit gewesen. Oberleutnant Steinacher hatte vor seiner Verwundung eine solche Möglichkeit erwogen.

Die Abwehrkämpfe veranlaßten nun die amerikanische „Friedensdelegation“, eine Abordnung nach Kärnten zu entsenden, um ein Bild von der gespannten Situation in Kärnten zu gewinnen. Der US-Professor Coolidge beauftragte daraufhin Oberstleutnant Miles, an der Spitze einer Delegation Kärnten zu bereisen. Bei dieser Informationsreise wurde der amerikanischen Abordnung am 27. Januar 1919 in der Ortschaft Griffen eine Entschließung überreicht, die es verdient, festgehalten zu werden.
In dieser Entschließung heißt es: „Wir am 27. Jänner 1919 auf dem Platz zu Griffen versammelten deutschen und slowenischen Bürger und Bürgerinnen der Ortsgemeinden Griffen und Pustritz bekunden hiermit vor Gott und aller Welt, frei und unbeeinflußt unseren festen und unbeugsamen Willen wie bisher auch in aller Zukunft offen und treu an unserem lieben, gemeinsamen Heimatland Kärnten festzuhalten. Wir legen ebenso feierlich wie entschieden den schärfsten Protest dagegen ein, daß unser liebes, teures Kärntnerland, das uns Deutschen und Slowenen seit Jahrhunderten schon eine gemeinsame, treue Mutter war, durch fremde Gewalt zerrissen und zerstückelt und die von uns bewohnten Gebiete einem südslawischen Reiche angegliedert werden, von dem uns alles trennt, was Menschen auf Erden vereinen kann . . . Wir legen ebenso einig wie entschieden dagegen Verwahrung ein, daß volksfremde Hetzer und Gewalthaber unter dem Vorwand der Befreiung der Kärntner Slowenen unser friedliches und einiges Kärntner Volk zersplittern, knechten und entrechten sowie uns mit Gewalt den südslawischen Völkern anschließen, von denen uns nicht nur Blut, Sprache und Sitten, sondern vor allem unser Seelenleben und Gemüt himmelweit unterscheiden . . . Wir bedauern und verurteilen es auf das schärfste, daß südslawische Truppen unserer südseitigen Nachbarländer, die Schulter an Schulter mit unseren Regimentern durch mehr als vier Jahre gegen die Entente die Waffen geführt und mit uns erst beim Zusammenbruche des alten Österreich die Schlachtfelder geräumt haben, jetzt als Feinde gegen uns die Waffen ergriffen haben, um in der Stunde der größten Not unser armes Heimatland zu überfallen und seine Bewohner gewaltsam unter das südslawische Joch zu beugen. So wenig uns je der Gedanke und die Absicht geleitet haben, in die Länder unserer südlichen Nachbarn oder in Kroatien oder Serbien einzu-

fallen, Teile dieser Länder an uns zu reißen und ihre Völker mit Gewalt zu einem unnatürlichen Bunde mit uns zu zwingen, ebenso sehr verlangen und bestehen wir auch darauf, von den Gewalthabern und Völkerschaften dieser Länder als ein selbständiges, einheitliches und heimattreues Volk betrachtet und behandelt zu werden. Wir bestehen als ein wenn auch gemischtsprachiges, so doch einiges und durch vielfache Bande der Blutsverwandtschaft der Liebe, Freundschaft und Treue, durch Gebräuche, Sitten und Gemütsleben seit Jahrhunderten verbundenes Volk nicht nur auf dem Recht der Selbstbestimmung, sondern vor allem auf dem Rechte der gegenseitigen Achtung, auf welchen beiden Grundlagen allein der uns von allen vom Herzen erwünschte Völkerfriede aufgebaut und dauernd bestehen kann. In diesem Sinne sagen und fordern wir: ‚Kärnten den Kärntnern und Hände weg von unserer Heimat und unserem Volke!‘"
Nach Eingang des amerikanischen Studienberichtes wurde in Paris in der Gebietskommission der „Friedensmacher" über die weitere Vorgehensweise im Land Kärnten verhandelt. Nach Ende der diesbezüglichen Beratungen wurde vereinbart, daß eine Volksabstimmung in zwei getrennten Zonen (A und B) über das weitere territoriale Schicksal des Landes entscheiden sollte. In der Zone A mit dem verhältnismäßigen Übergewicht der slowenisch-windischen Bevölkerung sollte zunächst abgestimmt werden. Eine weitere Abstimmung in der Zone B sollte erst dann stattfinden, wenn sich eine klare Mehrheit der Bevölkerung der Zone A für eine Lostrennung des Landes und damit für eine Eingliederung in den jugoslawischen Staatsverband entschieden hätte.
Den Jugoslawen blieben diese Verhandlungen in der Gebietskommission nicht verborgen, und sie bereiteten nach den Niederlagen der slowenischen Eindringlinge und deren Ersuchen eine militärische Offensive gegen das Land Kärnten vor. Bald war eine ganze jugoslawische Armee im Anmarsch, und es war nur noch eine Frage der Zeit, wann die durch serbische Einheiten verstärkten, inzwischen zersprengten slowenischen Verbände ihre Landraubversuche erneuern würden.
Als dann am 28. Mai 1919 jugoslawische Truppenverbände in Kärnten eingedrungen waren und einen Großteil des Landes besetzt hatten – die Landeshauptstadt Klagenfurt konnte von ihnen erst am 6. Juni

1919 besetzt werden –, wurde die von den Alliierten unter sich ausgehandelte Volksabstimmung für den 10. Oktober 1920 festgesetzt. Das Ergebnis dieser Volksabstimmung in der Zone A bedeutete für die chauvinistischen Slowenen eine arge Enttäuschung. In der grenznahen Abstimmungszone A gaben 22 925 Deutschkärntner und Windische, also 59,04 v. H., ihre Stimme für den Verbleib ihres Heimatlandes bei Österreich ab.

Diese Entscheidung bedeutete, daß in Verbindung mit den Bestimmungen des Friedensdiktates von Saint-Germain-en-Laye die Karawankengrenze erhalten und Kärnten bis auf einige kleinere Gebietsabtretungen ungeteilt blieb. Der Kärntner Freiheitskampf wird im Nachschlagewerk Ploetz (Auszug aus der Geschichte), Würzburg 1974, auf Seite 474 mit folgenden Worten gewürdigt: „Nach Einbruch südslawischer vor allem serbischer Truppen in die Steiermark und nach Kärnten erbitterte Kämpfe mit Heimwehren. Das Abstimmungsergebnis vom 10. Oktober 1920 ist ein deutscher Sieg, so daß das Gebiet bei Österreich bleibt.“ Allerdings mußte das Land Kärnten trotz dieses Abstimmungserfolges, der mit vielen Stimmen der windischen Bevölkerung errungen wurde, aufgrund der harten Bestimmungen des Friedensdiktates von Saint-Germain-en-Laye Gebietsabtretungen hinnehmen.

Übersichtskarte über die Abstimmungszonen A und B und die Unterteilung der Zone A

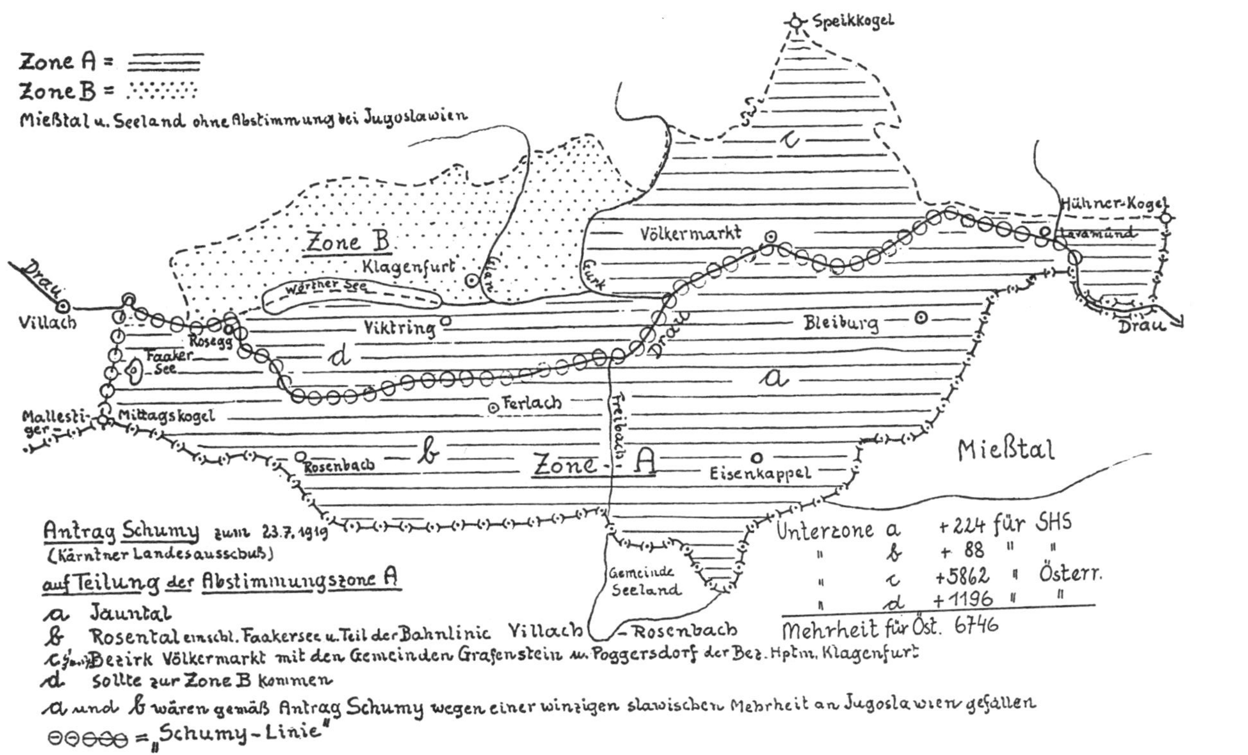

Übersichtskarte über die Abstimmungszonen A und B und die Unterteilung der Zone A

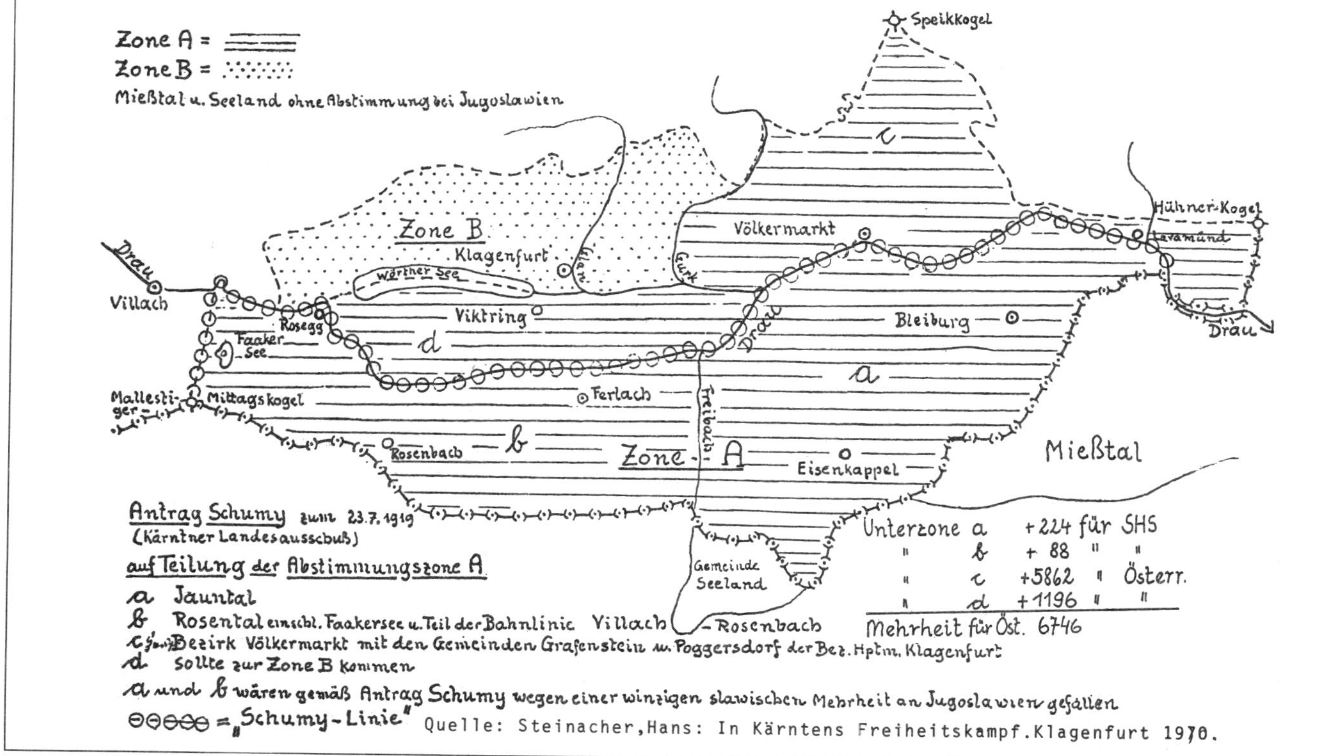

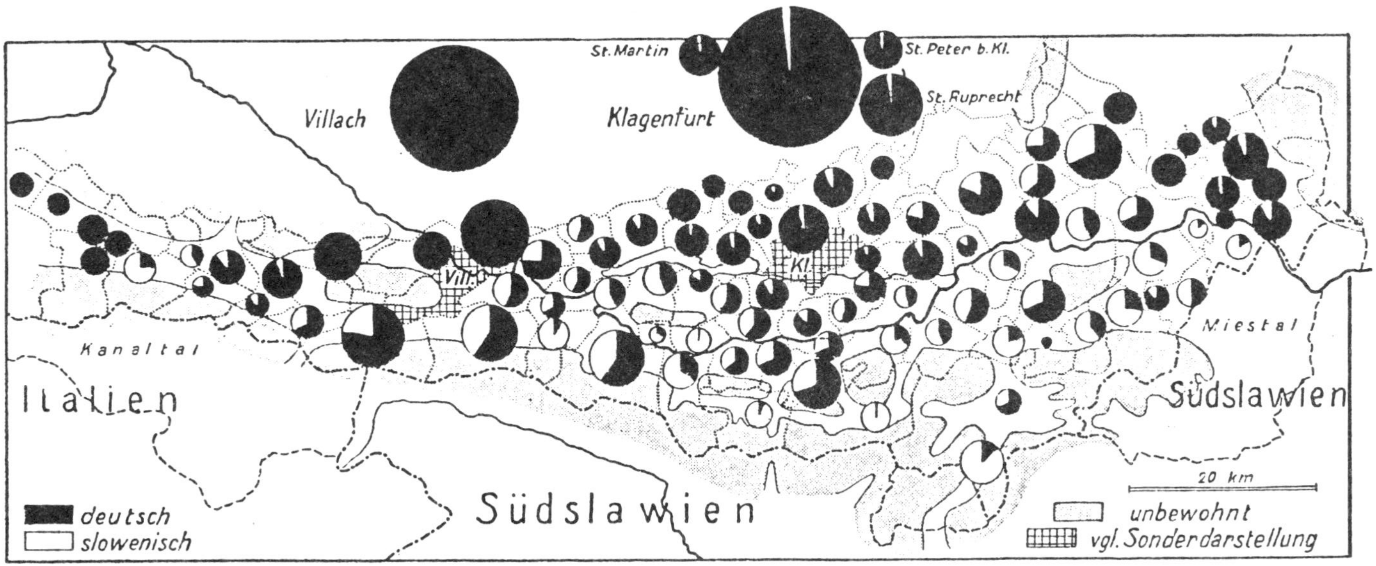

Sprachenkarte von Kärnten, dargestellt nach der österreichischen Zählung des Jahres 1913, wobei die Größen der Kreise der Gesamteinwohnerzahlen der Städte bzw. der einzelnen Bezirke entsprechen.

Quelle: Thalheim, Karl C.: Das Grenzlanddeutschtum. Mit besonderer Berücksichtigung seines Wirtschafts- und Soziallebens. Berlin–Leipzig 1931 (Sammlung Göschen).

Das Kanaltal mit dem wichtigen Eisenbahnknotenpunkt Tarvis mußte an Italien, das Mießtal (Teile der Gerichtsbezirke Bleiburg, Eisenkappel und St. Paul) mit einer nicht unbeträchtlichen Minderheit von 3 000 Deutsch-Österreichern an Jugoslawien abgetreten werden. Das ebenfalls abgetretene Kanaltal umfaßte sechs Gemeinden mit einer Fläche von 332 Quadratkilometern. Von den dort lebenden Bewohnern hatten sich 5 622 zum deutschen und 1 541 zum slowenischen Volkstum bekannt.
Abschließend muß in diesem Zusammenhange betont werden, daß die Alliierten, die vorgaben, für das Selbstbestimmungsrecht aller Völker gekämpft zu haben, nirgendwo eine Volksabstimmung aus eigenem Antrieb vorgeschlagen haben. Millionen Deutsche wurden ohne Volksabstimmung den nichtdeutschen Nachfolgestaaten der ehemaligen Donaumonarchie überantwortet. Den Deutschen in Böhmen, Mähren, Österreich-Schlesien, in Südtirol, der Untersteiermark, im Mieß- und Kanaltal wurde das von Präsident Wilson verkündete Selbstbestimmungsrecht verweigert. Den Freiheitskämpfern in Kärnten allein ist es zu verdanken, daß dort eine Volksabstimmung stattfinden konnte.
Eine Sprachenkarte, die nach der österreichischen Zählung des Jahres 1913 ausgearbeitet wurde, vermittelt einen anschaulichen Überblick über das Stärkeverhältnis der deutschen Bevölkerung Kärntens zu ihren windischen bzw. slowenischen Mitbürgern.

Der Verlust Deutsch-Südtirols

Der Tiroler Landesteil südlich des Brenners war schon in vorgeschichtlicher Zeit von Rhätern bewohnt, unter denen Etrusker und illyrische Veneter den Hauptbestandteil bildeten.
Später wurde dieses Gebiet von den Galliern besiedelt. Nach ihnen nahmen die Römer das Land in Besitz und stellten im Verlaufe ihrer Herrschaft durch eine Straße über den Brenner hinweg die Verbindung vom Po zur Donau her. Entlang und zur Sicherung dieser bedeutenden Verbindung nach Norden errichteten sie längs dieser Straße Kastelle, Zoll- und Kultstätten.

Ab dem 2. Jahrhundert n. d. Z. mehrten sich allmählich vom Norden her die Einfälle germanischer Stämme, besonders der Alemannen. Nach dem Sturz des weströmischen Kaisertums im Jahre 476 n. d. Z. kam ganz Tirol unter die Herrschaft der Ostgoten. Nach dem Untergang des ostgotischen Italienreiches im Jahre 552 n. d. Z. wurde der nördliche Teil des Landes von den Baiern, der südliche Teil von den Langobarden besetzt.
Der Christianisierung des nach der Gotenherrschaft geteilten Landes war die Bekehrung der Baiern vorangegangen. Die in Oberitalien siedelnden Langobarden hatten zunächst das arianische Glaubensbekenntnis angenommen. Dynastische Verbindungen des Bayernherzogs Garibald zum langobardischen Königshaus haben im sechsten Jahrhundert die Katholisierung der Langobarden eingeleitet. Theodolinde, seine Tochter, war mit dem Langobardenkönig Authari (584 bis 590) vermählt und bewirkte als eifrige Katholikin den Übertritt der Langobarden zum katholischen Glauben. Unter den Agilolfingern hat sich besonders ihr Herzog Tassilo III. (748 bis 788) bei der Missionierung im gesamten Südostraum Verdienste erworben. Im Bereich des Salzburger Erzbistums hat sich aber auch von Bad Reichenhall aus eine rege Missionstätigkeit nach Südtirol entwickelt. Die dortige alte Agilolfingerkirche St. Zeno, welche im Jahre 1147 n. d. Z. zu einem Münster ausgebaut wurde, war im frühen Mittelalter das Zentrum der Missionierung nach dem Süden hin.
Im achten Jahrhundert wurde das ganze Land Tirol fränkische Provinz und in Gaue eingeteilt, deren Namen sich bis heute erhalten haben. Zu nennen sind hier das Vintschgau (Fintsgove), das Passaier Tal (Passier), das Zillertal (Cillares Tal), das Pustertal (Pusstrissa), das Inntal und das Norital mit der Grafschaft Bozen.
Nach dem Aussterben der deutschen Karolinger im Jahre 911 n. d. Z. wurde das nördliche und mittlere Tirol dem bayrischen Herzogtum, das südliche (Trient) der Veroneser Mark angegliedert.
Die deutschen Könige und Kaiser, die seit dem 10. Jahrhundert bei ihren Römerzügen meist den Weg über den Brenner wählten, verliehen dem Bistum Trient die Grafschaften Trient, Bozen und Vintschgau, dem Bistum Brixen die Grafschaften im Eisack, Unterinn- und Pustertal.

Bozen, Teilansicht vom Turm der Stadtkirche. Im Vordergrund der Walterplatz.
Quelle: Bildarchiv der Österreichischen Nationalbibliothek Wien

Seit dem 12. Jahrhundert werden als Vögte des kirchlichen Besitzes die Grafen von Tirol und die Herzöge von Andechs-Meranien genannt. Beider Besitzungen gingen durch Erbrecht im Jahre 1263 n. d. Z. auf den Grafen Meinhard II. über, dessen Enkelin, Margarethe Maultasch, nach dem Tode ihres Sohnes Meinhard III. im Jahre 1363 n. d. Z. ihr Land Tirol, außer dem Eigenbesitz der Bistümer Brixen und Trient, an die Habsburger abtrat, die erst im Jahre 1803 die inzwischen säkularisierten Bistümer erwerben konnten. Damals begann auch der Bergbau im Lande Tirol zunehmend an Bedeutung zu gewinnen. Die Silberförderung von Schwaz bedeutete für die Landesfürsten eine nicht zu unterschätzende Einnahmequelle.
Seit dem Jahre 1522 hatte die Reformation auch in Tirol Eingang gefunden und wurde von Erzherzog Ferdinand I., dem Kaiser Karl V. (1519 bis 1556) die habsburgischen Erblande im Jahre 1521/22 übergeben hatte, nachhaltig unterdrückt. Ferdinand I. war es auch, der den großen Tiroler Bauernaufstand im Jahre 1525 niederschlug, der von Michael Gaismayr von Brixen aus organisiert und geleitet wurde.

Nach dem Tode Kaiser Ferdinands I. (1556 bis 1564) übernahm Erzherzog Ferdinand von Tirol die Regierung im Lande.
Da Erzherzog Ferdinand von Tirol jedoch mit der Augsburger Patriziertochter Philippine Welser unebenbürtig verheiratet war, konnte er keine erbberechtigten Nachfolger hinterlassen, und das Land fiel wieder an die kaiserliche Familie zurück. Im Jahre 1602 unterstellte Kaiser Rudolf (1576 bis 1611) das Land seinem Bruder Maximilian. Im Jahre 1665 erlosch das selbständige Tiroler Regentenhaus, und das Land wurde fortan wieder von Wien aus regiert.
Der 30jährige Krieg, die Pest und die damit verbundene Entvölkerung hatten für das Land Tirol nachteilige Folgen. Im gesamten Bergbauwesen zeichnete sich in der zweiten Hälfte des 17. Jahrhunderts schon ein merklicher Niedergang ab. Im spanischen Erbfolgekrieg (1701 bis 1714) unternahm 1703 der Kurfürst Max Emanuel von Bayern einen Feldzug nach Tirol. Seine Truppen wurden jedoch durch die tapfere Abwehr des Tiroler Landsturmes ebenso zurückgeschlagen wie die französischen Truppen, die versuchten, von Italien aus in das Land einzudringen.
Die kriegerischen Auseinandersetzungen im 18. Jahrhundert bildeten für das Land Tirol nur insofern eine Belastung, als es für die Kriegskasse erhebliche Geldopfer zu erbringen hatte. Während der Regierungszeit Maria Theresias und ihres Sohnes Josef II. wurden bei ihren Reformbestrebungen auch in Tirol die ständischen Verhältnisse umgeformt.
Nach der Dreikaiserschlacht bei Austerlitz am 2. Dezember 1805, bei der Napoleon die vereinigten Heere der Russen und Österreicher besiegt hatte, mußte Österreich im Frieden von Preßburg am 25. Dezember desselben Jahres auch ganz Tirol an Bayern abtreten.
Die neuen Landesherren stießen jedoch mit ihren unterdrückenden Maßnahmen alsbald auf heftigen Widerstand in der Tiroler Bevölkerung. Nach Einführung sogenannter Bankozettel kam es zu einer Geldentwertung, daneben wurde die Steuerlast für die Bevölkerung immer größer, ein Teil der kirchlichen Feiertage wurde abgeschafft, der Landesname Tirol beseitigt, und einige Klöster wurden geschlossen.
Diese zum Teil drakonischen Maßnahmen haben dann im Jahre 1809 den großen Tiroler Volksaufstand gegen die bayrische Besatzungsmacht, und damit auch gegen die Franzosen, ausgelöst.

Nach anfänglich bedeutenden Abwehrerfolgen und heldenhafter Gegenwehr wurde diese Volkserhebung niedergeschlagen. Tirol wurde im Frieden von Wien im Jahre 1809 abermals geteilt, wobei Welschtirol mit Bozen dem Königreich Italien zugesprochen wurde, das obere Pustertal an Illyrien fiel und nur der Rest des Landes bei Bayern verblieb.

Andreas Hofer, der diese Volkserhebung mit Joachim Haspinger und Josef Speckbacher angeführt hatte, wurde auf Befehl Napoleons am 20. Februar 1810 in Mantua erschossen.

Erst im Jahre 1814 kam das Land Tirol, gemäß der Wiener Kongreßakte, wieder zu Österreich.

Angeregt durch die panslawistischen Umtriebe in der Donaumonarchie machten sich in den letzten Jahrzehnten des 19. Jahrhunderts auch in Welsch-Tirol irredentistische Strömungen bemerkbar. Unter Irredentismus, einem im Jahr 1877 geprägten Begriff, verstand man die nach der Einigung Italiens (1861 bis 1866) entstandene Bewegung, die von den Linksparteien der Republikaner und Radikalen sowie von anderen kulturpolitischen Organisationen getragen wurde.

Diese Bewegung strebte über Südtirol hinaus die Gewinnung der „terre irredente", d. h. der „unerlösten", noch in österreichisch-ungarischem Besitz verbliebenen Gebiete von Trient, Triest, Istrien sowie der dalmatinischen Küstengebiete an.

Der frühe Irredentismus stand anfänglich in scharfem Gegensatz zur damaligen italienischen Regierungspolitik, trug jedoch im Dreibund ständig zu Spannungen zwischen Rom und Wien bei.

Ab dem Jahre 1900 bemächtigte sich dann der unter den Italienern aufkommende übersteigerte Nationalismus der irredentistischen Bewegung, ohne jedoch den demokratisch-linken Flügel gänzlich absorbieren zu können. Die Bedeutung dieser Bewegung, die mit landesverräterischen Elementen durchsetzt war, lag weniger in ihrer organisatorischen Stärke, als in ihrem Einfluß auf die öffentliche Meinung. Einer ihrer ausgeprägtesten Vertreter war der Trientiner Cesare Battisti (1875 bis 1916), der schon vor der Jahrhundertwende publizistisch für den Anschluß des Trentino an Italien eintrat. Im Jahr 1900 gründete er die sozialdemokratische Tageszeitung „Il Popolo" und verfolgte seit 1908 als Abgeordneter des Tiroler Landtages und seit 1911 als Mitglied des

Österreichischen Reichsrates beharrlich seine landesverräterischen Ziele. Nachdem am 23. Mai 1915 Italien Österreich-Ungarn den Krieg erklärt hatte, kämpfte Battisti als ehemaliger österreichischer Reserveoffizier gegen die Monarchie, wurde am Monte Corno gefangen und der nach den Kriegsgesetzen vorgesehenen standrechtlichen Behandlung zugeführt. Sein Name wurde während des 1. Weltkrieges zum Symbol des trentinischen Irredentismus. Deutsch-Südtirol hatte, wie aus der nachstehenden Tabelle zu entnehmen ist, im Jahre 1910 eine Gesamtbevölkerung von 279 213 Bewohnern, davon 225 116 Deutsche (83 v. H.), 23 164 Italiener (9 v. H.) und 19 605 Ladiner (7 v. H.).
Seit dem Jahre 1880 konnte zudem ein Ansteigen der deutschen Bevölkerung registriert werden, während der Bevölkerungsanteil der Italiener und bis 1900 der Ladiner etwas gesunken war.

Die Sprachverteilung und ihre Entwicklung in den Jahren 1880 bis 1910 in Deutsch-Südtirol

Jahr	1880	1890	1900	1910
Gesamtbevölkerung	231 549	236 202	248 369	279 213
davon deutsche Muttersprache	186 678	187 558	198 369	225 116
italienische Muttersprache	22 007	24 511	23 871	23 164
ladinische Muttersprache	19 246	19 150	18 785	19 605
sonstige Umgangssprache	144	429	577	1 935
einheimische Bevölkerung	228 075	231 648	241 298	269 820
Staatsfremde	3 474	5 554	7 071	9 393

Aber auch in Welsch-Südtirol nahm in den Jahren 1880 bis 1910 der Anteil der deutschen Bevölkerung zu, wie es die folgende Aufstellung verdeutlicht.
Im Verlaufe der sich erneut und weltweit verstärkt anbahnenden Forderungen auf Gewährung des Selbstbestimmungsrechtes für alle Völ-

ker sollte die tragische Figur C. Battistis weniger mit dem Verdikt eines Landesverräters belastet werden. Nach dem für solche Erkenntnisse gebotenen zeitlichen und emotionslosen Abstand erscheint er der Nachwelt eher als ein beharrlicher Verfechter des Selbstbestimmungsrechtes und läßt damit als Gegner des nationalistisch-imperialistischen Begehrens Reichsitaliens seine antifaschistische Haltung in diesen Fragen erkennen.

Entwicklung in Welsch-Südtirol

Jahr	1880	1890	1900	1910
Gesamtbevölkerung	328 891	326 510	337 929	362 684
davon deutsche Muttersprache	5 792	7 150	6 494	10 263
italienische und ladinische Muttersprache	318 358	314 070	322 720	340 607
sonstige Umgangssprache	1 031	259	1 021	2 359
einheimische Bevölkerung	325 181	321 479	330 235	353 229
Staatsfremde	3 710	5 031	7 694	9 455

Der deutsche Bevölkerungsanteil in Welsch-Südtirol ist somit in den Jahren 1880 bis 1910 von 1,8 auf 2,9 Prozent angestiegen. In den letzten Jahrzehnten des 19. und zu Beginn des 20. Jahrhunderts waren die Deutschen in der gesamten Monarchie allmählich in eine Abwehrstellung gedrängt worden und wurden seitens der verschiedenen österreichischen Regierungen in ihren nationalen Belangen kaum unterstützt. In Südtirol z. B. kam man dem italienischen Bevölkerungsanteil in jeder Weise entgegen. Es wurde die italienische Sprache als Amtssprache anerkannt, Italiener wurden teilweise als Landrichter eingesetzt, und jeder höhere Beamte, der südlich des Brenners seinen Dienst versah, mußte von Amts wegen die italienische Sprache beherrschen. Auf den ethnischen Proporz wurde damals im Gegensatz zu den späteren faschistischen Gepflogenheiten in Südtirol streng geachtet. War

beim Oberlandesgericht Tirol zu Innsbruck der Präsidentenstuhl von einem Deutschen besetzt, so wurde der Vizepräsident ein Welschtiroler und umgekehrt.
Wie sehr aber die Deutschen in der gesamten Monarchie und in den einzelnen Sprachinseln in ihrem völkischen Bestand bedroht waren, kann man aus dem Gründungsaufruf zum Deutschen Schulverein vom Mai 1880 entnehmen. In diesem Aufruf wurde allen Deutschen in der Donaumonarchie die gefährliche Lage in den Sprachgrenzräumen und in den Sprachinseln mit folgenden Worten verdeutlicht: „Tausende und Tausende von Kindern deutscher Eltern an unseren Sprachgrenzen und in Gebieten gemischtsprachiger Bevölkerung wachsen ohne deutsche Schule auf und gehen so dem deutschen Volke verloren. Dieser Vorgang, ebenso traurig für die dadurch Betroffenen als beschämend für jeden Deutschen, vollzieht sich sowohl in Böhmen und Mähren als in Tirol und Krain.
In vielen Gemeinden wehren sich noch die deutschen Minderheiten aber ohne hinreichende Geldmittel, verlassen und preisgegeben von ihren eigenen Stammesgenossen sind sie gezwungen, den hoffnungslosen Kampf aufzugeben, ihre Kinder die Muttersprache vergessen und sie zu Slawen oder Wälschen werden zu lassen . . ."
Nach dem Kriegseintritt Italiens gegen Österreich-Ungarn am 23. Mai 1915 und gegen das Deutsche Reich am 28. August 1916 konnten die Italiener im Verlauf der Kampfhandlungen niemals in Deutsch-Südtirol eindringen. In den zwölf Isonzoschlachten konnten sie ihre imperialistischen Ziele, trotz massiver Unterstützung der Franzosen, Engländer und später auch der Amerikaner, nicht erreichen.
Zu Beginn des Krieges am 1. August 1914 stand Italien nur noch dem Namen nach an der Seite der Mittelmächte. Zunächst hatte es am 3. August 1914 vorsorglich seine Neutralität erklärt und die Bündnispflicht aus dem Dreierbund nicht mehr anerkannt. In einem Geheimvertrag, der am 26. April 1915 zwischen England, Frankreich und Rußland in London abgeschlossen wurde, verpflichtete sich Italien zum Kriegseintritt gegen die Mittelmächte. Dafür wurde Italien die Erfüllung seiner Territorialforderungen und die Erweiterung seines Kolonialbesitzes im Artikel 4 des Geheimvertrages zugesichert, der folgendes besagte:

„In dem Friedensvertrag wird Italien erhalten das Trentino, das Cisalpine Tirol mit seiner geographischen und natürlichen Grenze (gemeint war dabei die Brennergrenze), ferner Triest, die Grafschaften Görz und Gradisca, ganz Istrien bis zum Quarnero und einschließlich Voloscas und der istrischen Inseln . . ."
In einem Zusatzartikel war auch schon die zukünftige Grenzziehung vereinbart worden: „Vom Piz Umbrail bis nördlich des Stilfser Joches wird sie dem Kamm der Rätischen Alpen folgen bis zu den Quellen der Etsch und Eisack und sodann auf den Bergen Reschen und Brenner und den Höhen Ötz und des Ziller verlaufen. Die Grenze wird sich dann nach Süden wenden, wird den Berg Toblach überschreiten und auf die gegenwärtige Grenze der Karnischen Alpen treffen. Sie wird dieser Grenze folgen bis zum Berge Tarvis und nach dem Berge Tarvis längs der Wasserscheide der Julischen Alpen und der Pässe von Podberdo, Podlaniscam und Adria verlaufen . . ."
Um Italien vielleicht doch noch von seinen Abfallbestrebungen abhalten zu können, wurde der ehemalige deutsche Reichskanzler, Fürst Bernhard von Bülow, am 4. Dezember 1914 in besonderer Mission nach Italien entsandt. Aber auch er konnte das Abgleiten des ehemaligen Bundesgenossen in das Lager der Entente nicht mehr verhindern.
Die Italiener waren nur unter unerfüllbaren Voraussetzungen vordergründig bereit, ihre Haltung angeblich zu ändern. Sie verlangten nicht nur die Abtretung des Trentino, wozu sich in der damaligen Situation Österreich-Ungarn vielleicht noch bereit erklärt hätte, sondern auch ganz Deutsch-Südtirols, das Ufergebiet des Isonzo, die Umwandlung Triests und seines Hinterlandes in einen selbständigen Staat und die Abtretung wichtiger Inseln in der Adria. Dabei bestanden sie auf sofortiger Erfüllung ihrer territorialen Wünsche sowie auf der Zusicherung, alle aus den geforderten Gebieten stammenden Soldaten des k. u. k. Heeres sofort zu entlassen. Diesen maßlosen Forderungen konnte Österreich-Ungarn natürlich nicht nähertreten.
Nach der italienischen Kriegserklärung konnte das Habsburgerreich nur unter großen Schwierigkeiten Truppen für den italienischen Kriegsschauplatz freimachen. Ohne das Aufgebot und den Einsatz der Tiroler Standschützen, in deren Reihen auch Greise und halbe Kinder

dienten, hätte sich eine gefährliche Situation an der Front in Südtirol entwickeln können. Die wenigen Sperrforts in Südtirol erwiesen sich in den ersten Wochen des Kriegses mit Italien wohl als außerordentlich wertvoll für die Kampfeinheiten der Standschützen, aber die österreichisch-italienische Front war lang. Sie verlief von St. Giovanni an der Adria über das Plateau von Doberdo und Gradisca am Isonzo entlang bis zum Massiv des Krn, von da ab über das Bergland von Flitsch und über die Grenzkämme der Karnischen Alpen; in den Dolomiten verlief sie über Schluderbach, den Col di Lana, die Marmolata nach Burgen, setzte sich über Levico bis südlich von Trient fort und erreichte den Gardasee bei Riva. Dann durchquerte die Kampflinie die Judicarienspalte und führte über die Gletschergipfel der Adamello- und Presanellagruppe zum Stilfser Joch. In den vier Kriegsjahren konnte diese Front nicht nur gehalten werden, sondern es wurden bedeutende militärische Erfolge erzielt. Geschwächt durch die erfolglosen zwölf Isonzoschlachten, brachte der deutsch-österreichische Durchbruch bei Karfreit im Jahre 1917 Italien an den Rand der Niederlage.

Auch die letzte österreichische Offensive im Mai 1918 war anfänglich von Erfolg begleitet.

Deswegen begrüßte auch die gesamte italienische Presse die Erklärung des amerikanischen Kriegsministers Baker, als dieser im Mai 1918 den Italienern versichert hatte, daß nunmehr auch amerikanische Truppen für den italienischen Kriegsschauplatz bereitstünden. Benito Mussolini schrieb dazu im „Populo d'Italia“, daß diese Erklärung Bakers in Italien mit größter Genugtuung aufgenommen wurde und es nur gerecht sei, wenn jetzt die Bedrohung von den Schultern der italienischen Soldaten zu einem guten Teil abgenommen werde. Inzwischen hatte der amerikanische Präsident Wilson am 8. Januar 1918 vor dem amerikanischen Kongreß vierzehn Punkte für eine neue und gerechte Friedensordnung in Europa und der Welt verkündet, die folgendes besagten: „Die Tage der Eroberungen und Gebietserweiterungen sind vorüber; ebenso sind die Tage der Geheimverträge verflossen, welche im Interesse einzelner Regierungen geschlossen werden und geeignet sind, in einem unbedachten Augenblick den Frieden der Welt zu stören. Das leuchtet jetzt glücklicherweise jedem Staatsmann ein, dessen Fühlen

und Denken nicht in vergangenen Zeiten stehengeblieben ist, und ermöglicht jedem Volk, das nach Gerechtigkeit und Weltfrieden strebt, die Ziele, die es im Auge hat, jederzeit öffentlich zu bekennen."
Für die Deutsch-Südtiroler bedeutete der Punkt neun dieser Rede, daß auch sie hofften, nicht vom Mutterland abgetrennt zu werden, zumal dort die neue Grenzziehung eindeutig festgelegt wurde, und es hieß: „Die Berichtigung der italienischen Grenzen soll vorgenommen werden nach den klar erkennbaren Scheidelinien, welche die Nationalitäten umgrenzen." Diese verheißungsvollen Worte wurden als Zusicherung für die nationalen Belange der Südtiroler empfunden.
Es hat aber auch in der Monarchie vereinzelt Stimmen gegeben, die den Friedensinitiativen des amerikanischen Präsidenten mit Mißtrauen begegneten. Die in Budapest in deutscher Sprache herausgegebene Tageszeitung „Pester Lloyd" dekuvrierte die Aktivitäten des amerikanischen Präsidenten in ihrer Abendausgabe vom 12. Juni 1918 mit folgenden Worten: „Alles, was sich jetzt zuträgt, ist nur ein Vorspiel zu der großen geschichtlichen Komödie, die später in Szene gesetzt werden soll." Schon der von Oberst House verfaßte Kommentar zu dem für Südtirol bedeutsamen Punkt neun der Friedensvorschläge Wilsons im Oktober 1918, ließ ein allmähliches Abgleiten von den ursprünglichen Grundsätzen des amerikanischen Präsidenten erkennen. Neben einigen verbalen Zusicherungen an die deutsch-südtiroler Bevölkerung ließ die Bemerkung des Obersten aufhorchen, als er meinte: „Es mag aber ins Treffen geführt werden, daß Italiens Sicherheit ungeheuer erhöht und die Notwendigkeit großer Rüstungen herabgesetzt wird, wenn die Grenze haarscharf entlang dem Alpenkamm gezogen wird. Es könnte dabei vorgesehen werden, daß Italiens Anspruch auf den Trentino befriedigt, der von Deutschen bewohnte Teil aber völlig autonom und die Bevölkerung nicht zu Militärdiensten in der italienischen Armee verpflichtet werde. Italien könnte danach die unbewohnten Alpengipfel für militärische Zwecke besetzen, würde sich aber in das kulturelle Leben der andersstämmigen Bevölkerung südlich dieser Gebiete nicht einzumengen haben."
Nach Eröffnung der Friedenskonferenz im Uhrensaal des französischen Außenministeriums in Paris am 18. Januar 1919 wurde bei den anschließenden wochenlangen Verhandlungen über den Verbleib der

deutschen Kolonien, das linke Rheinufer, die deutschen Ostgebiete, über Kriegsschuld und Reparationen die Frage der Brennergrenze noch nicht erörtert.

Profilierte Konferenzteilnehmer, unter ihnen Clemenceau, Lloyd George und bis zu einem gewissen Grade auch Oberst House, waren zunächst für einen Verbleib Deutsch-Südtirols bei Österreich. Es vergingen Monate, ehe die italienische Delegation in Paris vom amerikanischen Präsidenten Wilson eine Zusage erhielt, die sich auf die Brennergrenze bezog. Durch diese leichtfertige Zusage wurde das Schicksal Südtirols in zwölfter Stunde entschieden. Im jugoslawisch-italienischen Streit um strategische Positionen an der Adria und um Fiume hatte der Präsident dem Leiter der italienischen Friedensdelegation, Ministerpräsident Orlando, folgendes erklärt: „Ich kann nicht zugeben, daß Fiume an Italien kommt, aber sie können auf mich wegen der Brennergrenze rechnen!"

Bei seinen mangelhaften Geographie- und Geschichtskenntnissen konnten die italienischen Delegierten in Paris mit gefälschten Karten, auf denen die von Ettore Tolomei erfundenen italienischen Bezeichnungen deutscher Orte und Berge in Südtirol eingezeichnet waren, dem amerikanischen Präsidenten leicht ein falsches Bild vermitteln. Der Präsident war dann auch noch so großzügig, daß er den Italienern, über den Londoner Vertrag hinaus, auch die Täler von Sexten und Tarvis zusprach.

Wenn dieser amerikanische Präsident später zugegeben hat, daß seine Zustimmung zur Brennergrenze auf unzulängliche Kenntnisse zurückzuführen gewesen sei, so änderte dies an der gewaltsamen Abtrennung Südtirols nichts mehr.

In ihrem imperialen Ausdehnungsdrang waren die italienischen Unterhändler auch bei ihren Verhandlungen am Wiener Ballhausplatz für die großzügigen Angebote seitens der damaligen politischen Führung nicht zu Konzessionen bereit. Man bot damals dem italienischen Bevollmächtigten in Wien, Prinz Borghese, für das Verbleiben Südtirols bei Österreich die militärische Neutralisierung ganz Tirols an, wobei man es den Italiern gestattet hätte, in Tirol Garnisonen zu stationieren, man schlug weiter vor, das Land als einen Bestandteil des deutsch-österreichischen Zoll- und Währungssystem zu behandeln, ja

man ging bei den Vorschlägen sogar so weit, Tirol aus dem österreichischen Staatsverband zu entlassen.
Als Ideallösung schwebte natürlich dem damaligen Leiter der deutschösterreichischen Außenpolitik, Otto Bauer, eine Volksabstimmung in Südtirol unter neutraler Kontrolle vor. An der unnachgiebigen Haltung seines Verhandlungspartners scheiterte dann auch die Außenpolitik Otto Bauers.
Die oft gestellte Frage, wieso der Freiheitswille der Südtiroler in den Jahren 1918 bis 1920 keinen Abwehrkampf wie in Kärnten und Oberschlesien ausgelöst hat, ist auf mehrere Ursachen zurückzuführen.
Als sich in Süd- und Nordtirol in den Wochen vor dem Waffenstillstand vom 3. November 1918 die Kunde verbreitete, daß eine Abtretung Deutsch-Südtirols und des Trentino an Italien im Gespräch sei, wurde in Brixen am 13. Oktober 1918 ein Volkstag einberufen, auf dem beraten werden sollte, welche Sofortmaßnahmen zur Abwehr dieser Gefahr zu ergreifen wären. Dieser Volkstag war jedoch durch Unsicherheit und Ratlosigkeit gekennzeichnet, was zur Folge hatte, daß keinerlei konkrete Beschlüsse gefaßt wurden. Gegen die geplante Abtrennung kam es im Anschluß an diesen Volkstag in vielen Gemeinden Südtirols zu Protestkundgebungen, an denen sich auch ladinische Gemeinden beteiligten. In Innsbruck konstituierte sich angesichts der gefährlichen Situation Ende Oktober auch ein provisorischer Nationalrat, dem die Tiroler Reichsratsangehörigen, aber auch Vertreter der Ladiner angehörten. Schon am 31. Oktober 1918 sah sich dieser Provisorische Nationalrat veranlaßt, ein Hilfeersuchen an Wien und München zu richten.
In den späten Nachtstunden des 5. November 1918 erhielt der Präsident des Provisorischen Nationalrates in Innsbruck vom Bayrischen Kriegsministerium in München folgendes Telegramm: „Die Waffenstillstandsbedingungen zwischen Österreich und der Entente zwingen uns, zur Sicherung unserer Landesgrenzen Truppen nach Tirol zu schicken. Gleichzeitig sollen diese Truppen mithelfen, um den Abfluß aufgelöster Teile des österreichischen Heeres nach Osten zu ordnen und das Land vor Zuchtlosigkeit zu schützen.“ Die Tiroler Behörden ließen daraufhin 35 000 Mann bayrischer Truppen das Land passieren, und diese Kontingente zogen für kurze Zeit auch am Brenner auf. Pro-

teste aus Wien und unverständlicherweise auch aus Südtirol selbst sowie der Ausbruch der Revolution in Deutschland veranlaßten die bayrischen Truppen, sich wieder zurückzuziehen.
Der verhängnisvolle Waffenstillstand, der zwischen Österreich-Ungarn und Italien am 3. November 1918 in der Villa Giusti zu Padua abgeschlossen wurde, leitete die vollkommene Auflösung der österreichischen-ungarischen Verbände an der italienischen Front ein. Durch eine von den Italienern manipulierte Verschiebung des Waffenstillstandstermines um vierundzwanzig Stunden gerieten Hunderttausende zurückströmende österreichische Soldaten deutscher Regimenter noch in italienische Kriegsgefangenschaft. Unter diesen Einheiten befanden sich fast alle fronterfahrenen Verbände der Kaiserjäger und der Tiroler Standschützen, wodurch die wehrhafte Mannschaft für Abwehraktionen in Deutsch-Südtirol nicht mehr zur Verfügung stand. Südtirol war außerdem bei den Absatzbewegungen der nichtdeutschen Einheiten des ehemaligen österreichischen Heeres Plünderungen ausgesetzt, und so ist es zu verstehen, wenn die verängstigte und durch Hunger gekennzeichnete Bevölkerung es vorzog, in ihren Häusern zu bleiben.
Ein Abwehrwille, wie zu Zeiten Andreas Hofers, konnte unter diesen Umständen in der Bevölkerung kaum aufkommen.
Zunächst wagten es die italienischen Truppen nur zögernd, in Südtirol einzumarschieren. Aber am 7. November 1918 konnten die Einheiten der italienischen Armee, ohne auf Widerstand zu stoßen, bis Bozen und Meran vordringen und hatten am 11. Januar schon die Brennergrenze sowie die Pustertalgrenze bei Toblach erreicht. Anfänglich wurde die südtiroler Bevölkerung beim Vormarsch italienischer Verbände noch in ihrer Hoffnung bestärkt, daß eine endgültige Entscheidung über den Verbleib ihres Landes noch nicht gefallen sei. Die Äußerung des Chefs der italienischen Besatzungstruppen, General Caviglia, „die Italiener betrachteten sich lediglich als Gäste in einem fremden Land", haben dazu beigetragen, daß solche Hoffnungen aufkommen konnten. Solche Äußerungen decken sich mit dem Inhalt eines Schreibens des ehemaligen britischen Botschafters in Washington, Lord Bryce, das dieser an Oberst House gerichtet hatte. Darin hieß es: „Ich hoffe ernstlich, daß die 200 000 oder mehr deutschsprechen-

den Tiroler, die es (Südtirol) bewohnen, nicht Italien angegliedert werden."
Es bedeutete auch wenig, wenn laut § 6 des Waffenstillstandsvertrages vorgesehen war, daß die örtliche Verwaltung in Südtirol lediglich unter der Kontrolle der Besatzungsmacht bleiben solle. Spätere Verordnungen der Besatzungsbehörden, wonach die wehrfähigen Zivilisten Südtirol zu verlassen hätten, ließen für die Zukunft nichts Gutes ahnen, auch wenn die Verordnungen wieder aus taktischen Erwägungen zurückgenommen wurden.
Auch der damaligen politischen Führung im Lande Tirol kann man den Vorwurf kindlicher Unbefangenheit nicht ersparen, wenn sie es sich notariell bescheinigen ließ, daß sämtliche Gemeinden Südtirols ihr legitimes Recht auf Selbstbestimmung verlangt hätten.
Neben dem Nationalrat in Innsbruck hatte sich dann am 4. November 1918 auch in Südtirol ein gleicher konstituiert. Die Versuche, von Innsbruck aus einen Regierungskommissar nach Südtirol zu entsenden, scheiterten ebenfalls am Widerstand der Italiener, die damals schon die Grenzziehung am Brenner als endgültig betrachteten.
So ging durch das zaghafte Vorgehen der politischen Führung viel kostbare Zeit verloren, und die Italiener, welche während des Krieges keinen Quadratmeter Südtiroler Bodens erobern konnten, blieben Herren des Landes.
Die verschiedenen beschwichtigenden Kundmachungen der italienischen Besatzungstruppen aus dieser Zeit sowie das Autonomieversprechen des italienischen Königs sind als geschickte Schachzüge zur vorläufigen Beruhigung der Südtiroler einzustufen. Durch das Annektionsgesetz wurde dann das Los Südtirols endgültig besiegelt. Genau am Tage der Volksabstimmung in Kärnten, am 10. Oktober 1920, wurde Deutsch-Südtirol rechtskräftig dem italienischen Staate einverleibt.
Die Proteste der drei südtiroler Parteien gegen diese Vergewaltigung des Selbstbestimmungsrechtes blieben ebenso wirkungslos wie die beschwörenden Worte des italienischen Sozialistenführers Turati, die er an die römische Kammer gerichtet hatte. Als Sozialist und Volksvertreter gab er vor Abstimmung über dieses Gesetz seiner Hoffnung Ausdruck, daß die Eingabe aller südtiroler und ladiner Gemeinden

nicht nur gehört, sondern diese freie Willensäußerung die Wünsche der Deutsch-Südtiroler und Ladiner erfüllen möge.
Bei der Ratifikation dieses Annexionsgesetzes am 9. August 1920 stimmten 48 italienische Sozialisten gegen die 170 Stimmen der anderen italienischen Parteien.
Die italienische Regierung wurde zudem durch das Gesetz Nr. 1322 vom 26. September 1920 zur Durchführung der im Friedensdiktat von Saint-Germain-en-Laye enthaltenen Bestimmungen ermächtigt.
Daß vorher schon der italienische sozialistische Minister Luigi Bissolati in nobler Weise und als Protest gegen die Beugung des Selbstbestimmungsrechtes der südtiroler und ladiner Bevölkerung am 20. Dezember 1918 zurückgetreten war, kennzeichnet ihn als Ehrenmann.
Bei der Abtrennung Südtirols gingen der Republik Deutsch-Österreich 8 961 Quadratkilometer Land mit 212 805 deutschen Bewohnern verloren.
Deutsch-Südtirol war vor Ausbruch des 1. Weltkrieges in seinem deutschen wie auch ladinischen Teil ein überwiegend landwirtschaftliches Gebiet. 61,4 Prozent der Gesamtbevölkerung war damals in der Landwirtschaft tätig. Im Vergleich zu Welsch-Tirol war jedoch Deutsch-Südtirol an Handel und Industrie stärker beteiligt.
Bezieht man sich auf die statistischen Werte aus dem Jahre 1910, war allerdings die unproduktive Fläche in Deutsch-Südtirol größer als in dem weniger gebirgigen Welschtirol. In Prozenten ausgedrückt, und bezogen auf die Gesamtfläche, teilte sich die Bodennutzung auf folgende Flächen:

Deutsch-Südtirol

Äcker	Wiesen	Hutweiden und Almen	Gärten	Weingärten	Waldungen
4,7	6,1	32,3	0,1	0,8	40,8

Welsch-Tirol

Äcker	Wiesen	Hutweiden und Almen	Gärten	Weingärten	Waldungen
7,5	6,9	23,1	0,2	1,3	47,5

Während sich der Obstbau in Nordtirol meist auf Gärten beschränkte, dominierte in Südtirol, bedingt durch das milde Klima, der Anbau edlerer Obstsorten. Neben verschiedenen Traubensorten wurden Pfirsiche, Aprikosen, Mandeln, Zitronen, Orangen, edle Apfel- und Birnensorten, Kirschen sowie der Öl- und Maulbeerbaum kultiviert. Eine weitere Einnahmequelle stellte auch in den höheren Lagen des Landes die Viehzucht und die damit verbundene Erzeugung von Milchprodukten dar.
Über die Ernteerträge in Deutsch-Südtirol im Jahre 1912 gibt folgende Übersicht Aufschluß:

Deutsch-Südtirol

Frucht	Anbaufläche in ha	Ernte in dz
Weizen	4 224	67 495
Roggen	13 647	225 976
Gerste	3 435	48 739
Hafer	2 833	33 795
Mais	1 581	49 540
Kartoffeln	3 038	435 963
Obst	–	68 117
Wein in hl	10 487	478 197

Ein Erntevergleich mit Welsch-Südtirol zeigt auf, daß dort durch die besseren klimatischen Verhältnisse höhere Ernteerträge bei Weizen, Mais, Kartoffeln und Wein zu verzeichnen waren.

Welsch-Südtirol

Frucht	Anbaufläche in ha	Ernte in dz
Weizen	5 648	79 593
Roggen	3 443	50 631
Gerste	1 651	22 030
Hafer	550	6 407
Mais	8 416	126 483
Kartoffeln	6 945	789 775
Obst	–	26 550
Wein in hl	16 353	500 832

Besonders schmerzlich für das Land Tirol und für Deutsch-Österreich war auch der Verlust der alten deutschen Kulturlandschaft südlich des Brenners mit der alten Tiroler Landeshauptstadt Meran.
Nachdem im Jahre 1363 Tirol an die Habsburger gefallen war, wurde der landesfürstliche Hof 1420 von Meran (Schloß Tirol) nach Innsbruck verlegt.
Auch die im Jahre 1270 in Meran gegründete Münzstätte wurde um 1475 von der Verlegung betroffen und wurde in Hall neu eingerichtet. Durch diese Verlegungen verlor die alte Tiroler Landeshauptstadt an wirtschaftlicher Bedeutung.
Bis zur Mitte des 19. Jahrhunderts hatte sich Meran jedoch zu einem der bedeutendsten europäischen Kurorte entwickeln können. Wegen seiner geschützten, sonnigen Lage und ausnehmend milder Winter (Wintermittel 1,6 °C) wurde Meran besonders von Brustkranken und Genesenden aufgesucht, und die Frühlingsmolke- und Herbsttraubenkuren erfreuten sich internationaler Beliebtheit.
Als Winter- und Frühlingskurort wurde Meran auch wegen seiner radioaktiven Thermen von Heilungsuchenden aus aller Welt bevorzugt.
Nach Abtrennung Südtirols versuchten die italienischen Behörden zunächst einmal das deutsche Schulwesen zu drosseln. Im Jahre 1913 gab es in Südtirol noch 379 deutsche Volksschulen mit 730 Klassen. Im Zuge der planmäßigen Italienisierung wurden zunächst einmal 55 deutsche Schulen mit 136 Klassen geschlossen. Im Schuljahr 1923/24 wurde dann mit der Italienisierung der restlichen deutschen Elementarschulen begonnen, der die verbliebenen Bildungsstätten zum Opfer fielen.
Hatte die italienische Irredenta, ja selbst noch C. Battisti, vorerst nur die Abtrennung des mehrheitlich italienischsprachigen südlichen Landesteiles von Tirol bis zur Salurner Klause gefordert, so war nach dem Jahre 1918 diese Forderung geopolitischen und imperialistischen Ansprüchen gewichen.
Dabei ist zu betonen, daß Deutsch- und Welsch-Südtirol vor 1918 niemals eine Art Untereinheit im Lande Tirol dargestellt haben. Die gefürstete Grafschaft Tirol war in einen fünf Wahlkreise umfassenden deutschen und ladinischen Teil und in zwei welsch Teile (Trient, Rovereto)

gegliedert. Der Brenner stellte also auch im einigen Tirol niemals eine Landesgrenze zwischen Nord- und Südtirol dar.

Der Verlust der Untersteiermark

Durch das Friedensdiktat von Saint-Germain-en-Laye verlor die Republik Deutsch-Österreich auch das ganze steirische Drau- und Saveland sowie ein Stück des Murgebietes. Noch vor Unterzeichnung dieses Friedensdiktates am 10. September 1919 erhob die Steiermärkische Landesregierung am 13. Juni desselben Jahres einen Protest gegen den ersten Entwurf zu diesem „Friedensvertrag“, der 80 000 Deutsche dem Königreich der Serben, Kroaten und Slowenen (SHS) ausliefern sollte. Bedingt durch die mangelnde Entschlußkraft der damaligen Leiter der österreichischen Politik sollte die Entwicklung in diesem untersteirischen Raum irrational und zuungunsten der dort ansässigen deutschen Bevölkerung verlaufen.

Die gesamte Untersteiermark stellte auch wegen ihrer wirtschaftlichen Struktur einen Anreiz zunächst für die Italienier, später dann für das südslawische Königreich dar. Der Kohlenbergbau war dort nicht unbedeutend und lieferte ein Drittel des Gesamtbedarfes des Kronlandes Steiermark. In der Zinkhütte der untersteirischen Stadt Cilli z. B. wurden Erze aus Tirol und Kärnten zu Blechen verarbeitet, und die großen Eisenbahnwerkstätten bei Marburg an der Drau sowie das Eisenwerk in Štore zählten zu den Hauptwerken der untersteirischen Eisen- und Stahlverarbeitung.

Vom Fleiß und Unternehmungsgeist der dortigen Deutschen gaben auch die vielen Sägewerke, eine bedeutende Papierfabrik in Süßenberg, eine weitverbreitete Lederindustrie sowie viele Spinnereien und Webereien beredtes Zeugnis. Bis zur Zerreißung der Steiermark befanden sich dort die meisten großen und mittleren Wirtschaftsunternehmungen in deutschem Besitz.

Die ersten Kontakte mit den Völkern Südosteuropas begannen für die Bayern und Franken im 8./9. Jahrhundert n. d. Z., als zunächst die Agilolfinger und später dann die Karolinger ihr Einflußgebiet nach dem Südosten ausweiteten.

Marburg (Untersteiermark) Hauptplatz
Quelle: Bildarchiv der Österreichischen Nationalbibliothek Wien

Kleinere slawische Stämme, auf die man dabei stieß, hatten sich zum damaligen Zeitpunkt noch nicht zu Völkern geformt. Man hatte es vornehmlich mit Volkstümern zu tun, welche der späteren völkischen Zusammensetzung nicht entsprachen.
Auch germanische und ostromanische Bevölkerungsgruppen hatten sich im Südostraum erhalten. In Westungarn z. B. sind die germanischen Gepiden bis in das Jahr 850 hinein nachweisbar. In das Licht der Geschichte rückt der untersteirische Raum erst in der Hallstattperiode (800 bis 200 v. d. Z.), in der dort das Volk der Noriker siedelte.
Etwa um 400 v. d. Z. drangen Kelten in diesen Raum ein und bildeten alsbald eine Oberschicht bei den altansässigen Norikern, von denen ebenfalls angenommen wird, daß sie keltischen Ursprunges waren. Die große keltische Fluchtburg von Poštela am Bacherngebirge bei Marburg an der Drau und zahlreiche Funde von keltischen Bronzehelmen bezeugen die keltische Besiedlung dieses Raumes vor der Römerzeit zur Genüge.

Der römische Kaiser Claudius (41 bis 54 n. d. Z.) erhob später Noricum zur römischen Provinz. Auch aus dieser Zeit sind viele Zeugnisse des damaligen reichen Kulturlebens in der Untersteiermark erhalten geblieben.

Während der Regierungszeit des Kaisers Marc Aurel (161 bis 169 n. d. Z.) fielen im Jahre 167 die germanischen Markomannen und Quaden in diese römische Provinz ein. Schon damals zeichnete sich der allmähliche Verfall und Niedergang des römischen Imperiums ab. Im 5. Jahrhundert haben dann weitere germanische Stämme, unter ihnen Vandalen, Alanen, Westgoten und Langobarden, zeitweise die Untersteiermark beherrscht. Es besteht auch eine Auffassung, wonach zurückgebliebene Vandalen die Ahnen der Wenden oder Slovenden (Slowenen) gewesen sein sollen.

Als im Jahre 568 n. d. Z. die in der Untersteiermark siedelnden Langobarden unter ihrem König Alboin nach Oberitalien abgezogen waren, kam es zur Landnahme durch die Ahnen der Slowenen, die später auch Karantaner genannt wurden. Von den Deutschen wurden sie später als Wenden (Wineden) bezeichnet, ein Sammelname, der sich im Mittelalter auf die verschiedenen Gruppen der Slowenen übertragen hat.

Während der ersten Epoche der deutschen (bayrischen) Besiedlung, ging die Christianisierung vom Erzbistum Salzburg aus. Schon im Jahre 772 n. d. Z. hatten die karantanischen (wendischen) Herzöge mit Bayern ein Bündnis abgeschlossen, wobei sie die Oberhoheit Herzog Tassilos als Dank für seine Hilfe im Kampf gegen die Awaren und eigene Heiden anerkannten.

Nachdem Tassilos Versuch, sich gänzlich aus dem fränkischen Reichsverband zu lösen, mißglückt war, wurden er und die karantanischen Herzöge im Jahre 788 n. d. Z. von Karl dem Großen abgesetzt und Bayern samt Karantanien dem fränkischen Reich eingegliedert. Nach seinem Sieg über die Awaren errichtete Karl dann im Südosten seines Reiches einen Schutzgürtel von Marken.

Für die deutschen Siedler sollte sich indes die im Jahre 811 erfolgte Festschreibung der Einflußgebiete zwischen dem Erzbistum Salzburg und dem Patriarchat Aquileia in späterer Zeit auswirken. Diese reichspolitische Maßnahme Karls des Großen auf kirchlich-administrativem Gebiet wird verschieden gedeutet. Man begegnet auf der einen Seite

der Meinung, daß sich eben wegen dieser Teilung die deutsch-wendische (slowenische) Sprachgrenze im großen und ganzen entlang der Drau ausgebildet habe. Andere Forscher führen ins Treffen, daß die Patriarchen von Aquileia während der Christianisierung ebenfalls deutsche Siedler in ihr Verwaltungsgebiet beriefen.
Der laufende Zuzug deutscher Siedler in den untersteirischen Raum wurde erstmalig durch die Einfälle des Nomadenvolkes der Magyaren unterbrochen.
Nachdem der bayrische Heerbann in der Schlacht bei Preßburg im Jahre 907 von den Ungarn fast völlig vernichtet wurde, konnte dieses Reitervolk ungehindert seine Raubzüge über Deutschland hinweg bis nach Frankreich hinein fortsetzen. Dabei wurde vornehmlich die Oststeiermark, teilweise aber auch die Untersteiermark stark in Mitleidenschaft gezogen. Es wird allerdings bezweifelt, daß während dieser turbulenten Zeiten der deutsche und wendische Bevölkerungsanteil des Landes vollständig ausgerottet wurde.
Erst nach dem Sieg des deutschen Königs und späteren Kaisers (962) Otto I. im Jahre 955 über die räuberischen Magyaren am Lechfelde konnte das Kolonisationswerk im Osten und Südosten fortgesetzt werden. Auch Otto der Große errichtete nach karolingischem Vorbild einen Kranz von Marken zum Schutze seines Reiches.
Das Ausmaß der Wiederbesiedlung des Landes südlich der Drau durch die Deutschen wird aus den zahlreichen Klostersiedlungen in der Zeit der Salier und Staufer ersichtlich.
Im Jahre 1140 wurde das Benediktinerstift Oberburg im Sanntal, 1164 das Karthäuserkloster in Seitz, 1173 die Karthause Gairach, 1237 das Frauenkloster Studenitz und 1254 ein gleiches Kloster in Mahrenberg gegründet.
Auch der Deutsche Ritterorden wurde von Friedrich von Pettau als Grenzschutz gegen die unruhigen Magyaren 1199 ins Land gerufen.
Daß der gesamte Südostraum von Deutschen erschlossen und auch christianisiert worden ist, darüber kann kein Zweifel bestehen. Bei der Erschließung dieses Raumes wirkten sowohl Adelige wie auch Handwerker und natürlich auch Bauern mit.
Zum Ende des 13. Jahrhunderts hörte dann der Zustrom deutscher Bauern und Handwerker allmählich auf.

Soweit man es zurückverfolgen kann, lebten Deutsche und Wenden (Slowenen) im Lande südlich der Drau bis ins 19. Jahrhundert hinein friedlich nebeneinander.
In den Zeiten dieses friedlichen Nebeneinanderlebens kann man weder von einer Slawisierung noch von einer gezielten Germanisierung sprechen. Auf dem Lande herrschte das wendische (slowenische) Element, in den Städten der Untersteiermark jedoch das deutsche vor. Dies geht auch aus einer Chronik des Nürnbergers Hartmann Schedel hervor, die im Jahre 1493 in seiner Heimatstadt erschienen ist. Dort heißt es: „Das volck in den stetten ist gewohnlich Teutsch. Vnd das pawrvuolck herdishalb der Trawn (Drau) windisch." Das deutsche Element blieb in den Städten und Märkten der Untersteiermark auch bis zum Jahre 1918 vorherrschend.
Wohl waren die deutschen Bauern durch Einführung neuer Bearbeitungsmethoden auch in der Untersteiermark erfolgreich, sie waren jedoch zahlenmäßig zu schwach und vermischten sich im Laufe der Zeit mit der windischen (slowenischen) Bevölkerung. Zahlreiche deutsche Lehnwörter in der slowenischen Sprache bezeugen dies.
Der Frieden im Lande südlich der Drau sollte aber im Verlaufe der Geschichte immer wieder gestört werden. Als Grenzland war die Untersteiermark nur allzu oft Einfällen aus dem Osten ausgesetzt. Die ständigen Auseinandersetzungen der Habsburger mit den ungarischen Königen brachten dem Lande immer wieder schwere Belastungen. Bald drohte auch aus dem Osten wieder eine neue Gefahr. 1453 war Konstantinopel gefallen, und auch die Untersteiermark blieb von den verheerenden Türkeneinfällen nicht verschont, die erst ab dem Jahre 1532 nach und nach aufhören sollten. Das schwer geprüfte Land konnte sich nach den Jahren der Türkennot nur langsam wieder erholen.
Die Reformation sowie die Gegenreformation dehnten sich auch auf die Untersteiermark aus. Die Einwirkung dieser neuen Lehre war für die Slowenen allerdings von größer Bedeutung. Sie brachte ihnen eine eigene Schriftsprache, die sich von da ab weiterentwickeln sollte. Den grammatikalisch streng wissenschaftlichen Unterbau der slowenischen Sprache hat allerdings erst der Sprachforscher Bartholomäus Kopitar, Kustos der Wiener Hofbibliothek (1780 bis 1844), durch seine im

Jahre 1808 erschienene Grammatik der slawischen Sprache in Krain, Kärnten und Steiermark erarbeitet.
Die später einsetzende Gegenreformation traf vor allem das Deutschtum in der Untersteiermark. Während die slowenischen Bauern auf dem Lande ohne sonderlichen Widerstand zum Katholizismus zurückfanden, war dies bei dem deutschen Adel, den Bürgern und Handwerkern nicht der Fall. Viele Deutsche wurden damals im Zuge der Rekatholisierung zur Abwanderung genötigt. Durch diese Vertreibungsmaßnahmen erlitt das Deutschtum in der Untersteiermark wohl Verluste, konnte sich jedoch auch weiterhin behaupten.
In der zweiten Hälfte des 18. Jahrhunderts bahnten sich in den von Slowenen bewohnten Teilen des Landes bedeutende Strukturveränderungen an. Aus bestimmten steuerrechtlichen Erwägungen wurde es unter der Kaiserin Maria Theresia den Beamten in der Untersteiermark zur Pflicht gemacht, die slowenische Sprache zu erlernen. Nach Einführung des Volksschulwesens waren es dann einige slowenische Geistliche und auch Lehrer, die als Vorreiter des national-slowenischen Gedankens oftmals das bisherige friedliche Einvernehmen zwischen den Deutschen und ihren slowenischen Nachbarn gestört haben. Der slowenischen Geistlichkeit ist es auch zuzuschreiben, daß so manche deutsche Bauerngemeinde in der Untersteiermark im Laufe der Zeit als Sprachinsel verschwand und slawisiert wurde. Auch der deutsche Adel förderte, ähnlich wie in Böhmen, aus seiner liberalen Geisteshaltung heraus die vielfach überspitzten nationalen Forderungen slowenischer Chauvinisten. Dabei übersahen diese Kreise die aufkeimende völkische Gefahr für das Deutschtum im 19. Jahrhundert vollkommen. Daß ihr liberales Gedankengut einmal zum Untergang des deutschen Elementes in den bedrohten Grenzräumen der Monarchie führen könnte, haben diese Kreise sicher nicht geahnt.
Schon im Revolutionsjahr 1848 verlangten einige unter den slowenischen Führern die Autonomie im Rahmen des österreichischen Kaiserstaates. Ihre diesbezüglichen Forderungen gipfelten in drei Punkten:
1. Vereinigung aller Slowenen in Krain, der Steiermark, Kärnten und dem Küstenland zu einem Königreich Slowenien mit eigenem Landtag.
2. Gleichstellung der slowenischen mit der deutschen Sprache.

3. Die staatsrechtliche Erklärung, daß Slowenien ein integrierender Bestandteil des österreichischen, nicht aber des deutschen Kaiserstaates sei.

Zu diesen anfänglich noch harmlos anmutenden austro-slawischen Wünschen, die in kultureller und politischer Hinsicht bis 1918 lebendig blieben, ab den Jahren 1860 bis 1867 jedoch an Werbekraft und politischem Schwung verloren, gesellten sich in zunehmendem Maße auch bei den Slowenen panslawistische Aktivitäten, die sich an das tschechische Vorbild anlehnten. Der allslawische Gedanke griff etwa ab 1800, von Österreich ausgehend, auf immer mehr Glieder der slawischen Sprachfamilie über. In seinen Anfängen war der kulturelle Panslawismus politisch gesehen eher unbedeutend, formte sich jedoch insbesondere bei den Tschechen als Bannerträger dieser Bewegung zu einer politischen Konsequenz aus, die durch eine zunehmende Abkehr vom deutschen Wesen und deutscher Kultur gekennzeichnet war.

Man kann auch an der historischen Tatsache nicht vorbeisehen, daß die allslawische Bewegung entscheidend zur Zerstörung der Donaumonarchie beigetragen hat.

Der Kontakt zu den tschechischen Panslawisten wurde in der zweiten Hälfte des 19. Jahrhunderts durch die sogenannten „Jung-Slowenen" hergestellt. Wohl stellten sie innerhalb der slowenischen Volksgruppe eine Minderheit dar, erlahmten jedoch bei ihrer Wühlarbeit genausowenig wie ihre tschechischen Vorbilder.

In den nun beginnenden Zeiten des Sprachenkampfes hatten auch die Deutschen in der Untersteiermark vom österreichischen Zentralismus keinerlei Hilfe zu erwarten. Schritt für Schritt versuchte man das deutsche Element auf dem Lande und auch in den deutschen Städten der Untersteiermark zurückzudrängen. Als dann die Deutschen auch im Lande südlich der Drau erkannt hatten, daß mit der Ausweitung der national-slowenischen Bewegung der deutsche Charakter ihrer Heimat ernsthaft gefährdet war, formierten sie sich zum Widerstand. Auch in ihren gefährdeten Sprachgrenzräumen wirkten ab dem Jahre 1880 deutsche Schutzvereine, deren Tätigkeit sich in keiner Weise gegen das Slowenentum richtete, sondern die es sich zur Aufgabe gemacht hatten, durch den Bau neuer Schulen deutschen Kindern in Gemeinden mit slowenischer Mehrheit die Möglichkeit zu bieten, deutsch unterrichtet zu werden. Außerdem sollte durch Ankauf und Stützung der gefährdete deutsche Besitz in den Sprachgrenzgebieten erhalten bleiben. Der im Jahre 1880 in Wien gegründete „Deutsche Schulverein", die 1889 in Graz ins Leben gerufene „Südmark" und „Heimatstatt" wurden bei ihrer Schutztätigkeit nicht nur von den slowenischen Chauvinisten angefeindet, auch die jeweiligen österreichischen Regierungen versagten diesen humanitären Organisationen jedwede Unterstützung. In der damaligen Zeit wurde jeder Versuch der Deutschen, ihre berechtigten nationalen Belange zu vertreten, als Störung des inneren Friedens gewertet.

Im Gegensatz zu den intellektuellen Jung-Slowenen war das bäuerlich-slowenische Element in der Untersteiermark konservativer eingestellt. Die dortigen Bauern fühlten sich ihrer Heimat eng verbunden und bezeichneten sich selbst als „Staijerci" (Steirer). Mit den überspitzten Forderungen der Slowenen in Krain wollten sie nichts zu tun haben. Außerdem waren sie der österreichischen Regierung dankbar, weil man sie im Jahre 1848 aus der Abhängigkeit von den Grundherren befreit hatte. Aber auch Teile der slowenischen Intelligenz waren an der territorialen Einheit, im Gegensatz zu den Jung-Slowenen, interessiert. Sie zogen ein friedliches Zusammenleben mit den Deutschen der Schaffung eines eigenen slowenischen Verwaltungsgebietes vor.

Den nationalen Fanatismus ihrer Stammesgenossen, der vornehmlich in den Kreisen der slowenischen Hochschuljugend in Wien und Graz beheimatet war, lehnten sie nach wie vor ab. Deswegen wurden diese konservativen Kreise von den Nationalslowenen auch als „nemskutarji" (Deutschtümler) angegriffen.

In das Jahr 1907 fällt dann die Gründung einer slowenischen Bauernpartei im Rahmen der „All-Slowenischen Volkspartei", welche ihren Sitz in Laibach hatte. Der slowenische Geistliche Dr. Anton Korošec war einer ihrer prominenten Führer.

Inzwischen zeitigte die Schutztätigkeit der deutschen Schulvereine in der Untersteiermark schon gute Fortschritte. Ab dem Jahre 1906 wurden zum Schutze der deutschen Sprachgrenze und der Sprachinseln laufend vernachlässigte Bauerngehöfte aufgekauft und mit siedlungswilligen deutschen Bauern besetzt. Mit dieser Vorgangsweise wollte man vom geschlossenen deutschen Siedlungsraum aus zu den deutschen Sprachinseln Marburg und Mahrenberg im Drautal völkische Brücken schlagen. Die bäuerlichen Neusiedler der aufgekauften Höfe rechtfertigten die in sie gesetzten Erwartungen voll und ganz. Ihre Anwesen entwickelten sich in kurzer Zeit zu Musterwirtschaften. Allerdings war diese Besiedlungsaktion nur ein Anfang, der sich auf eine tiefergreifende Wandlung der völkischen Strukturen im untersteirischen Sprachgrenzraum noch nicht auswirken konnte.

Aber auch in den Städten und ihren Industriebezirken konnte in der Untersteiermark vor dem Jahre 1918 laut amtlicher Volkszählungsergebnisse eine deutliche Zunahme der deutschen Bevölkerung festgestellt werden. Als Beispiel hierfür kann das Ansteigen der deutschen Bevölkerung in der Marburger Sprachinsel herangezogen werden. Zwischen den Volkszählungen der Jahre 1880 und 1912 erhöhte sich dort die Zahl der deutschen Bevölkerung von 16228 auf 31995 Personen. In den ländlichen Gebieten der gemischtsprachigen Teile des Landes mußte allerdings in diesem Zeitraum ein leichter Rückgang der deutschen bäuerlichen Bevölkerung registriert werden. Dort wirkte zielstrebig ein Teil des national-slowenischen Klerus, der sich in der Zeit des Sprachenkampfes als Träger einer unduldsamen slowenischen Nationalbewegung ausgeformt hatte.

Trotz dieser überspitzten national-slowenischen Umtriebe muß festgehalten werden, daß das kulturelle Gesamtbild der Untersteiermark, Krains sowie auch des Görzer und Triester Landes deutsch-österreichisch geprägt war. Besonders im 19. Jahrhundert sind bedeutende Männer aus diesem steirischen Unterland hervorgegangen. Zu nennen wären hier unter vielen der kaiserliche Admiral Wilhelm von Tegetthoff, der Liederfürst Hugo Wolf, der Vorauer Chorherr und Dichter Ottokar Kernstock, der Maler und Radierer Luigi Kasimir, der Fahrradpionier und Erbauer der ersten steirischen Automobile, Johann Puch, und nicht zuletzt der Erfinder der Turbine, Viktor Kaplan, dessen Eltern in der Untersteiermark beheimatet waren.

Das Deutschtum hatte sich also zu Beginn des 20. Jahrhunderts in einem Maße gefestigt, daß die Hoffnungen auf eine weitere Stärkung des deutschen Elementes dort durchaus berechtigt waren. Diese Entwicklung wurde dann durch den Ausbruch des Ersten Weltkrieges jäh unterbrochen.

Im Verlaufe dieses Völkerringens erfüllten sowohl die Deutschen wie auch die Slowenen des Herzogtums Steiermark willig und tapfer ihre soldatische Pflicht. Fälle von Meutereien und Überläufern bei den slowenischen Regimentern konnten erst ab Mai 1918 in geringem Ausmaße festgestellt werden, zu einem Zeitpunkt also, wo sich die Auflösungserscheinungen der Donaumonarchie abzuzeichnen begannen. Schon in der sogenannten Deklaration von Korfu, vom Juli 1917, wurden, von serbischer Seite her inspiriert, die Forderungen nach einem gemeinsamen Königreich der Serben, Kroaten und Slowenen erhoben. Abgesehen davon, daß diese Deklaration nur wenigen Slowenen bekannt war, wurde sie von den slowenischen Führern abgelehnt. Noch am 25. Mai des Jahres 1918 erschienen Bürgermeister aus mehr als 100 untersteirischen Gemeinden bei Kaiser Karl und sprachen sich dabei entschieden gegen die von slowenischen Chauvinisten geplante Zerreißung der Steiermark aus.
Jedoch wurde im Mai des gleichen Jahres von slowenischen, kroatischen und österreichisch-serbischen Parlamentsabgeordneten in Wien eine andere Deklaration abgegeben, welche eine trialistische Verfassung bzw. eine eigene Staatseinheit für die Slowenen, Kroaten und österreichischen Serben unter der Krone Habsburgs forderte. Für diese Deklaration wurden dann sowohl in Krain als auch in der Untersteiermark Unterschriften gesammelt. Bei dieser Aktion profilierte sich der slowenische Geistliche Dr. Korošec besonders, den man aufgrund seiner Aktivitäten auch als Hetzgeistlichen bezeichnet hat.
Kurz vor dem endgültigen Zusammenbruch der Monarchie schlossen sich die slowenischen Abgeordneten des österreichischen Reichsrates in Laibach zu einem Volksrat (Narodni svet) zusammen.
Ohne Rücksichtnahme auf die bevölkerungspolitischen Verhältnisse forderten sie „als integrierenden Bestandteil des Staates der Slowenen, Kroaten und Serben das Gebiet des bisherigen Kronlandes der Steiermark, wo durch die letzten Jahrhunderte das slowenische Volk gewohnt hat, ohne Rücksicht auf die durch das System künstlich hervorgerufene Germanisierung der scheinbaren Sprachinseln Marburg, Mahrenberg, Cilli, Pettau, Radkersburg u. a., welche infolge ihres Charakters als Verkehrsmittelpunkte ihrer slowenischen bäuerlichen Umgebung einen untrennbaren Bestandteil des slowenischen Gebietes

bilden. Den nationalen Minderheiten wird der gesetzliche Schutz gewährt.“ Im Verlaufe der Auflösungserscheinungen der österreichisch-ungarischen Armee im Herbst 1918 verstärkten sich die panslawistischen Umtriebe der National-Slowenen im Hinterlande in einem Maße, die zur Beunruhigung der dort ansässigen deutschen Bevölkerung führen mußte.

Im Staats-Grundgesetz Deutsch-Österreichs vom 22. November 1918 sowie in der Vollzugsanweisung zu diesem Gesetz vom 3. Januar 1919 wurden wohl die untersteirischen Gerichtsbezirke Mahrenberg, Marburg, Mureck, Pettau, St. Leonhard mit Ausnahme der Gemeinde Plippitzberg und dem Markt Oberradkersburg als Bestandteil des neuen deutsch-österreichischen Staates erklärt, doch das Friedensdiktat von Saint-Germain-en-Laye war von den Vertretern Deutsch-Österreichs noch nicht unterzeichnet. Auch die Versicherung, man werde im Ernstfalle die Draugrenze mit Marburg und Pettau militärisch absichern, wurde im Verlaufe der desolaten Auflösungserscheinungen der österreichischen Armee nicht erfüllt.

Die steirischen Landesstellen in Graz ließen es sogar zu, daß sich der slowenische „Major“ Rudolf Majster, ein chauvinistischer Konvertit, zum Stadtkommandanten von Marburg aufschwingen konnte. Ohne besondere Schwierigkeiten gelang es ihm dann auch, seine Entvolkungsmaßnahmen im deutschen Marburg anlaufen zu lassen. Die Stadt beherbergte zu diesem Zeitpunkt 32 000 deutsche Einwohner. Von der slowenischen Landesregierung in Laibach inzwischen zum General befördert, setzte Majster zunächst alle deutschen Beamten ab und besetzte die freigewordenen Stellen mit Slowenen. Auch die Marburger Schutzwehr löste der neugebackene General auf, wobei der deutsche Leutnant Emil Gugl meuchlings ermordet wurde. Im Rahmen dieser „Säuberungen“ wurde auch der ehemalige deutsche Abgeordnete Girstmayer von einem Soldaten Majsters erschossen.

Die steirische Landesregierung in Graz sah diesem Treiben tatenlos zu. Als der Führer der untersteirischen Deutschen, Dr. Kamniker, dem Verlangen Majsters nach Einsetzung einer slowenischen Bahnhofswache in Radkersburg nicht nachkommen wollte, gab ihm das österreichische Volkswehrkommando in Graz den Befehl, keinen Widerstand zu leisten. Es mußte erst zu dem Blutbad von Marburg kommen,

bis der damalige steirische Landeshauptmann Kaan den Plan eines militärischen Einschreitens zu erwägen begann.
Zu diesem blutigen Geschehen kam es, als der amerikanische Oberstleutnant Miles im Auftrage seiner Regierung am 27. Januar 1919 zu den Waffenstillstandsverhandlungen zwischen der Kärntner Landesregierung und dem Königreich der Serben, Kroaten und Slowenen reiste. Dabei besuchte er auch das steirische Grenzgebiet. Die deutsche Bevölkerung in Mureck, Radkersburg und auch Marburg hatte, um vor dem amerikanischen Oberstleutnant ihren einhelligen Willen, beim Lande Steiermark zu bleiben, zu bekunden, in deutsch-österreichischen Farben festlich geflaggt.
In der Stadt Marburg allein waren an die 10000 Menschen aufmarschiert, um den amerikanischen Abgesandten zu erwarten. Eine Begegnung der deutschen Marburger mit dem hohen amerikanischen Offizier wollte natürlich „General" Majster unbedingt verhindern. Zunächst hoffte er, die Demonstranten würden sich wegen des kalten Schneewetters alsbald zerstreuen. Als er aber dann feststellen mußte, daß die deutschen Teilnehmer an dieser Kundgebung nicht gewillt waren, den Platz zu räumen, griff er zur Gewalt. Er kommandierte sein Militär vor das Marburger Rathaus und ließ ohne Warnung in die Versammelten feuern. Dreizehn Tote und sechzig Verwundete waren die Blutzeugen dieses unmenschlichen Vorgehens.
Nunmehr regte sich in der gesamten Steiermark, ähnlich wie auch schon vorher und rechtzeitig in Kärnten, endlich der Abwehrwille. Die patriotischen Freischärler wurden allerdings bei ihren verschiedenen Einsätzen seitens der steirischen Landesregierung in keiner Weise wirksam unterstützt, und so blieben ihre Aktionen in vielen Fällen wirkungslos. Unter Druck der französischen Militärmission in Graz mußte die machtlose steirische Landesregierung darüber hinaus auf den Vorschlag des Generals Majster eingehen und bis zur endgültigen Grenzziehung durch die Friedenskonferenz einen Waffenstillstand vereinbaren, der von slowenischer Seite jedoch nicht eingehalten wurde. Zug um Zug wurde von ihnen während des Waffenstillstandes eine Position nach der anderen in der Untersteiermark besetzt. Trotzdem waren sich die national-slowenischen Usurpatoren ihres Landraubes noch nicht ganz sicher.

Das Beispiel Kärnten hatte gezeigt, daß dort die südslawischen Annektionsträume nicht verwirklicht werden konnten.
Die ganzen militärischen Reserven des Königreiches der Serben, Kroaten und Slowenen waren zudem damals in Kärnten gebunden. Jetzt wäre es an der Zeit gewesen, den Studenten der Grazer und Leobener Hochschulen sowie der Eibiswalder Volkswehr die Erlaubnis zum militärischen Eingreifen zu erteilen. Doch auch in dieser Situation verbot die Landesregierung in Graz, die glaubte, sich an Bestimmungen des Waffenstillstandsabkommens halten zu müssen, ihren Freiwilligenverbänden jedes militärische Eingreifen.
Inzwischen hatten angebliche Sachverständige bei der Pariser Friedenskonferenz schon ganz konkrete Pläne für die neue Grenzziehung ausgearbeitet. In einem ersten Vertragsentwurf wollte man den Slowenen ganz Südkärnten mit den rein deutschen Städten Klagenfurt, Villach, der gemischtsprachigen Stadt Völkermarkt sowie die Untersteiermark, einschließlich der Bahnlinie von Spielfeld bis Radkersburg, zusprechen. Doch auch dieser geplante Gebietszuwachs war den slowenischen Vertretern bei den Pariser Friedensverhandlungen noch zu wenig. Dr Žolger und Dr. Korošec erhoben in ihrer Maßlosigkeit sogar Ansprüche auf die steirischen Kohlereviere von Wies und Eibiswald. Natürlich hatte man auf österreichischer Seite gegen diesen 1. Vertragsentwurf sofort Protest eingelegt und wollte vor allen Dingen in den umstrittenen Teilen der Untersteiermark eine Volksabstimmung unter neutraler Aufsicht durchsetzen.
Die „Deutsche Mittelstelle" in Graz war dabei bemüht, durch Aufklärungsschriften den Anspruch Deutsch-Österreichs auf das steirische Unterland darzulegen. Als natürliche Grenze wurde in diesen Aufklärungsschriften der so benannte Weitensteier Zug gefordert. Wie Kenner der damaligen völkischen Gesamtsituation in der Untersteiermark versichern, wäre eine Volksabstimmung damals zugunsten Deutsch-Österreichs ausgefallen.
Bei den Friedensverhandlungen gehörten dann Dr. Kamniker sowie der Grazer Geograph Dr. Sieger als Sachverständige und profunde Kenner der untersteirischen Verhältnisse der österreichischen Delegation in Paris an. Der Radkersburger Freiheitskämpfer Dr. Kamniker erarbeitete in seiner Funktion als Sachverständiger zunächst einen

Gegenvorschlag zum ersten Vertragsentwurf der Siegermächte aus. Er forderte darin unter Berufung auf die Friedensgrundsätze Wilsons eine Volksabstimmung am rechten und auch am linken Drauufer sowie in der rein deutschen Gegend des Abstallerfeldes und in Radkersburg.
Dieser Gegenentwurf war so klar und sachlich abgefaßt, daß ihn die Vertreter der Entente auf Antrag des italienischen Ministers Tittioni annahmen.
Die slowenischen Vertreter bei dieser Friedenskonferenz versuchten daraufhin mit allen Mitteln, den Obersten Rat der fünf Mächte, der sich aus Vertretern Nordamerikas, Englands, Frankreichs, Japans und Italiens zusammensetzte, umzustimmen.
Als ihnen dies nicht gelungen war, erklärten sie sich mit einer Volksabstimmung unter der Bedingung einverstanden, daß diese Volksbefragung die gesamten Bezirke, Marburg, Pettau und Luttenberg umfassen würde.
Dieser letzte Vorschlag der Slowenen wurde der österreichischen Delegation auch zugeleitet. Dort waren aber insofern Veränderungen eingetreten, als man die beiden steirischen Sachverständigen wieder in ihre Heimat zurückgeschickt hatte, weil die Geldmittel für ihren Unterhalt in Paris nicht aufzubringen waren.
Ohne diese Sachverständigen wollte aber die österreichische Delegation über den slowenischen Vorschlag keine Entscheidung fällen. Man berief zwar Dr. Kamniker sofort wieder nach Paris zurück, der dann auch mit dem slowenischen Vorschlag einverstanden war.
Aber es war inzwischen kostbare Zeit verstrichen. Die verspätete Antwort der Österreicher auf den slowenischen Vorschlag hatte zur Folge, daß Minister Tittioni im Obersten Rat nicht mehr für eine Volksabstimmung in der Untersteiermark eintrat.
Die steirische Südgrenze wurde nun ohne Volksbefragung gezogen, wobei lediglich die im Abwehrkampf bekannten Orte Radkersburg, das linke Murufer bis Spielfeld und die Soboth bei Österreich verbleiben konnten. Das andere steirische Unterland wurde dem Königreich der Serben, Kroaten und Slowenen zugeteilt.
1975 Quadratkilometer deutschen Volksbodens mit 181 813 Einwohnern gingen dadurch verloren.

Ungarn

Das Königreich Ungarn zerfiel im Verbande der österreichisch-ungarischen Monarchie in zwei staatsrechtliche Teile: das eigentliche Ungarn sowie Kroatien = Slawonien, welches eine Landesautonomie besaß, die sich auf das Innere, Justiz und kulturelle Angelegenheiten beschränkte. Gesetzgebende Organe waren dort der kroatisch = slawonische Landtag und als ausführende Körperschaft die Landesverwaltung. Alle übrigen Angelegenheiten gemeinsamer Natur wurden an den ungarischen Reichstag und die Budapester Zentralregierung verwiesen.
In der ungarischen Reichshälfte verfügte zudem die herrschende ungarische Nation nur über eine relative Mehrheit von 48,1%, genau wie die Deutschen in der cisleithanischen Reichshälfte in der Minderheit waren.
Nach der im Jahre 1910 (31. 12.) erfolgten Muttersprachenzählung ergab sich folgendes Bild:

Ungarn

Muttersprache:		
magyarisch	9 944 627	54,5 %
deutsch	1 903 357	10,4 %
slowakisch	1 946 357	10,7 %
rumänisch	2 948 186	16,1 %
ukrainisch	464 270	2,5 %
kroatisch	194 808	1,1 %
serbisch	461 516	2,5 %
sonstige	401 412	2,2 %
Insgesamt	18 264 533	100,0 %

Kroatien = Slawonien

Muttersprache:		
magyarisch	105 948	4,1 %
deutsch	134 078	5,1 %
slowakisch	21 316	0,8 %
rumänisch	846	0,0 %
ukrainisch	8 317	0,3 %
kroatisch	1 638 354	62,5 %
serbisch	644 955	24,6 %
sonstige	67 843	2,6 %
Insgesamt	2 886 487	100,0 %

Königreich Ungarn zusammen

Muttersprache:		
magyarisch	10 050 575	48,1 %
deutsch	2 037 435	9,8 %
slowakisch	1 967 970	9,4 %
rumänisch	2 949 032	14,1 %
ukrainisch	472 587	2,3 %
kroatisch	1 833 162	8,8 %
serbisch	1 106 471	5,3 %
sonstige	496 255	2,2 %
Insgesamt	20 886 487	100,0 %

Die fortschreitenden Demokratisierungsbestrebungen im 19. Jahrhundert brachten es mit sich, daß die Magyaren um ihre herrschende Stellung im Königreich fürchten mußten. Ihre zähen Madjarisierungsbestrebungen sind auch daraus zu erklären.
Eine Gegenüberstellung der Volkszählungszahlen von 1900 und 1910 verdeutlicht das Streben der ungarischen Staatsnation nach Erreichung der absoluten Mehrheit.
Die Völkerverteilung in diesem Zeitraum veränderte sich zugunsten des magyarischen Elementes:

	Volkszählung 1900		*Volkszählung 1910*	
magyarisch	8 742 301	45,4 %	10 050 575	48,1 %
deutsch	2 135 181	11,1 %	2 037 435	9,8 %
slowakisch	2 019 641	10,5 %	1 967 970	9,4 %
rumänisch	2 799 479	14,5 %	2 949 032	14,1 %
ukrainisch	429 447	2,2 %	472 587	2,3 %
kroatisch	1 682 104	8,7 %	1 833 162	8,8 %
serbisch	1 048 645	5,5 %	1 106 471	5,3 %
sonstige	397 761	2,1 %	469 255	2,2 %
Insgesamt	19 254 559	100,0 %	20 886 487	100,0 %

Daraus ist zu ersehen, daß die oft brutalen Entvolkungsmaßnahmen der Magyaren vornehmlich das deutsche und slowakische Volkstum betroffen haben.

Die Madjarisierung im 19. Jahrhundert

In allen großen deutschen Sprachinseln und den vielen kleinen Streusiedlungen, die auf der Karte von Prof. Winkler anschaulich dargestellt sind, setzte die Madjarisierung nicht gleichzeitig und auch nicht in gleicher Stärke ein. Ganz allgemein kann auf die Tatsache verwiesen werden, daß alle nichtungarischen Völker in der madjarischen Reichshälfte, die einen mehr, die anderen weniger, Entvolkungsmaßnahmen seitens der ungarischen Staatsnation ausgesetzt waren, die sich auf die verschiedenen Lebensbereiche erstreckten. Madjarisierungsbestrebungen der Ungarn sind schon in den ersten Jahrzehnten des 19. Jahrhunderts deutlich zu erkennen. Bereits 1809 beschwerte sich ein katholischer Dechant namens Boksch in einer Eingabe darüber, daß die Deutschen im Banat gezwungen wurden, bei amtlichen Vorsprachen sich der madjarischen Sprache zu bedienen, daß alle madjarischen Beamten der deutschen Sprache nicht mächtig waren und daß man die katholische Geistlichkeit dazu zwang, ihre Predigten in madjarischer Sprache zu halten. Aus dieser Eingabe entnehmen wir auch die Nachricht, daß es zur damaligen Zeit im Banat schon genügte, einen deutschen Familiennamen zu tragen, um von jeder Verbesserung seiner Lebensstellung und von einer Übernahme in ein Amt ausgeschlossen zu sein. Seit aber nach 1825 das Haus Habsburg dem Madjarismus von Jahr zu Jahr immer mehr Konzessionen einräumte, wurden die Bemühungen der Madjaren stärker, andere Volksgruppen in ihrem Königreich, teils durch Verlockungen, teils durch gesetzliche Maßnahmen zu assimilieren. Allgemein kann dabei festgestellt werden, daß sich die Deutschen Ungarns im 19. Jahrhundert noch als ungarische Patrioten empfanden. Erst später, als der Druck auf ihr Volkstum stärker und sichtbarer wurde, zeigten sich Ansätze eines Widerstandes. Zunächst stand aber das deutsche Bürgertum in vielen Städten der Sprachinseln und im geschlossenen deutschen Siedlungsgebiet Westungarns (Burgenland) dem aggressiven Nationalismus der Madjaren ahnungslos gegenüber und assimilierte sich teilweise schneller, als dies in den ländlichen Bereichen der vielen deutschen Streusiedlungen im Königreich der Ungarn der Fall war. Siebenbürgen bildete da eine Ausnahme. Wo in den alten deutschen Sprachinseln die Deutschen ihre Unabhängigkeit verloren hatten, konnten die Madjaren durch einheitliche Landesgesetze, staatliche Rechtssprechung und administrative Maßnahmen vorgehen. Über Siebenbürgen z. B. brach die große Madjarisierungswelle erst dann herein, als das Land nach dem Ausgleich des Jahres 1867 (Zweiteilung der Monarchie) seine unabhängige Stellung verloren hatte. In der deutschen Sprachinsel der Zips brachte das Jahr 1848 schon die Entscheidung. Nichtsahnend opferten die Zipser dem Liberalismus und einer scheinbaren Freiheit ihre Eigenrechte, gaben ihre Selbstverwaltung auf und öffneten dadurch nicht nur der Madjarisierung, sondern auch der für ihr Volkstum nicht minder gefährlichen Slawisierung Tür und Tor.

Im Banat, das 1778 durch Maria Theresia dem Königreich Ungarn angeschlossen wurde, konnte die Madjarisierung privat und staatlich schon ab diesem Zeitpunkt organisiert und eingeleitet werden.

Nach dem Ausgleich des Jahres 1867 verankerten die Madjaren ihre gegen alle anderen Volksgruppen gerichtete Entvolkungspolitik auch gesetzlich. Schon im Jahre 1868 wurden aufgrund des berüchtigten Nationalitätengesetzes in der ungarischen Reichshälfte alle deutschen Lehrer entweder entlassen, oder man machte ihnen das Berufsleben so schwer, daß sie es vorzogen ihren Dienst aufzugeben und vielfach abzuwandern. Die Folge war, daß sich das bisher hohe Niveau vieler bedeutender deutscher Lehranstalten in Ungarn zu senken begann. Außerdem zogen es seitdem wieder viele Deutsche aus Ungarn vor, ihre bereits begonnenen Studien in Wien oder an anderen deutschen Universitäten fortzusetzen.

Ein Gesetz vom 22. Mai 1879 bestimmte, ergänzend zu diesen Maßnahmen, daß in Ungarn nur derjenige den Lehrerberuf ausüben durfte, der die madjarische Sprache in Wort und Schrift beherrschte und auch befähigt war, sie zu lehren.

Allein in den Jahren 1869 bis 1879 ging die Zahl der deutschen Volksschulen in Ungarn von 1 232 auf 953 (23 v. H.) zurück.

Daß es aber im 19. Jahrhundert keine Ansätze eines deutschen Volksbewußtseins in Ungarn gegeben haben soll, entspricht nicht den historischen Tatsachen.

Die Wortführer der Madjarisierung in Ungarn beschuldigten verallgemeinernd alle diejenigen Männer, die schon in der Ära Metternich für ihr deutsches Volkstum eingetreten waren, einer schwarz-gelben-reaktionären Gesinnung. Diese Unterstellung änderte aber nichts an der Tatsache, daß sich immer wieder Deutsche fanden, die standhaft genug waren, für die Belange ihres Volkes in Ungarn einzutreten. Zu diesem Kreis zählten Männer wie Tobias Gottfried Schröer, der Siebenbürger Stephan Ludwig Roth, der am 11. Mai 1849 sein entschiedenes Eintreten für seine Sachsen mit dem Leben bezahlen mußte, sowie der Sachsenbischof Georg Daniel Teutsch, welcher im ungarischen Reichstag seine Landsleute zu vertreten hatte.

Als einer der ersten Sprecher der gesamten deutschen Volksgruppe in Ungarn erwarb sich der Theologieprofessor an der Töchterschule der evangelischen deutschen Kirchengemeinde zu Preßburg, Eduard Glatz (1812 bis 1889), große Verdienste. Schon im Jahre 1842 erschienen seine „Deutschen Xenien von und für Ungarn", welche eine einzige Anklageschrift gegen den überspitzten Madjarismus darstellten und die der „Pesti Hirlap", das Blatt Ludwig Kossuths (1802 bis 1894), als „eine Sudelei, welche sowohl durch ihre Verrücktheit als auch die in ihr verborgene Tendenz vielleicht auf eine herostratische Berühmtheit berechnet war, der aber gewiß nur Ekel und Vergessenheit zu Teil werden wird . . .", kommentierte. Eduard Glatz hat in einer seiner späteren Veröffentlichungen seine Meinung über die von den Ungarn emsig betriebenen Madjarisierungsmaßnahmen mit folgenden Worten zusammengefaßt: „Wir achten und lieben der Madjaren Eifer für die Erhaltung und Fortbildung ihrer Nationalität und Sprache, wir wünschen beiden ein fröhliches Gedeihen, ein Methusalemsleben und ein goldenes Zeitalter; aber als Freunde können wir ihnen nur solange gegenüberstehen, solange sie den Rubikon der Unseren nicht überschreiten."

Diese hektische und anderen Nationalitäten gegenüber geübte Unduldsamkeit der Madjaren und ihrer radikalen Wortführer haben dann im Jahr 1918 nicht unwesentlich dazu beigetragen, daß z. B. die Siebenbürger Sachsen die Angliederung ihres Landes an Rumänien dem Verbleiben im ungarischen Staatsverband vorzogen. Aber auch die anderen Nationalitäten, wie die Slowaken, Ruthenen, Rumänen und Serben standen der Zerstückelung des ungarischen Königreiches eher teilnahmslos gegenüber.

Mancherorts hat jedoch die Madjarisierung es bewirkt, daß die Deutschen zu sogenannten „Madjaronen“ wurden und sich von ihrem angestammten Volkstum schon völlig abgewandt hatten. Wie weit, geht aus einer Parlamentsrede des Zipser Abgeordneten Naß aus dem Jahre 1903 hervor. Nach seiner Auffassung wollten die Zipser Deutschen keinen eigenen Staat im Staate bilden, bestünden nicht mehr auf ihre alten Vorrechte, sondern sie seien in ihren Traditionen und Aspirationen gänzlich madjarisch.
Das Siedlungsgebiet der Zips gehörte im Mittelalter zum geschlossenen deutschen Sprachgebiet und nahm in wirtschaftlicher Hinsicht eine bedeutende Stellung ein.

Der Verlust deutschen Volksbodens in der Zips

Durch die am Fuße der hohen Karpathen gelegene Zips führte schon im Altertum eine der bedeutendsten europäischen Handelsstraßen, die das Mittelmeer mit dem Ostseeraum verband. Diesen verkehrsgeographischen so bedeutsamen Raum kreuzten aber auch andere Verbindungswege, welche den Osten mit Westeuropa verbanden. Neben dem Preßburger und dem Hauerland stellte die Zips das dritte große deutsche Siedlungsgebiet in Oberungarn (Slowakei) dar. Um 500 v. d. Z. war das Gebiet von Kelten bewohnt. Sie entwickelten dort eine reiche Eisenindustrie und förderten daneben auch Gold. Um die Zeitenwende mußten die Kelten allerdings ihre Vorherrschaft an die germanischen Markomannen und Quaden abtreten, mit denen sie später verschmolzen. Die Quadenherrschaft in der Zips währte vom 2. bis zur Mitte des 4. Jahrhunderts. Im Gefolge der Langobarden unter Alboin verließen 580 n. d. Z. die Quaden den Zipser Raum und zogen nach Italien ab. Ebenso wie in Pannonien die Gepiden, so verblieben auch in dem Siedlungsraum am Fuße der Karpathen Reste der quadischen Bevölkerung. Nach dem Abzug des Hauptteiles der Germanen wanderten nach und nach Slawen in die freigewordenen Räume der Zips ein. In den Jahren des Awarenfeldzuges Karls d. Gr. (791 bis 803) erstreckte sich die karolingische Siedlerbewegung auch auf die Zips. Beim ersten Feldzug Karls d. Gr. hatte der Heerbann der Sachsen in seinem Heer

mit Wehrbauten und Wehrdörfern in der Zips ganz Pannonien vor Angriffen aus dem Norden flankierend abzusichern. Die Bezeichnung der deutschen Bewohner der Zips als „Sachsen" geht eindeutig auf diese Zeit zurück.
Schon vor Entstehung des ungarischen Staates waren aber schon Deutsche im Grenzgebiet Westungarns ansässig. Unter Geisa II. (1141 bis 1161) und seinen Nachfolgern wurden in der Oberzips erneut Deutsche ab 1180/90 aus dem ost-mittel-deutschen Raum von Nordwesten aus angesiedelt. Wohl hatten diese Siedler auch den südlich gelegenen pannonischen Raum gegen Überfälle abzusichern, aber ihre kulturpolitischen und wirtschaftlichen Leistungen haben „das Anlitz der Zips" eindeutig geprägt. Durch diese von den ungarischen Königen emsig geförderte Ansiedlung deutscher Bauern, Handwerker und Adeligen gelangte ein kulturell hochstehendes Element in die Zips. Dörfer und Städte wurden angelegt, und später gründeten deutsche Bergleute und Handarbeiter, die Metalle verarbeiten konnten, in den „Gründen" des östlichen slowakischen Erzgebirges die sieben Bergstädte mit den Hauptorten Göllnitz und Schmöllnitz, die auch Gründnerstädte genannt wurden. Nach dem Mongolensturm des Jahres 1241, bei dem viele Städte und Orte verwüstet wurden, erholte sich das Land allmählich. Im Jahre 1271 wurde den Zipsern von König Stephan V. ein Freiheitsbrief, in dem ihre Gerechtsamen (Privilegien) erstmalig zusammengefaßt wurden, ausgestellt und die seinerzeit von Bela IV. gewährten Sonderrechte bestätigt. Durch diesen Freibrief wurde der Grund zur Zipser Selbstverwaltung gelegt, die im 19. Jahrhundert dann verlorenging. Die Stadt Leutschau wurde in dem Freibrief als Sitz des Sachsgrafen bestimmt. In der „Universität" der vierundzwanzig Zipser Städte, denen sich bald andere anschlossen, verwaltete sich die Gemeinschaft der Zipser Sachsen selbst, und in der „Zipser Willkür" aus dem Jahre 1370 hatten die Zipser Sachsen ihr eigenes Recht. Die deutschen Bergstädte der Gründe gehörten diesem Bunde jedoch nicht an, da dort eigene Rechtsverhältnisse (Bergrecht) maßgebend waren. Sie unterstanden mit einem Berggrafen unmittelbar dem König von Ungarn. Die Hauptstadt der Zips, Leutschau, wurde als die erste der vierundzwanzig Zipser Städte im Jahre 1321 zur kgl. Freistadt erhoben. Sie war eine Stadt reicher Kaufleute und Handwerker sowie der

wichtigste Handelsort der gesamten Zips. Durch die Gewährung des sogenannten Stapelrechtes im Jahre 1321 durch König Karl Robert und durch das Privilegium König Sigismunds aus dem Jahre 1406, wonach die Leutschauer Kaufleute ihre Waren in ganz Ungarn zollfrei ausführen durften, wurde der wirtschaftliche Aufstieg ihrer Stadt beschleunigt.

Schon die Kelten hatten in der Zips, wie bereits dargestellt, Erze gefördert, und im frühen Mittelalter veranlaßte der Reichtum an Gold und Kupfer, Silber, Eisen, Nickel, Kobald im Schemnitzer und Zipser Erzgebirge der Westkarpathen die ungarischen Könige, bevorzugt deutsche Bergleute ins Land zu rufen. Die sogenannten Gründe im Göllnitztal unterstanden dem König und warfen reiche Erträge ab. Das 14. Jahrhundert brachte für die Zips, ähnlich wie dies auch in Böhmen der Fall war, eine Hochblüte ihrer Städte. Geschützt durch Vorrechte konnten sie sich wirtschaftlich frei entfalten. Die günstige geographische Verkehrslage führte daneben zu einer beherrschenden Stellung im Handel. Daneben profitierte sowohl der Durchzugs- wie auch der Außenhandel. Die Haupthandelswaren stellten Tuche, Leinwand, Erze, Weine, Schmuckgegenstände, Felle, Lederwaren, Käse und andere landwirtschaftliche Produkte dar. Der florierende Bergbau in den „Gründen" trug natürlich auch wesentlich zur Belebung des Handels bei. Die Blütezeit des Bergbaues im 15. Jahrhundert, wo man in den Bergwerken Gold, Silber, Kupfer, Eisen, Blei, Schwefelkies und auch Quecksilber reichlich förderte, wurde durch Unruhen und die Machtgier der Reichsgroßen, die sich auf Kosten der deutschen Reichsstädte zu bereichern suchten, abgelöst. Nach der Schlacht von Moosburg/ Mohácz ging dann der Bergbau zurück und erlosch fast ganz. Er konnte sich durch die „Maximilianische Bergordnung" aus dem Jahre 1573 erst langsam wieder erholen.

In ihrer geschichtlichen und wirtschaftlichen Entwicklung stellte die Verpfändung von dreizehn Zipser Städten an Polen durch Kaiser Sigismund im Jahre 1412 einen fühlbaren Eingriff dar. Spätere Bemühungen der ungarischen Krone, diese Städte von Polen zurückzukaufen, scheiterten. Die Bewohner der verpfändeten Städte und Dörfer waren bald der Erpressung, Ausbeutung und Einschüchterung durch die polnischen Statthalter ausgesetzt. Obwohl die wirtschaftliche Entwick-

lung während der 360jährigen Verpfändung anfänglich noch günstig verlief, so waren die Umvolkungsbestrebungen der polnischen Statthalter in den deutschen Gemeinden nicht zu übersehen. Polnische Beamte wurden eingestellt, und am Hofe der Statthalter wurde nur polnisch gesprochen. Erst bei der ersten Teilung Polens im Jahre 1772 kamen die verpfändeten Städte wieder an Ungarn zurück.
Durch die im Jahre 1433 über Polen unter der Führung Jan Žižkas in die Zips eingedrungenen hussitischen Banden brach neues Unheil über die Zips herein. Abgesehen von den vielen Brandschatzungen der Hussiten im Lande, verfolgten und drangsalierten die hussitischen Plünderer die deutschen Bewohner in der Zips in religiöser und völkischer Hinsicht. Nur langsam konnten sich die heimgesuchten Städte und Dörfer später wieder erholen. Die Lehren der Reformation breiteten sich in der Zips schnell aus, und viele Studenten aus der Zips gingen nach Wittenberg, um dort den Reformator zu hören. Zunächst waren die Habsburger nach der Schlacht bei Moosburg (Mohácz) im Jahre 1526 der neuen Lehre gegenüber duldsam, und Ferdinand I. anerkannte im Jahre 1558 die „Confessio pentipolitana" der Zipser ausdrücklich an. Die Zips wurde aber nach der Schlacht bei Moosburg auch durch dynastische Kämpfe zwischen Johann Zápolya (1487 bis 1540) und Ferdinand I. in Mitleidenschaft gezogen. Da sich diese Kämpfe hauptsächlich in der Zips abspielten, schwächten sie das wirtschaftliche Leben, das ohnedies durch die Verlagerung der Handelszentren von Mittel- nach Westeuropa benachteiligt war, noch mehr. Im 16. Jahrhundert setzte sogar ein vorübergehender Verfall einiger Zipser Städte ein. Eine Ausnahme bildete die königliche Freistadt Leutschau, die im Jahre 1544 den Kampf mit Kesmark um das Stapelrecht gewonnen hatte.
Nach Rückkehr der Pfandstädte war die Einheit der Zips wieder hergestellt. Im 17. und 18. Jahrhundert war aber auch die Verbindung zum Binnendeutschtum noch nicht abgerissen. Die deutschen Zipser konnten ungehindert deutsche Universitäten, vor allem Greifswald, Wittenberg, Halle, Leipzig, Jena und Göttingen besuchen. Somit war die Begegnung mit der deutschen Geisteswelt gesichert.
Im Jahre 1784 ordnete Kaiser Josef II. (1780 bis 1790) als Rationalist und Verfechter einer zentralistischen Staatsidee die Einführung der

deutschen Amtssprache an. Sein Toleranzpatent brachte wohl den Protestanten in der Zips fühlbare Erleichterungen, seine doktrinären Eingriffe ohne Rücksicht auf geschichtliches Recht stießen nicht nur in den von Madjaren bewohnten Teilen Ungarns, sondern auch bei den Zipser Sachsen auf anhaltenden Widerstand. Nur aus diesem Grunde, nicht etwa aus Madjarenfreundlichkeit, lehnten sich die Zipser Sachsen mehr und mehr den Bestrebungen der Ungarn in ihrem Kampf gegen den Absolutismus an. Mit diesem Anschluß an das Madjarentum beschritten sie allerdings einen Weg, der sich für ihr Volkstum in Zukunft nachteilig auswirken sollte. Zur Zeit Maria Theresias und Josephs II. waren die wirtschaftlichen Verhältnisse in der Zips wieder besser als in dem darauffolgenden Jahrhundert.
Nach dem Erwerb des Buchenlandes durch Österreich beteiligten sich auch Zipser Bergleute an der Einwanderung, und in den Jahren 1785 bis 1787 wurden in den deutschen Sprachinseln am Fuße der Karpathen letztmalig Deutsche angesiedelt. Allmählich aber entglitt dem deutschen Bürgertum der einstige Unternehmensgeist und auch das Gesetz des Handelns. Geistig und wirtschaftlich verwuchs vornehmlich die städtische Bevölkerung mit dem Madjarentum, das seinen unduldsamen Nationalismus immer mehr durchsetzen konnte. Nur im bodenverbundenen Bauerntum der Zips konnte sich das völkische Traditionsbewußtsein erhalten. Die Gründe, welche zu einem Rückgang der deutschen Bevölkerung in der Zipser Sprachinsel führten, waren vielfältig: Zunehmende Gleichgültigkeit ihrer Intellektuellen nationalen Fragen gegenüber, die einsetzende Verstädterung, das Ein- und Zweikindersystem und der dadurch bedingte Geburtenrückgang. Madjarisierung und Slawisierung, das Zurückgehen der deutschen Landwirtschaft und der wirtschaftliche Rückgang waren die Hauptursachen, welche die Schwächung des deutschen Elementes einleiteten. Die Inbetriebnahme der Kaschau-Odernberger Bahn im Jahre 1873 und die dadurch mögliche Überschwemmung mit Waren der Großindustrie hat mit der 1881 erfolgten Aufhebung der deutschen Zünfte zum gänzlichen Niedergang von Handel und Gewerbe geführt.
Die Abnahme des Deutschtums in der Zips ist aus nachstehender Statistik zu entnehmen.

Jahr	Deutsche	%	Slowaken	%	Juden	%	Madjaren	%	Ruthenen	%	Insgesamt
1847	63 833	33,31	98 951	51,61	2043	1,06	500	0,26	26 196	13,76	191 523
1857	53 900	31,64	92 000	54,02	3434	2,02	1350	0,29	19 630	12,03	170 314
1880	48 196	28,30	96 274	56,60	5941	3,50	3526	2,10	16 158	9,50	170 068
1890	44 958	26,95	93 214	66,85	6095	3,65	4999	3,00	17 589	10,54	166 855
1900	42 885	24,53	99 557	56,94	7234	4,13	10 843	6,20	14 333	8,20	174 852
1910	38 434	22,10	97 077	55,76	7475	4,30	18 658	10,74	12 327	7,10	173 917

Die Gesamtzahl aller Bewohner der Zips ging in den Jahren 1847 bis 1910 – also innerhalb von dreiundsechzig Jahren – um 9,2 v. H. und die Zahl der Deutschen um 39,8 v. H. zurück. Die Zahl der Madjaren hingegen stieg im gleichen Zeitraum um 3 731 v. H.

Diese vom Staat erfolgreich eingeleitete Madjarisierung wurde von den Zipser Sachsen ahnungslos hingenommen. Die Entvolkungsmaßnahmen der Ungarn erstreckten sich, meistens zunächst getarnt, auf die Landesgesetzgebung, auf die innere Verwaltung, die Einführung der madjarischen Unterrichts- und Amtssprache, auf die geförderte Umbenennung bisher deutscher Familien- und Vornamen, die eine Karriere in Staatsstellungen zur Folge hatte, kurzum, alle die Maßnahmen liefen darauf hinaus, auch in der Zips das deutsche Element zum Vorteil der Staatsnation in das ungarische Volkstum einzuschmelzen. Die Madjarisierungsversuche glitten dabei an der bäuerlichen Landbevölkerung nur teilweise ab. Sie „lieferte" immerhin ihre geistig hochstehenden Köpfe diesen Entvolkungsmaßnahmen, wenn auch ungewollt, aus. Alle diese Umstände wirtschaftlicher, kultureller und politischer Art führten auch

dazu, daß in der deutschen Sprachinsel der Zips eine Abwanderung der Zipser Deutschen in die Städte des ungarischen Tieflandes und nach Budapest einsetzte, wo ihnen bessere Aufstiegsmöglichkeiten geboten werden konnten. Die Abwanderung der Deutschen, teils in ungarische Städte des pannonischen Tieflandes und in die Hauptstadt selbst, ermöglichte es den Madjaren, ihre schleichende, dann immer stärker werdende Madjarisierungspolitik dort erfolgreich fortzusetzen.
Bis zum Jahre 1880 verließen schon 11 535 Zipser ihre von ihnen kultivierte Heimat, im Jahre 1910 wurden bereits 24 855 Auswanderer gezählt. Daneben veranlaßten Unzufriedenheit, Mißwirtschaft, Parteiwirren und auch berechtigte Angst vor der vollkommenen Madjarisierung zunehmend das kulturell und wirtschaftlich bedeutende Element der Zipser Sachsen, auch in Amerika ihr Glück zu versuchen. In den Jahren 1881 bis 1890 wanderten 19,3 v. H. aller Einwohner der Zips – die Slowaken inbegriffen – in das „Gelobte Land" aus. Dieser Trend steigerte sich im Zeitraum von 1890 bis 1911. Die Wirkung dieser Abwanderung war, daß Häuser und Felder der Ausgewanderten unter dem Preis verschleudert wurden und der Wert des Bodens auf ein Sechstel herabsank. Die deutsche Intelligenz wanderte meistens nach Innerungarn, die gelernten Handwerker nach Amerika aus.
Wenn sich die Zipser Sachsen ursprünglich an das Madjarentum anlehnten, so hat sie zu diesem Schritt auch die Gefahr der Slawisierung veranlaßt. Durch die Slowakisierung des Waagtales hatten es die hussitischen Mordbrenner seinerzeit erreicht, daß die Zips dadurch erst zu einer Sprachinsel wurde. Die ihnen angeborene Anspruchslosigkeit, ihr zähes Festhalten am Volkstum, ihre Geneigtheit, auch knechtliche Arbeiten zu verrichten, verschaffte den Slowaken allmählich eine bedeutende Stellung in der Wirtschaftsstruktur der Zips. Der Einfluß der slowakischen Pfarrer kann, ähnlich wie in Slowenien, bei einem historischen Rückblick nicht ausgeklammert werden. Wo allerdings der deutsche Bauer an seine Scholle gebunden blieb und dem Sog der karrierefreudigen städtischen Intelligenzschicht zäh widerstand, konnte sich das Deutschtum in der Zips fast rein erhalten.
Die Zipser deutsche Sprachinsel mit einer Gesamtfläche von 202 840 Katastraljoch – das sind 174 Quadratkilometer – wurde nach dem Zusammenbruch der Donaumonarchie wieder einmal zum Zankapfel.

Die Ungarn wollten auf ihren alten Rechten bestehen, die Polen beanspruchten das Gebiet der einstmals an sie verpfändeten dreizehn Zipser Städte, und der Retortenstaat der ČSR beanspruchte wegen der slowakischen Bevölkerungsmehrheit die ganze Zips. Anfang Dezember 1918 wurde dann fast die ganze Zips der Tschechoslowakei zugesprochen, und schon am 16. Dezember desselben Jahres rückten tschechische Truppen in Kesmark ein. Einige von Slowaken bewohnte Ortschaften der Zips kamen an Polen, die deutschbewohnten Teile aber gänzlich zur ČSR. Damit waren die Deutschen in der Zips von einem in einen anderen Vielvölkerstaat geraten. Um die Zipser Sachsen den Madjaren gegenüber zu entfremden, förderte der tschechoslowakische Staat zunächst ihr deutsches Schulwesen. Kaum war allerdings in Prag die staatliche Verwaltung aufgebaut und das gesamte Schulwesen dem Prager Schulministerium unterstellt, wurden Anträge auf Errichtung weiterer deutscher Schulen schleppend behandelt oder gar abgewiesen. Der Schulkampf der Tschechen richtete sich in erster Linie gegen die höheren Schulen in der Zips. Nur der Schutzarbeit des Deutschen Kulturverbandes in der Slowakei war es zu verdanken, daß 89 v. H. aller Kinder deutscher Eltern am Unterricht in ihrer Muttersprache teilnehmen konnten.

Die wirtschaftliche Lage in der Zips hatte sich nicht nur während des Ersten Weltkrieges, sondern auch ab dem Zeitpunkt verschlechtert, als im Jahre 1918 sechzehn Gespanschaften (Gespan in Ungarn seit dem 11. Jahrhundert oberster Amtsträger eines Komitats; Komitat = Bezeichnung für einen ungarischen, von einem Gespan geleiteten Verwaltungsbezirk, eingerichtet von Stephan I. als Verwaltungseinheit königlicher Güter; Ungarn war bis zum Jahre 1918 in fünfundzwanzig Komitate eingeteilt) Nordungarns an die ČSR angegliedert wurden. Dabei gingen dem Königreich Ungarn 17,1 % seiner Bevölkerung und 18,6 % seiner Industrie verloren, das waren 53,7 % seiner Papierindustrie, 33,7 % der Textilindustrie, 26,9 % der Eisenindustrie und 27,4 % der Leder- und Holzindustrie. Zudem hatte die Zips nach der Abtrennung ihre natürlichen Absatzmärkte in Ungarn, Polen und Rußland eingebüßt, und viele Werke mußten ihren Betrieb einstellen. Noch im Jahre 1922 wanderten daher viele Deutsche, aber auch Slowaken, aus der Zips aus.

Nachwort

Als im Jahre 1910 Woodrow Wilson (1856 bis 1924) als Kandidat der Demokratischen Partei in den USA zum Gouverneur von New Jersey gewählt wurde, war dies der Anfang seiner politischen Laufbahn, die verhängnisvolle Entwicklungen im 20. Jahrhundert einleitete. In seiner achtjährigen Präsidentschaft vom 4. März 1913 bis zu seiner geistigen Umnachtung, die bereits vor dem Jahre 1921 beobachtet werden konnte, stellte dieser Präsident, der aus seinem Deutschenhaß kein Hehl machte, eine nicht zu unterschätzende Gefahr für die Ordnungsmächte in Europa und für den Weltfrieden dar. Sein katastrophaler Einfluß während seiner Amtszeit auf die Geschicke der Menschheit konnte zu Beginn seiner politischen Tätigkeit in seiner ganzen Tragweite auch in den Vereinigten Staaten noch nicht erkannt, geschweige denn wirksam abgewendet werden.

In der ihm eigenen Überheblichkeit wollte er sich vor dem Ende des Ersten Weltkrieges mit den von ihm verkündeten Vierzehn Punkten als „Friedensengel" verstanden wissen und gaukelte dabei den Europäern vor, er werde einen dauerhaften Frieden ohne gewaltsame Gebietsveränderungen zustande bringen, und verkündete vollmundig allen Völkern das Recht auf Selbstbestimmung.

In Wirklichkeit kam es diesem Präsidenten als Vollstrecker der Richtlinien für eine „Neue Weltordnung" darauf an, die großen Dynastien in Europa (auch die russische) zu stürzen. Schon bevor die Vereinigten Staaten in den Ersten Weltkrieg eingetreten waren, ließ Wilson es zu, daß sich die amerikanische Industrie zu einem großen Teil auf die Erzeugung von Kriegsmaterial umstellte. Damit belieferten die Vereinigten Staaten schon vor ihrem Eingreifen in europäische Angelegenheiten die kriegführenden alliierten Mächte und erzielten dabei beachtliche Gewinne. Wilson beschritt als Demokrat durch diese Entscheidung jenen verhängnisvollen Weg, den sein späterer politischer Nachfahre und Bewunderer, Franklin Delano Roosevelt (1882 bis 1945), während des Zweiten Weltkrieges konsequent fortgesetzt hat. Für Wilson war Europa so etwas wie ein noch nicht entdeckter Erdteil, dem man nach Friedensschluß die Segnungen der „Amerikanischen Kultur"

nicht vorenthalten könne. Seit diesem Zeitpunkt begannen sich die Metastasen des „American Way of Life" nicht nur in Europa in zunehmendem Umfang wucherartig festzusetzen.
Der aus einer alten französischen Adelsfamilie entstammende Dichter und Schriftsteller Henry de Montherlant, Graf von Guimart (1896 bis 1972), hat später diese Entwicklung, welche nach seiner Ansicht zwangsläufig zu einer Bedrohung des Bestandes der Völker führen werde, erkannt und mit folgenden Worten verurteilt: „Eine einzelne Nation, der es gelingt, die Moral, die Qualität des Menschen auf fast der gesamten Erdoberfläche in die Tiefe stürzen zu lassen, das hat es nicht gegeben, seit der Globus existiert. Ich klage die Vereinigten Staaten an, im ständigen Zustand des Verbrechens gegen die Menschlichkeit zu sein." Ähnlich beurteilte auch der deutsche Schriftsteller Joachim Fernau diesen amerikanischen Weg, der Deutschlands und Europas Seele krank gemacht habe, und beendet sein Buch „Halleluja" mit folgenden warnenden Worten: „Gewinnt der Amerikanismus, so wird er die Menschheit zugrunde richten, und die Erde wird als erstorbener Mars im Weltall weiterkreisen." Die amerikanische Öffentlichkeit war vor Ausbruch des Ersten Weltkrieges für einen Eintritt in den Krieg nicht zu begeistern. Durch eine verlogene und hemmungslose Propaganda gelang es Wilson und seinen kriegslüsternen Ratgebern die ahnungslose amerikanische Öffentlichkeit zu täuschen und Stimmung für ein militärisches Eingreifen zu machen. Bezeichnend für den Präsidenten ist es dabei, welcher Ratgeber er sich während seiner Amtszeit bediente.
Einer seiner Freunde und Berater war Lev Davidovič Trotzkij (recte Leib Bronštejn), den Wilson als Ghostwriter mit der Formulierung jener Vierzehn Punkte, deren Erfüllung später bekanntlich ausblieben, beauftragt hatte. Dieser Berater war es auch, der nach seiner Ankunft in Rußland im Mai des Jahres 1917 und nach seiner Ernennung als sowjetischer Kriegskommissar nicht nur die Rote Armee, deren Oberbefehlshaber er wurde, für den Kampf gegen die zarentreuen Weißgardisten im russischen Bürgerkrieg (1918 bis 1921) organisierte, sondern auch die gefürchtete und berüchtigte TSCHEKA (Črezvyčajnaja komissija po bor'be s konterrevoluciej i sabotažem = Außerordentliche Kommission zur Bekämpfung der Konterrevolution und Sabo-

tage) aufstellte. Diese Terrororganisation konnte für sich den traurigen Ruhm in Anspruch nehmen, fast alle Eliten in Rußland in den ersten Jahren der Sowjetherrschaft systematisch ausgerottet zu haben. Um diese Terrororganisation aufbauen zu können, konnte sich Trotzkij auf die Tausenden von amerikanischen Juden stützen, denen es Wilson ermöglicht und erlaubt hatte, schon während der Übergangsregierungen des Fürsten Lvov und A. F. Kerenskij (1881 bis 1970) nach Rußland zu reisen, um dort als Agitatoren des Bolschewismus zu wirken. Der Ghostwriter Trotzkij war es auch, der zusammen mit Vladimir Iljič Lenin (1870 bis 1924) die Massakrierung der Zarenfamilie und deren Gefolge in der Nacht vom 16. auf den 17. Juli 1918 in Jekaterinburg durch die Sowjetkommissare Jakob Sverdlóv, Jakob Juróvskij und Chaje Goloscěkin befohlen hatte. Bei den Friedensverhandlungen in Brest-Litowsk zwischen Deutschland, Österreich-Ungarn, der Türkei, Bulgarien und Sowjetrußland waren die Bolschewiken durch den sowjetischen Außenkommissar Trotzkij vertreten und wollten durch eine Verschleppungstaktik optimale Ergebnisse erzielen. In Erwartung der Weltrevolution lehnte Trotzkij jedoch die Friedensbedingungen der Mittelmächte schroff ab und trat von seinem Posten als Außenkommissar zurück, als der Friede am 3. März 1918 unterzeichnet wurde.
In außenpolitischen Angelegenheiten ließ sich Präsident Wilson von dem demokratischen Politiker und seinem Vertrauten Edward Mandell House (1856 bis 1938) beraten, den er während des Ersten Weltkrieges mehrmals auf „Vermittlungsmissionen" nach Europa entsandt hatte. Wie sein späterer Nachfolger als Präsidentenberater, Bernard Mannes Baruch (1870 bis 1965), befürwortete auch er den Eintritt der USA in den Ersten Weltkrieg. Schon im Jahre 1912 trat er in seinem Buch „Philip Dru Administrator" für eine amerikanische militärische Aggression in Europa ein und regte daneben die Gründung eines Völkerbundes, basierend auf den Richtlinien, die beim Baseler Zionistenkongreß des Jahres 1897 ausgearbeitet wurden, an. Bei einer seiner Europareisen kam ihm die Nachricht von der Versenkung der „Lusitania" am 7. Mai 1915 sehr gelegen, und er konnte bei einer Abendgesellschaft in der amerikanischen Botschaft in London seinen englischen Freunden verkünden: „Amerika werde innerhalb eines Monats in den Krieg gegen die Mittelmächte eintreten." Ein deutsches U-Boot

hatte diesen englischen Passagierdampfer, der Munition und anderes Kriegsmaterial für die Alliierten geladen hatte und dessen Schiffsführung noch vor Auslaufen aus New York vom deutschen Botschafter gewarnt wurde, versenkt.
Der dritte, wohl einflußreichste und mächtigste Präsidentenberater, ein Intimfreund Churchills, war mit Abstand der bereits erwähnte Bernard Baruch (hebräisch = der Gesegnete). Ab dem Jahre 1917 war er Wilsons Finanzberater und wurde 1918, inzwischen durch Börsengeschäfte vermögend geworden, zum Vorsitzenden des amerikanischen Kriegsindustrieausschusses ernannt, der für die Lieferung von Rohstoffen und Kriegsmaterial an die alliierten kriegführenden Staaten zuständig war.
Obwohl am 19. August 1916 ein weiterer englischer, mit Kriegsmaterial beladener Passagierdampfer, die „Arabic“, von einem deutschen U-Boot versenkt wurde, verzögerte sich der Kriegseintritt Amerikas noch einige Zeit. Zunächst wurden am 3. Februar 1917 die diplomatischen Beziehungen zwischen den USA und dem Deutschen Reich abgebrochen. Der englische Secret Service hatte eine deutsche Note abgefangen und entziffert, in der Mexiko im Falle des Kriegseintrittes Amerikas ein Bündnis angeboten wurde. Daraufhin erfolgte die von den Hintergrundmächten in „gods own country“ schon lange vorbereitete Kriegserklärung an das Deutsche Reich am 6. April 1917. Am 7. Dezember desselben Jahres erklärten die Vereinigten Staaten auch an Österreich-Ungarn den Krieg.
Am 29. Juni 1919, einen Tag nach der Unterzeichnung des Friedensdiktates von Versailles durch die deutsche Delegation, verließ Präsident Wilson von Brest aus Frankreich, wobei er sich über die barbarischen Restriktionen, welche den Deutschen aufgezwungen wurden, begeistert und befriedigt geäußert hatte. Genauso begeistert war Wilson schon als Professor der Universität Princeton über die englischen Ausrottungsmaßnahmen im Burenkrieg der Jahre 1899 bis 1902, wobei in den von den Engländern erstmals in der Geschichte errichteten Konzentrationslagern an die zehntausend Burenfrauen mit ihren Kindern ums Leben kamen.
Wenn auch von den gelenkten amerikanischen Massenmedien nach dem Ersten Weltkrieg behauptet wurde, Wilson sei ein Politiker und

Mensch von außergewöhnlichem Format – man hatte ihm ja sogar den Friedens-Nobelpreis für das Jahr 1919 zuerkannt – so wurden später auch andere Stimmen laut, welche diesen „Friedensapostel“ in einem ganz anderen Licht erscheinen lassen.
Der kalifornische Historiker, Professor Dr. David L. Hoggan, charakterisiert das Wirken dieses Präsidenten in seinem Werk „Das blinde Jahrhundert“ mit nachstehender Beurteilung, wobei sich dieser Historiker auf eine Analyse von Gene Smith stützt: „Wilson war eine jämmerliche politische Marionette des Weltjudentums, die kurze Zeit über die politische Bühne New Jerseys, dann der USA und später der ganzen Welt zappelte, doch stammten die Ideen, die er propagierte, niemals von ihm selbst, und ihm fehlte in der Arena des praktischen Handelns jede der Eigenschaften, die ihn hätten wenigstens teilweise im menschlichen Sinn rehabilitieren können. Nichts vermochte die Verbrechen und Narreteien seiner politischen Herrschaft gutzumachen. Die Menschheit muß noch immer zahlen – und wird es weitere Generationen tun – für das Schuldkonto an Menschenrechten und Werten, das Woody Wilson und sein eifrigster Schüler Frank D. Roosevelt geschaffen haben.“
Daß deutsche Politiker sich von Wilson täuschen ließen und an seine „redlichen“ Absichten glaubten, liegt in der Mentalität der Deutschen und ihrer Gutgläubigkeit. Graf Hertling (1843 bis 1919), der deutsche Reichskanzler und Bethmann-Hollwegs Nachfolger, betonte am 24. Februar 1918 in seiner Rede vor dem Deutschen Reichstag, daß Wilsons offizielle Punkte vom 9. Januar 1918 nichts Inakzeptables für das Deutsche Reich enthielten, und gab sich der Täuschung hin, indem er den Versprechungen des hysterischen Deutschenhassers Wilson Glauben schenkte, die darin gipfelten, daß jede territoriale Regelung eines zukünftigen Friedensvertrages auf „echter und objektiv völkischer Selbstbestimmung“ beruhen werde.
Graf Hertling hätte wohl niemals den heuchlerischen Versprechungen Wilsons Glauben geschenkt, wenn er noch zu Lebzeiten hätte erfahren müssen, daß die Alliierten im Jahre nach seinem Tode jenen verhängnisvollen Korridor für Polen durch ein Gebiet festlegen würden, das eine deutsche Bevölkerungsmehrheit aufwies. Anscheinend war ihm auch der Inhalt jener Rede Wilsons vom 22. Januar 1917 nicht

bekannt, in welcher der zukünftige Friedensmacher erstmals einen Zugang Polens zum Meer befürwortete. Der deutsche Reichskanzler hätte die Situation sicherlich realistischer beurteilt, hätte er daneben erfahren, daß Woody Wilson auch für die Abtrennung der deutschen Stadt Danzig eintrat. Die Vierzehn Punkte seines Friedensprogrammes waren in vero (Wirklichkeit) eine „ruse de guerre à la americaine", also eine amerikanische Kriegslist. Die Danziger Lösung stellte nichts anderes als einen faulen Kompromiß zwischen Lloyd George und Wilson dar. Nicht zu Unrecht schrieb damals der amerikanische Publizist Porter Sargent über den „Jahrmarkt des Wahnsinns in Paris" und bemerkte zu diesem Übereinkommen: „Die angelsächsischen Völker hatten die Völker auf ihrer Hand und was für einen Mist haben sie daraus gemacht." Auch Bertrand de Jouvenel hat in seinem im Jahre 1938 erschienenen Buch „Le Réveil de l'Europe" auf das verlogene Schlagwort Wilsons „Frieden der Gerechtigkeit" hingewiesen.
Er beklagte in seinem Werk auch den Höhenverlust Frankreichs und bedauerte den Geltungsverlust Europas. Auch der britische Finanzsachverständige, Sir John Maynard Keynes, übte in seinem Buch „The Economic Consequences of the Peace", das im Jahre 1919 in London erschienen war, heftige Kritik an den Unzulänglichkeiten der Friedensmacher von 1919.
Wilsons Politik, die auf eine angebliche Befriedigung aller kriegsbeteiligten Mächte im Ersten Weltkrieg ausgerichtet war, war in Wirklichkeit jene puritanische Heuchelei, die im englischen Sprachgebrauch mit dem Begriff des „cant" bezeichnet wird, der sich nur unvollkommen ins Deutsche übersetzen läßt. Gemeint ist dabei die spezifische Form der Scheinheiligkeit, die sich wie ein roter Faden in der anglo-amerikanischen Geschichte verfolgen läßt, nämlich eine pharisäische Verbindung einer zur Schau gestellten Scheinmoral und Geschäftigkeit von Menschenrecht und Krämerseele. Tatsächlich stellten die Friedensdiktate von Versailles, St. Germain und Trianon einen Straffrieden dar, der darauf abzielte, die dauernde Erpressung der Unterlegenen zu garantieren. Die erzwungenen Gebietsabtrennungen sowie die wirtschaftliche Knebelung des deutschen Volkes lösten schließlich den Zweiten Weltkrieg aus. Die amerikanische Regierung unter Wilson und die Großfinanz benützten den Ersten Weltkrieg dazu,

ein Riesengeschäft durch Anleihen und Lieferung von Kriegsmaterial an die Alliierten in die Wege zu leiten. Es war für die hinterlistige Politik Wilsons bezeichnend, daß er den haßerfüllten Georges Clemenceau (1841 bis 1929) als Präsidenten der Pariser Friedenskonferenz vorgeschlagen hat, dessen fanatische Unnachgiebigkeit zusammen mit seinem Bruder im Ungeist, Wilson, das Unheil des Zweiten Weltkrieges heraufbeschworen hat.

In seinem Buch „Das Ende der Gegenwart – Europa ohne Blöcke" erinnert der französische Generalstabsoffizier, Ferdinand Otto Miksche, an die für den Weltfrieden so verhängnisvolle Tätigkeit des amerikanischen Präsidenten in Versailles, der sich dort zum Vertreter Jesu Christi auf Erden erklärt hatte und vorgab, in dessen Namen das Heil für die Menschheit verkündet zu haben. Auch Clemenceau war nicht wenig über diese sonderbare Geisteshaltung des amerikanischen Präsidenten erstaunt. Lloyd George (1863 bis 1945) hat in seinen Kriegsmemoiren eine Szene beschrieben, wie einmal Clemenceau verwundert seine Augenbrauen hochgezogen habe, wobei er sich die Frage stellte, ob denn der amerikanische Präsident überhaupt noch von dieser Welt sei. Die Anfänge der geistigen Umnachtung Wilsons machten sich damals schon bemerkbar.

Nach seiner Rückkehr in die Vereinigten Staaten am 8. Juli 1919 lehnte der US-Senat, der damals eine republikanische Mehrheit aufwies, Wilsons Frieden ab, und das Friedensdiktat von Versailles wurde vorerst nicht ratifiziert. Die USA unterzeichneten dieses Diktat mit kleinen Abstrichen erst am 25. August 1921 im Berliner Friedensübereinkommen. Dabei sicherten sie sich alle Rechte und Vorteile aus dem Versailler Diktat, wobei allerdings ein militärisches und politisches Eingreifen nicht vorgesehen war. Auch dem von Wilson so heftig propagierten Völkerbund traten sie nicht bei.

Vernünftige und einsichtige Historiker und Politiker haben schon damals ihre warnende Stimme erhoben und die sogenannten Friedensregelungen einer vorausschauenden Kritik unterzogen.

Der französische Diplomatie-Historiker Jean-Baptiste Duroselle untersuchte akribisch die Abnormität der damaligen amerikanischen Außenpolitik und brandmarkte den Vertrag von Versailles, wobei er darauf hinwies, daß dieses Vertragswerk jeden einzelnen von Wilsons Punk-

ten verletzt habe und sowohl die amerikanische Öffentlichkeit wie auch das deutsche Volk einem Betrug aufgesessen waren.
Obwohl Woody Wilson bei den amerikanischen Wahlen im Jahre 1918 eine vernichtende Niederlage hinnehmen mußte, behauptete er bis zu seiner völligen geistigen Umnachtung und bei seiner eigenen Präpotenz immer wieder, daß der Versailler Vertrag zufriedenstellend gewesen sei, und gab sich der vagen Hoffnung hin, daß die von ihm betriebene Schaffung eines Völkerbundes eine breite Zustimmung in der amerikanischen Öffentlichkeit finden werde.
Doch diese Hoffnung des Präsidenten erfüllte sich nicht. Angesichts der Gegnerschaft vernünftiger politischer Kreise im Hinblick auf seine verfehlte Politik, versuchte er auf wochenlangen Reisen die amerikanische Öffentlichkeit gegen den oppositionellen Senat aufzustacheln, wobei er immer wieder betonte, daß Versailles einen großartigen und gerechten Frieden darstelle, der mit den amerikanischen Idealen übereinstimme. Den Völkerbundvertrag bezeichnete er dabei als „das großartigste von Menschenhand geschaffene Dokument aller Zeiten".
Betrachtet man aus zeitlicher Entfernung die folgenschweren Entwicklungen, die sich nach dem Eingreifen Amerikas in den Ersten Weltkrieg nachweislich feststellen lassen, so kann man an der Erkenntnis des bereits zitierten amerikanischen Historikers David Hoggan nicht vorbeigehen, der in seinem Buch über das blinde Jahrhundert die amerikanische Wilson-Politik und die seiner politischen Nachfahren ins rechte Licht gerückt hat, als er schrieb: „Es bleibt unbestreitbar, daß zwei pathologische Führer, Woody Wilson und Frank Roosevelt, mehr als jedes andere Individuum dazu beigetragen haben, die Welt des 20. Jahrhunderts zu formen. Sie gaben Bernard Baruch und Henry Morgenthau jun. jene höchste Gewalt, die diese selbst nicht erträumt hatten."
Obwohl es bei Ausbruch des Ersten Weltkrieges für die Vereinigten Staaten keinen Grund gab, sich in diesen Krieg einzumischen, und auch keine amerikanischen Interessen gefährdet waren, die Monroe-Doktrin es außerdem ex lege untersagt hatte, sich in europäische Angelegenheiten einzumischen, ist es dem puritanischen Heuchler Wilson gelungen, den Überlebenskampf der Mittelmächte als einen Kampf des Bösen (Deutschland und Österreich-Ungarn) gegen das

Gute (die alliierten Mächte) in seinen Kabinettsbesprechungen zu betonen.
Auf seinen unheilvollen Einfluß in europäische Angelegenheiten, der in der europäischen Völkerfamilie seinen Bodensatz hinterließ, kann ein Wort des spanischen Geschichtsphilosophen Ortega y Gasset angewandt werden: „Ein Wind allgemeiner, alles ergreifender Hanswursterei weht in Europa. Fast alle Stellungen, die man zur Schau stellt, sind innerlich verlogen. Wenn man eine Anstrengung macht, ist es nur, um dem eigenen Schicksal zu entlaufen, vor seiner Gewißheit und tiefen Forderungen die Augen zu verschließen und jede Konfrontation mit dem, was sein soll, zu vermeiden. Man lebt (und lebte, d. V.) possenhaft, und das um so mehr, je düsterer die Maske ist, die man sich vorhält."
Ex oriente lux, ex occidente crux!

Literaturnachweis

Allgemeines

Bauer, Wilhelm, Nadler, Josef, Sribik, Heinrich von: Österreich im deutschen Raum (Eckartschrift Nr. 42, Wien 1969).
Bismarck, Otto von: Gedanken und Erinnerungen, Ulm 1982.
Borodajkewicz, Taras: Saint Germain (Eckartschrift Nr. 31, Wien).
Ders.: Wegmarken der Geschichte Österreichs (Eckartschrift Nr. 42, Wien 1969).
Brockhaus Enzyklopädie, Wiesbaden 1971.
Brockhaus Enzyklopädie, Wiesbaden 1981.
Degrelle, Léon: Denn der Haß stirbt, München 1992.
Ders.: Hitler, geboren in Versailles, Tübingen 1992.
Diwald, Hellmut: Mut zur Geschichte, Bergisch Gladbach 1985.
Fischel, Alfred: Der Panslawismus bis zum Weltkrieg, Stuttgart 1919.
Franz-Willing, Georg: Der Zweite Weltkrieg, Leoni 1979.
Mayers Großes Konversationslexikon. Leipzig 1909.
Mayers Lexikon. Leipzig 1931.
Mayers Enzyklopädisches Lexikon, Mannheim 1974.
Miksche, Ferdinand Otto: Das Ende der Gegenwart, München 1990.
Der Große Ploetz, Auszug aus der Geschichte, Würzburg 1986.
Preradovich, Nikolaus: Deutsche Geschichte im 20. Jahrhundert. Schriftenreihe des Vereins für Kultur- und Zeitgeschichte – Archiv der Zeit, Rosenheim 1990.
Suchenwirth, Richard: Deutsche Geschichte, Leipzig 1940.
Tapié, Victor-Lucien: Die Völker unter dem Doppeladler, Graz 1975.
Taube, Michael Frh. von: Der großen Katastrophe entgegen, Leipzig 1937.
Thalheim, Karl C.: Das Grenzlanddeutschtum. Mit besonderer Berücksichtigung seines Wirtschafts- und Soziallebens, Berlin–Leipzig 1931.
Wertheimer, Fritz: Deutschland, die Minderheiten und der Völkerbund, Berlin 1926.
Winkler, Wilhelm: Statistisches Jahrbuch des gesamten Deutschtums, Berlin 1927.
Ders.: Deutschtum in aller Welt, Wien 1938.
Ders.: Statistisches Jahrbuch der europäischen Nationalitäten, Wien 1931.

Abtretungsgebiete – Deutsches Reich

Deutsche Schutzgebiete in Übersee

Dove, Karl: Südwestafrika, Kriegs- und Friedensbilder aus der ersten deutschen Kolonie, Berlin 1896.
Hassert, Paul: Die Erforschung Afrikas, Leipzig 1941.
Haupt, Werner: Die Deutsche Schutztruppe 1889–1918, Berg am See 1989.
Lettow-Vorbeck, Paul von: Heia Safari, Leipzig 1920.
Ders.: Meine Erinnerungen aus Ostafrika, Leipzig 1920.
Mikusch, Dagobert von: Waßmuß, der deutsche Lawrence, Berlin 1939.

Schnee, Heinrich: Vorwort zum Buch der deutschen Kolonien, herausgegeben unter Mitarbeit der früheren Gouverneure von Deutsch-Ostafrika, Deutsch-Südwestafrika, Kamerun, Togo und Deutsch-Guinea, Leipzig 1937.

Elsaß-Lothringen

Baron, Heinrich: Mit Karl Roos, dem Blutzeugen des deutschen Elsaß, in der Todeszelle, Straßburg 1940.
Bickler, Hermann: Ein besonderes Land, Erinnerungen und Betrachtungen eines Lothringers, Lindhorst 1978.
Ernst, Robert: Rechenschaftsbericht eines Elsässers, Berlin 1954.
König, Friedrich: Deutschlothringen, Berlin 1923.
Metz, Friedrich: Die Oberrheinlande, Breslau 1925.
Schall, Paul: Elsaß, gestern, heute und morgen? Filderstadt-Bernhausen 1976.
Ders.: Karl Roos und der Kampf des heimattreuen Elsaß, Koömat 1941.
Stählin, Karl: Geschichte Elsaß-Lothringens, München 1920.
Stegmann, Hermann: Der Kampf um den Rhein, Stuttgart 1924.
Wolf, Georges: Das Elsässische Problem, Straßburg 1926.

Eupen-Malmedy

Brugger, Gerhard: Die deutsche Volksgruppe in Belgien (Eckartschrift Nr. 29, Wien 1969).
Tuckermann, Walter: Eupen, Malmedy und die Vennbahn, Berlin 1926 (Taschenbuch des Grenz- und Auslandsdeutschtums, Heft 4).

Hultschiner Ländchen

Oberschlesien und der Genfer Schiedsspruch, Herausgegeben vom Osteuropainstitut Breslau, Berlin 1925.
Thalheim, Kurt: Das Grenzlanddeutschtum, Berlin–Leipzig 1931.

Memelland

Deu, Fred-Hermann: Das Schicksal des deutschen Memelgebietes, Berlin 1927.
Friesecke, Ernst: Das Memelgebiet, Stuttgart 1928.
Lapius, Maria: Begegnungen und Beziehungen zwischen Deutschen und Litauern zwischen den beiden Weltkriegen. Archiv Josephi München.
Schierenberg, Rolf: Die Memelfrage als Randstaatenproblem, Berlin 1925.
Plieg, Ernst: Das Memelland 1920–1939, Würzburg 1966.
Meyer, Richard: Das Memelland, Schriftenreihe des Göttinger Arbeitskreises Nr. 12, Würzburg.
Wagner, Gustav: Die Deutschen in Litauen, Wissenschaftliche Beiträge zur Geschichte und Landeskunde Mitteleuropas Nr. 44 Marburg/ Lahn 1959.

Oberschlesien

Deutsch, Paul: Die oberschlesische Montanindustrie vor und nach der Teilung, Bonn 1926.
Galéra, Karl Siegmar Baron: Deutsche unter Fremdherrschaft, Leipzig 1933.
Oberschlesien und der Genfer Schiedsspruch. Herausgegeben vom Osteuropa-Institut Breslau, Berlin 1925.
Volz, Wilhelm: Oberschlesien und die oberschlesische Frage, Breslau 1922.

Nordschleswig

Brandt, Otto: Geschichte Schleswig-Holsteins, 2. Auflage, Kiel 1926.
Grenzland Schleswig. Herausgegeben von Hans Martin Johannsen, Crimmitschau 1926.
Hedemann-Heespen, Paul von: Die Herzogtümer Schleswig-Holstein und die Neuzeit, Kiel 1926.

Posen, West- und Ostpreußen, Danzig

Bernhard, Ludwig: Die Polenfrage, 3. Auflage, München 1920.
Czech-Jochberg, Erich: Im Osten Feuer, Leipzig 1931.
Fürst, Johann: Der Widersinn des polnischen Korridors, Berlin 1926.
Kaiser, Erich: Der Deutschtumsverlust in Westpreußen 1918–1938. Ostdeutsche Wissenschaft, Jahrbuch des Ostdeutschen Kulturrates, Band VII 1961.
Ders.: Danzigs Geschichte, 2. Auflage, Danzig 1928.
Laubert, Manfred: Nationalität und Volkswille im preußischen Osten. Breslau 1925.
Ruhnau, Rüdiger: Die Freie Stadt Danzig, Monatsschrift „Die Aula" Nr. 2, Graz 1988.
Taurotat, Hans-Georg: Ostpreußen (Eckartschrift Nr. 103, Wien 1987).
Worgitzki, Max: Geschichte der Abstimmung in Ostpreußen, Leipzig 1921.

Saargebiet

Ruppersberg, Albert: Geschichte des Saargebietes, Saarbrücken 1924.
Weber, Hans Siegfried: Der Kampf um die Saar, Berlin 1928.

Deutsch-Österreich

Abtretungsgebiete

Teile der Bezirkshauptmannschaft Gmünd sowie Feldsberg (Mähren).

Pilz, Ignaz: Stadtgeschichte von Gmünd, Gmünd 1937.
Pongratz, Walter, Tomaschek, Paula: Heimatkunde des Bezirkes Gmünd, Gmünd 1937.

Kärnten

Festschrift der Kärntner Landsmannschaft – 50 Jahre Kärntner Volksabstimmung. Jahrgang 1970, Heft 10, Klagenfurt 1970.
Steinacher, Hans: In Kärntens Freiheitskampf, Klagenfurt 1970.
Politisch unabhängige Monatsschrift „Das Grenzland ruft", Klagenfurt (Nr. 10/1991, 11/1992, 12/1992, 1/1993, 9/1994, 10/1994.
Wutte, Martin: Kärntens Freiheitskampf, Klagenfurt 1922.

Ödenburg (Burgenland)

Miltschinsky, Viktor: Das Verbrechen von Ödenburg. Wien 1922.
Schusteritsch, Eugen: Oedenburg und Umgebung, Bad Wimpfen 1964.

Sudetenland

Aschenbrenner, Viktor: Sudetenland-Böhmen-Mähren-Schlesien, Frankfurt 1976.
Bachmann, Hermann: Deutsche Arbeit in Böhmen, Berlin 1900.

Bohmann, Alfred: Das Sudetendeutschtum in Zahlen, München 1959.
Bretholz, Berthold: Geschichte Böhmens und Mährens, 4 Bände, Reichenberg 1921–1925.
Ertl, Karl Johann: Der Insignienstreit an der Prager Universität und seine Vorgeschichte, Witiko-Brief 1982/83 München.
Franzel, Emil: Sudetendeutsche Geschichte, München 1988.
Gesetz vom 19. Februar über das Verhältnis der Prager Universitäten und seine Vorgeschichte. Herausgegeben vom Akademischen Senat der Deutschen Universität Prag, Prag 1920.
Hassinger, Hugo: Die Tschechoslowakei, Wien 1925.
Raschhofer, Hermann, Kimminich, Otto: Die Sudetenfrage, München 1988.
Schriften der Sudetendeutschen Akademie der Wissenschaften und Künste: Die Universität zu Prag, München 1986.
Willars, Christian: Die böhmische Zitadelle, Wien 1965.
Wolmar, Wolfgang Wolfram: Prag und das Reich, Dresden 1943.

Südtirol

Bell, Karl: Südtirol, Dresden 1927.
Mannhardt, F. W.: Südtirol. Ein Kampf um die deutsche Volkheit. Jena 1928.
Reut-Nicolussi, Eduard: Südtirol unterm Beil, München 1928.
Scrinzi, Otto: Die Heimat ruft (Eckartschrift Nr. 114, Wien 1990).

Untersteiermark

Straka, Manfred: Untersteiermark – unvergessene Heimat (Eckartschrift Nr. 76, Wien 1980).
Die Südmark. Herausgegeben von Otto Grothe, Leipzig 1924 (15. Sonderheft von „Deutsche Kultur in der Welt").

Ungarische Reichshälfte der Donaumonarchie

Benninger, Eduard: Die germanischen Bodenfunde in der Slowakei, Reichenberg–Leipzig 1937.
Ertl, Karl Johann: Eduard Glatz, Beiträge zu den Anfängen der deutschen Bewegung in Ungarn, München 1940.
Fausel, Erich: Das Zipser Deutschtum, Jena 1927.
Hudak, Adalbert: Das Karpathendeutschtum (Eckartschrift Nr. 55, Wien 1975).
Liptak, Johann: Urgeschichte und Besiedlung der Zips. Bilder aus der Zipser Vergangenheit, Kesmark 1935.
Schlereth, Ludmilla: Die politische Entwicklung des ungarländischen Deutschtums während der Revolution, München 1939.
Valjavec, Fritz: Die Völker Südosteuropas und die Deutschen. Jahrbuch des Ostdeutschen Kulturrates, Band 5, München 1958.

Nachwort

Hoggan, David L.: Der erzwungene Krieg, Tübingen 1969.
Ders.: Das blinde Jahrhundert, Tübingen 1979.